ADAC Reiseführer



# Niederlande

**Städte · Museen · Strände · Kirchen**
**Historische Stätten · Hotels · Restaurants**

von Alexander Jürgens

# Intro



# Unterwegs

## Westfriesische Inseln, Friesland und der Norden – Urlaubsperlen im Wattenmeer und fruchtbare Marschen 73



## IJsselmeer, Flevoland und Utrecht – Neuland aus dem Binnenmeer und eine romantische Schlösserroute 87



## Drenthe, Overijssel und Gelderland – die ländlichen Ostprovinzen 100

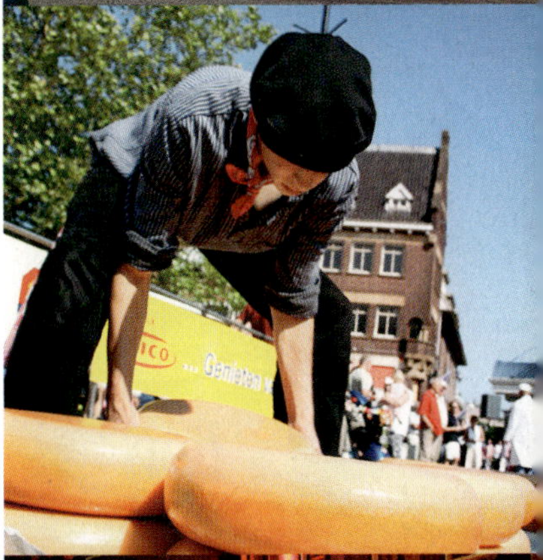

AMSTEL
BIER
DE GRIË

## Karten und Pläne



# ☐ Service

## Niederlande aktuell A bis Z 123



## Sprachführer 136



## Register 141



### Leserforum

Die Meinung unserer Leserinnen und Leser ist wichtig, daher freuen wir uns von Ihnen zu hören. Wenn Ihnen dieser Reiseführer gefällt, wenn Sie Hinweise zu den Inhalten haben – Ergänzungs- und Verbesserungsvorschläge, Tipps und Korrekturen – dann kontaktieren Sie uns bitte:

**Redaktion ADAC Reiseführer**
**ADAC Verlag GmbH**
**Hansastraße 19, 80686 München**
**Tel. 089/76 76 41 59**
**reisefuehrer@adac.de**
**www.adac.de/reisefuehrer**

# Niederlande Impressionen

## Weite Nordseestrände, romantische Grachtenstädte und Weltklassekunst – ein königliches Reiseland

Holland – wohnt da nicht Frau Antje, die mit dem Käse, gleich hinter dem Deich bei der Windmühle, mitten im bunten Tulpenfeld?

Es gibt so einige Klischees, die mit den Niederlanden verknüpft sind. Natürlich gibt es **Käse**, sehr guten sogar, und die traditionellen *Käsemärkte* von Alkmaar, Gouda oder Edam lässt sich wohl kaum ein Besucher entgehen. Die hölzernen **Klompen**, die Frau Antje trägt, sieht man heute zumeist in Souvenirläden. Sie werden aber nach wie vor z. B. von Fischern als sicheres Arbeitsschuhwerk geschätzt. Ein vertrautes Bild sind auch die vielen solide gebauten **Deiche**, ohne die jene unter dem Meeresspiegel liegenden Landesteile längst von den Fluten der Nordsee überspült wären. Und auch die fotogenen **Windmühlen**, die einst zur Entwässerung des Landes dienten, sind zugleich majestätische Schmuckstücke. Besonders schön ist das historische Ensemble von 19 Mühlen bei **Kinderdijk** in der Provinz Zuid-Holland. Seit einigen Jahren drehen sich außerdem die Rotorblätter moderner Windkraftwerke in der stets wehenden Brise.

Holland ist all das und noch so viel mehr, kein Wunder also, dass es alljährlich Millionen von Besuchern aus aller Welt begeistert. Apropos Holland: Eigentlich ist diese Bezeichnung nicht korrekt. Der offizielle Landesname lautet *Koninkrijk der Nederlanden*, und in der Tat leben fast zwei Drittel der 16,69 Mio. Einwohner des Königreichs in ›niederen‹ Landstrichen, die bis zu 7 m unter dem Meeresspiegel liegen. Doch in der Geschichte des Landes haben die Bewohner der holländischen Provinzen stets die dominierende Rolle gespielt und mit Amsterdam, Den Haag und Rotterdam liegen noch heute die drei wichtigsten niederländischen Städte in den Provinzen *Noord-* und *Zuid-Holland*. So hat es sich eingebürgert, die Namen Holland und Niederlande als Synonym zu gebrauchen.

## Land aus dem Meer

Bis auf die etwas höher gelegenen Geestgebiete im Osten und vor allem die Ausläufer des Ardennengebirges im limburgischen Südosten, die eine bewaldete Hügellandschaft mit ›Gipfelhöhen‹ von mehr als 200 m bilden, liegen die Niederlande nur selten über dem Meeresspiegel. Seit vielen hundert Jahren ringen die Bewohner der Nordsee neues Land ab, das eingedeicht und leergepumpt, besiedelt und beackert wird. Kanäle und Entwässerungsgräben durchziehen die Landschaft. Und so mancher Besucher gerät angesichts dieser Wasserwege ins Staunen, denn sie liegen mitunter höher als Straßen oder angrenzende Felder und Dörfer. Vor allem die Wasserlandschaften von **Zuid-Holland** und die durch das Mündungsdelta der Rheinflüsse *Waal* und *Lek* sowie der *Maas* zergliederte Inselwelt von **Zeeland** haben den besonderen Reiz einer harmonischen, vom Menschen gestalteten Kulturlandschaft.

**Links:** *Eine Brise von der Nordsee lässt am Strand der Insel Terschelling die Drachen steigen*
**Rechts oben:** *Wie ein Schiffsrumpf ragt das Amsterdamer Wissenschafts- und Technologiezentrum NEMO aus dem Wasser*
**Rechts unten:** *Ein Klischee der netten Art – Frau Antje auf dem Käsemarkt in Alkmaar*

## Freizeitspaß zu Wasser und zu Lande

Sommerurlauber schätzen die breiten, von einem windzerzausten Dünengürtel gesäumten Nordseestrände von Badeorten wie **Scheveningen** und **Zandvoort**, die sich nach Nordosten auf den westfriesischen Waddeneilanden wie **Texel**, **Terschelling** und anderen fortsetzen. Auf den Binnengewässern, den vielen Kanälen sowie den Seen der Friesischen und der Holländischen Seenplatte gehören *Paddeltouren* zu den beliebten Urlaubsaktivitäten. Das **Ijsselmeer** und seine Buchten stehen bei *Seglern* und *Windsurfern* hoch im Kurs. Wer die Niederlande per *Fahrrad* erkunden möchte, befindet sich in guter Gesellschaft, denn auch die Holländer sind überwiegend auf zwei Rädern unterwegs. Entsprechend komfortabel präsentieren sich die Fahrradwege des Landes, die meist die Fußwege, zuweilen sogar die Straßen an Breite übertreffen. Mit dem Rad kann man z. B. den **Nationale Park De Hoge Veluwe** in Gelderland erkunden, in dem auch das Kröller-Müller Museum mit seiner imposanten Kunstsammlung zu finden ist.

## Städtetrips – von malerisch-historisch bis avantgardistisch

Wegen der geringen Entfernungen lassen sich Entspannung und Erholung am Wasser bestens mit einem Besuch der vielen reizvollen Städte des Landes verbinden. Das weltoffene **Amsterdam** gehört seit langem zu den beliebtesten europäischen Metropolen. Bei einer Grachtenrundfahrt kann man die pittoresken Patrizierhäuser mit ihren harmonisch gegliederten Fassaden und Giebeln ganz gemütlich erkunden. Hervorragende Kunstmuseen ziehen Besucherströme aus aller Welt an. Beispielsweise zeigt das *Rijksmuseum* die Werke Vermeers, Rembrandts, Frans Hals' und anderer Maler aus dem *Goldenen Zeitalter*, das im 17. Jh. mit dem Aufstieg der Niederlande zur führenden Handelsmacht einherging. Mit hochkarätiger Kunst des 19.–

21. Jh. glänzen das *Van Gogh Museum* und das *Stedelijk Museum*. In einem der hübschen Straßencafés lässt man anschließend bei einem *Kopje Koffie* die muntere, multikulturelle Atmosphäre Amsterdams entspannt auf sich wirken.

Historische Städte wie **Leiden**, **Alkmaar**, **Gouda** oder **Delft** mit ihren grachtenumschlossenen Altstadtzentren laden ebenfalls zum vergnüglichen Herumschlendern ein. Schmucke Stadthäuser im *niederländischen Renaissancestil* oder Kirchen und Schlösser im Stil der *Brabanter Backsteingotik* lassen sich auf Schritt und Tritt entdecken. Landesweit stehen rund 62 000 Gebäude unter Denkmalschutz (sog. Rijksmonumenten).

Doch es geht auch modern: Vor allem **Rotterdam** präsentiert sich mit seiner Wolkenkratzer-Skyline und vielen futuristischen Bauten als urbaner Trendsetter. Aber auch in anderen Städten belegen avantgardistische Gebäude wie das Amsterdamer Technologiezentrum *NEMO*, das Maastrichter *Bonnefanten Museum* und das *Groninger Museum*, dass zukunftsweisende Architektur in den Niederlanden zu Hause ist.

## Blumenfelder, Kühe und Hightech

Die Niederlande sind dicht besiedelt, doch Millionenstädte gibt es nicht. In dem *Randstad* genannten Kranz von Städten, zu denen Almere, Amsterdam, Delft, Den

**Links oben:** *Witziges Wohnexperiment in Rotterdam: Piet Bloms ›Baumhäuser‹. – Glanzpunkt des Rotterdamer Museum Boijmans van Beuningen: Brueghels ›Turmbau zu Babel‹ (ca. 1563). – Ausstellung ›Past, Present, Future‹ von Barbara Kruger 2011 im Amsterdamer Stedelijk-Museum*
**Links unten:** *Schier endlose Deiche – weites Betätigungsfeld für ›tierische Rasenmäher‹*
**Rechts oben:** *Amsterdamer Lichterspiel – Abendstimmung an Prinsen- und Leidsegracht*
**Rechts unten:** *Erhabene Brabanter Gotik – Bredas Grote Kerk aus dem 14./15. Jh.*

Haag, Dordrecht, Gouda, Haarlem, Hilversum, Leiden, Rotterdam und Utrecht zählen und der nur ein knappes Zehntel der Landesfläche ausmacht, leben rund 8 Mio. Menschen und damit fast 50 % der Gesamtbevölkerung. In der grünen Mitte von Randstad überrascht eine herrliche Landschaft mit Marschen, Mooren und Feldern.

Dass »Tulpen aus Amsterdam« kommen, wie ein bekannter Schlager in den 1950er-Jahren behauptete, stimmt nicht so ganz. Anbaugebiet ist die Region zwischen Alkmaar und Leiden, die sich zwischen März und Mai als schier endlos erscheinendes **Blumenmeer** präsentiert. Zunächst blühen Krokusse, dann Osterglocken, Hyazinthen und schließlich Tulpen. Als wahrer Publikumsmagnet erweisen sich die frühsommerlichen Farbsinfonien des **Keukenhofs** bei Lisse. Mittlerweile übertrifft zwar die Anzahl der auf den Blumenmärkten Amsterdams verkauften Rosen die der Tulpen mindestens um das Doppelte, was aber dem Image der Niederlande als ›Tulpenland‹ keinen Abbruch tut.

Die riesigen Blumenfelder verweisen auf die ungeheure Effektivität der **niederländischen Landwirtschaft**, die dank Blumen und Blumenzwiebeln, vor allem aber mit Milchprodukten und Gemüse zu den wichtigsten Agrarexporteuren der EU zählt. Darüber hinaus besitzen die Niederlande eine leistungsfähige Industrie mit einem Schwerpunkt auf **Zukunftstechnologien**. Internationale Konzerne wie Philips, die Fluggesellschaft KLM sowie die niederländisch-britischen Multis Shell und Unilever sind weltweit ein Begriff. Industrie und Gewerbe konzen-

**Links oben:** *Sonnengelber Tulpenteppich zwischen Haarlem und Leiden*
**Rechts oben:** *Straßencafé im Amsterdamer In-Viertel Jordaan*
**Rechts unten:** *Kühne Form – Ben van Berkels Erasmusbrug in Rotterdam*

trieren sich überwiegend im Süden des Landes, zwischen Rotterdam und Eindhoven, auch wenn der etwas süffisante Spruch der Rotterdamer, »dass sie das Geld verdienen, das in Amsterdam wieder ausgegeben wird«, ins Reich der Mythen gehört.

## Poldermodell und Gezelligheid

Früher hieß es, dass in jedem Niederländer etwas von einem Kaufmann und einem Priester steckt, er sich einerseits also um den eigenen Nutzen und andererseits um das Wohl der Gesellschaft bemüht. Heute ergänzt das **Poldermodell** die Idee von den zwei Charaktereigenschaften. Die Gesellschaft sollte sich danach ähnlich verhalten wie die Gemeinschaft in einem vom Wasser umschlossenen Polder (flaches Marschland), um erfolgreich zu sein. Nach einer Phase der Diskussion und des Ausgleichs von Interessen bei gleichzeitig tolerantem Umgang miteinander gelte es, die gemeinsam beschlossenen Regeln auch gemeinsam umzusetzen. In Abwandlung eines deutschen Sprichwortes sitzen »alle im gleichen Polder«. Auch das Bedürfnis, mit Freunden und Bekannten bei einem Kaffee oder einem Bier zu Hause oder im Lokal gemütlich zusammen zu sitzen und zu plaudern – auf niederländisch **Gezelligheid** genannt – ist tief verwurzelt.

Diese entspannte Atmosphäre, verbunden mit den malerischen Städten und Dörfern, den herrlichen Stränden und originellen Freizeitparks machen Holland zum idealen Familienurlaubsland.

# Geschichte, Kunst, Kultur im Überblick

## Von wetterharten Deichbauern, wagemutigen Kauffahrern und weltoffenen Herrschern

**250 000 v. Chr.** Erste Spuren menschlicher Besiedlung nahe Maastricht.

**80 000–10 000 v. Chr.** Jäger und Sammler durchstreifen das Land, was Funde u. a. in Noord-Brabant belegen.

**8000–2000 v. Chr.** Zunehmende Besiedlung im Mesolitikum und Jungsteinzeit. Die Menschen bestatten ihre Toten in der Regel in megalithischen Hunebedden (niederl. Hünengräber).

**bis 700 v. Chr.** Weitere Völker ziehen ins Land: Kelten von Süden, Germanenstämme, Friesen und Sachsen von Norden und Osten. Sie bringen Werkzeuge und Waffen aus Bronze mit.

**bis 300 v. Chr.** Die Kelten entwickeln ein differenziertes Gesellschaftssystem aus Adligen, Handwerkern, Bauern und Händlern. Sie legen befestigte Siedlungen und Burgen an, ihre Waffen und Werkzeuge sind aus Eisen gefertigt. In den küstennahen Marschen des Nordens wohnen die Menschen auf künstlichen Erdhügeln, den Terpen. Felder werden mittels Gräben und Wällen trockengelegt.

**58–51 v. Chr.** Caesar erobert Gallien und besiegt auch keltische Stämme der späteren Provinz Gallia Belgae südlich des Rheins. Die Friesen werden nur zeitweilig unterworfen.

**50–12 v. Chr.** Germanische Bataver besiedeln die Inseln der Rheinmündung.

**9 n. Chr.** Die Römer versuchen, sich auch rechtsrheinische Gebiete einzuverleiben, erleiden aber mit einer Niederlage im Teutoburger Wald einen Rückschlag.

**47–70** Römische Truppen schlagen Aufstände von Friesen und Batavern nieder.

**ab 288** Salische Franken errichten nach dem Rückzug der Römer Befestigungen im südniederländischen Raum.

**382** Maastricht wird zum Bischofssitz erhoben.

**486** Das merowingische Frankenreich unter König Chlodwig erstreckt sich von Nordfrankreich bis in die Rheinebene.

**689** Pippin II. besiegt in der Schlacht von Dorestad den Friesenkönig Radbod und festigt seine Herrschaft im Bereich der Flüsse Schelde, Maas und Rhein.

**754** Der Missionar Bonifatius, Erzbischof von Mainz, wird bei Dokkum von den Friesen erschlagen.

**800** Karl der Große wird zum Kaiser gekrönt. Das von ihm kontrollierte Territorium umfasst auch das Gebiet der heutigen Niederlande.

**843** Im Vertrag von Verdun wird das Karolingerreich unter den drei Söhnen Ludwigs des Frommen aufgeteilt. Das Gebiet östlich der Schelde mit den heutigen Niederlanden erhält Lothar.

**925** Der deutsche Heinrich I., König Ostfrankens, annektiert Lotharingen.

**959** Lotharingen wird in die Herzogtümer Ober- und Niederlothringen aufgeteilt. Letzteres umfasst wesentliche Teile des heutigen Belgien und der Niederlande. Ein breiter Küstenstreifen zwischen Maas und Weser bleibt als Friesland unabhängig. In den folgenden Jahrhunderten entstehen Brabant, Gelderland, Holland und andere Grafschaften, die danach streben, die Unabhängigkeit zu erlangen.

**1363–1482** Das Herzogtum Burgund dehnt seine Herrschaft über mehrere Grafschaften der späteren Niederlande nach Norden aus. Als Karl der Kühne, Herzog von Burgund, 1477 bei Nancy fällt, heiratet seine Tochter und Erbin Maria den späteren habsburgischen Kaiser Maximilian von Österreich. Nach ihrem Tod 1482 fällt Burgund an die Habsburger.

**1421** Die gewaltige St.-Elisabeth-Flut fordert Zehntausende von Opfern, betroffen sind große Teile Südhollands und Flanderns.

**1543** Karl V., habsburgischer König von Spanien und deutscher Kaiser, schließt mit der Einverleibung der Grafschaft Gelderland seine Eroberung der Niederlande und Frieslands ab.

**1550** Die Kirchenreformation und vor allem die Lehren Calvins gewinnen in den Niederlanden großen Einfluss. Nach Karls Abdankung 1556 herrscht sein Sohn, der spanische König Philipp II., über die Niederlande. Er versucht die Bewegung mittels der Inquisition und auch militärisch zu bekämpfen.

**1566** Wilhelm I. von Oranien aus dem Hause Nassau-Dillenburg, genannt der Schweiger, setzt sich mit den Grafen Egmont und Hoorn an die Spitze der niederländischen Freiheitsbewegung. Adlige und Bürger schließen in Breda den Bund der Geusen (gueux = franz. Bettler, ironisch gemeinter Name, den sich die Rebellen selbst gaben).

**1567–73** Der Herzog von Alba, vom spanischen König zum Generalstatthalter der Niederlande ernannt, lässt durch den von ihm eingesetzten ›Rat der Unruhen‹ Tausende Aufständischer hinrichten, unter ihnen auch Egmont und Hoorn (1568).

Der erfolgreiche Partisanenkampf der Wasser- und Waldgeusen leitet die Wende in der Befreiung der Nordprovinzen von der spanischen Herrschaft ein.

1579 Während die Flamen und Wallonen in den katholischen Provinzen des Südens bereits in der Union von Arras die Gefolgschaft zu Spanien bekräftigt haben, schließen sich die sieben nördlichen protestantischen Provinzen zu einem politischen und militärischen Schutzbündnis, der Utrechter Union, zusammen.

1581 Mit der ›Akte van Ongehoorzaamheid‹ (Akte des Ungehorsams) genannten Erklärung ruft die Republik der Sieben Vereinigten Provinzen ihre Unabhängigkeit von den spanischen Habsburgern aus.

1584 Wilhelm von Oranien wird von einem spanischen Agenten ermordet.

1585–1625 Der 17-jährige Moritz von Oranien, zweitältester Sohn Wilhelms, entwickelt sich innerhalb weniger Jahre zum anerkannten Führer der Vereinigten Provinzen. Militärische Erfolge gegen die Spanier, die Entwicklung von Handel und Gewerbe sowie Entdeckungen und Eroberungen holländischer Seefahrer in Amerika und Asien fördern den Aufstieg Hollands zur europäischen Macht.

1602 Gründung der Verenigde Oost-Indische Compagnie (VOC) für den Handel mit Asien.

1609 Gründung der Amsterdamer Nationalbank. Die Stadt zählt mittlerweile über 100 000 Einwohner.

1621 Gründung der Verenigde West-Indische Compagnie (VWC) für den Handel mit Westafrika, der Karibik sowie mit Nord- und Südamerika.

ab 1648 Der Westfälische Friede beendet den Dreißigjährigen Krieg und den in den Niederlanden Achtzigjähriger Krieg genannten Befreiungskampf gegen die spanische Vorherrschaft. Die Republik der Vereinigten Niederlande erfährt internationale Anerkennung. Ihr Handels- und Kolonialreich umfasst Besitzungen auf allen Kontinenten. Dazu gehören Nieuw Amsterdam (New York), Nordbrasilien, Besitzungen in Südafrika, Ceylon und Niederländisch-Ostindien, das heutige Indonesien. Der Reichtum des Landes gründet sich zu großen Teilen auf den Fernhandel und den damit verbundenen Handelsmonopolen. Holländische Segler gehören zu den führenden Sklavenhändlern zwischen der Karibik, Westafrika und Amerika. – In der Heimat blühen Wissenschaft und Kunst auf. Rembrandt van Rijn, Frans Hals und Jan Vermeer van Delft gehören zu den hervorragendsten Malern des 17. Jh., das später als Goldenes Zeitalter (Gouden Eeuw) der Niederlande bezeichnet wird.

1652–78 Die Niederlande führen mit wechselndem Erfolg drei Seekriege gegen den Handelsrivalen England, verlieren jedoch schließlich ihre maritime Vorherrschaft.

1653–72 Johan de Witt, Gegenspieler der Statthalter aus dem Haus Oranien, regiert den Staat.

1672 Wilhelm III. von Oranien, nach Johan de Witts Ermordung neuer Statthalter der Niederlande, schlägt das angreifende Heer Ludwigs XIV. von Frankreich.

1677 Wilhelm III. heiratet Maria Stuart, die älteste Tochter des englischen Königs Jakob II.

1689 Nach Unruhen in England und der unblutigen Absetzung (Glorious Revolution) des Königs Jakob II., der die Rechte des Parlaments beschneiden und den Einfluss der Katholiken vergrößern wollte, werden seine Tochter Maria und sein Schwiegersohn Wilhelm III. von Oranien Königin und König von England.

1702 Als Wilhelm III. ohne Erben stirbt, geht der Titel des Prinzen von Oranien an den Statthalter von Friesland, Jan Willem Friso, über.

*Holländische Handelsschiffe segelten im 17. Jh. auf allen Weltmeeren*

*Wilhelm I., der Schweiger, 1579*

*Rembrandt, Selbstbildnis, um 1657*

*Vincent van Gogh, Selbstbildnis, 1888*

1714–83 Europäische Konflikte wie der Spanische und der Österreichische Erbfolgekrieg oder die Revolution der amerikanischen Kolonien gegen Großbritannien (1775–83) strahlen auf die Niederlande aus. Seinen bedeutenden Einfluss aus dem 17. Jh. kann das Land jedoch nicht wieder erlangen.

1747 Wilhelm IV., Sohn von Jan Willem Friso, wird Erbstatthalter. Damit sind die Niederlande Erbmonarchie.

1795–1806 Nach der Eroberung der Niederlande durch die französische Revolutionsarmee errichtet diese die aus den südlichen (belgischen) und nördlichen Niederlanden bestehende Batavische Republik.

1802 England nimmt die meisten der niederländischen Kolonien in Besitz, tritt 1815 Niederländisch-Ostindien jedoch wieder ab. Die übrigen Kolonien bleiben in englischem Besitz.

1806–10 Napoleon I. ernennt die Niederlande zum Königreich mit seinem Bruder Louis als König. Amsterdam wird Hauptstadt.

1810–13 Die Niederlande werden dem Napoleonischen Kaiserreich angegliedert.

1815 Nach der endgültigen Niederlage Napoleons bei Waterloo wird während des Wiener Kongresses Prinz Wilhelm VI. von Oranien unter dem Namen Wilhelm I. als König der Vereinigten Niederlande (Belgien eingeschlossen) und als Großherzog von Luxemburg eingesetzt.

1830 Ein Aufstand in den südlichen Niederlanden führt zur Loslösung der katholischen Provinzen und zur Gründung Belgiens. 1831 wird auf dem Nationalkongress Prinz Leopold von Sachsen-Coburg zum belgischen König gewählt. Die Provinzen Brabant und Limburg werden zwischen Belgien und den Niederlanden aufgeteilt.

1848 Eine Verfassungsreform macht die Niederlande zur konstitutionellen Monarchie, in der dem Parlament bedeutende Machtbefugnisse zugesprochen werden.

1890 Mit dem Tod Wilhelms III. endet die Personalunion mit Luxemburg.

1890–1948 Mit der Tochter Wilhelms III., Königin Wilhelmina, nimmt erstmals eine Frau den Thron ein. – Zu Beginn des 20. Jh. entstehen Monopolkonzerne wie die Royal-Dutch-Shell Erdölgesellschaft oder Philips.

1914–18 Die Niederlande bleiben im Ersten Weltkrieg neutral.

1917 Das allgemeine Wahlrecht wird zunächst für Männer, zwei Jahre darauf auch für Frauen eingeführt.

1918 Der deutsche Kaiser Wilhelm II. lebt nach seiner Abdankung bis zu seinem Tod 1941 im Exil bei Doorn.

1920–32 Zum Schutz vor Sturmfluten und zur Landgewinnung wird die Zuiderzee eingedeicht und bildet fortan den Binnensee Ijsselmeer.

1931 Die Weltwirtschaftskrise ergreift auch die Niederlande. Mehr als 400 000 Menschen sind ohne Arbeit. Die Nationalsozialistische Bewegung (NSB) wird unter Anton A. Mussert (1946 hingerichtet) gegründet.

1939/40 Die Niederlande bleiben bei Ausbruch des Zweiten Weltkriegs neutral. Dennoch überfällt die deutsche Wehrmacht im Mai 1940 das Land und setzt SS-Obergruppenführer Arthur Seyß-Inquart als Reichskommissar der Niederlande ein. Königsfamilie und Kabinett flüchten nach London und bilden dort eine Exilregierung.

1941 Der Februarstreik in Amsterdam richtet sich gegen die Verfolgung der jüdischen Bürger und wird von den Nationalsozialisten blutig niedergeschlagen.

1942 Japanische Truppen erobern am 8. März Niederländisch-Ostindien.

1943 Ein erneuter Generalstreik, mit dem die Niederländer gegen die Verschleppung von Juden in Konzentrationslager protestieren, wird niedergeschlagen.

1945 Die auf niederländischem Territorium von alliierten Streitkräften eingeschlossenen deutschen Truppen kapitulieren. Seyß-Inquart wird bei den Nürnberger Kriegsverbrecherprozessen zum Tode verurteilt und 1946 hingerichtet.

**1945–49** Der Kampf der Indonesier gegen die zurückkehrende niederländische Kolonialmacht mündet in der Unabhängigkeit des südostasiatischen Inselreiches.

**1948** Belgien, die Niederlande und Luxemburg gründen die Benelux-Wirtschafts- und Zollunion. – Königin Wilhelmina tritt zurück, auf den Thron folgt ihre Tochter Juliana.

**1949** Die Niederlande treten der NATO bei.

**1953** Eine Flutkatastrophe im Südwesten der Niederlande fordert mehr als 1800 Todesopfer und macht über Nacht 500 000 Menschen obdachlos.

**1957** Die Niederlande sind Mitbegründer der Europäischen Wirtschaftsgemeinschaft (EWG).

**1966** Kronprinzessin Beatrix heiratet im März den deutschen Diplomaten Claus von Amsberg.

**1975** Das bisherige Niederländisch-Guayana wird als Surinam selbstständig.

**1980** Nach Abdankung Königin Julianas wird ihre Tochter Beatrix zur Königin der Niederlande gekrönt.

**1986** Das durch Eindeichung neu gewonnene Flevoland wird die zwölfte Provinz der Niederlande.

**1992** In Maastricht wird der Vertrag über die Europäische Union, auch Maastrichter Vertrag genannt, unterzeichnet. Ziel ist u. a. eine gemeinsame Währung.

**1997** Bei Hoek van Holland, an der Mündung des Rheins in die Nordsee, wird das Flutwehr Nieuwe Waterweg eingeweiht.

**2000** Das Parlament verabschiedet als erstes in Europa ein Gesetz zur Legalisierung der Sterbehilfe für unheilbar Kranke.

**2002** Am 2. Februar heiratet Kronprinz Willem-Alexander die Argentinierin Máxima Zorreguieta. – Kurz vor Parlamentsneuwahlen fällt am 6. Mai der Rechtspopulist Pym Fortyn dem Attentat eines politischen Fanatikers zum Opfer. – Am 6. Oktober stirbt Prinz Claus der Niederlande, der Gemahl von Königin Beatrix.

**2004** Juliana, die frühere Königin der Niederlande, stirbt am 20. März, am 1. Dezember folgt ihr Mann, Prinz Bernhard. – Ein islamistischer Attentäter tötet den Filmemacher Theo van Gogh in Amsterdam auf offener Straße.

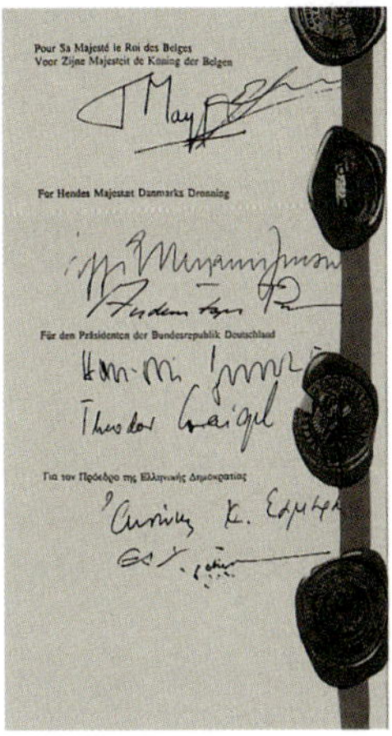


*Unterschriftenseite des Maastrichter Vertrages vom 7. Februar 1992*

**2006** Die Niederlande feiern das 400. Geburtsjahr des Malers Rembrandt van Rijn.

**2007** Die New York Stock Exchange (NYSE) und Euronext, die europäische Dreiländerbörse von Frankreich, Belgien und den Niederlanden mit Sitz in Amsterdam, fusionieren zur größten Börse der Welt.

**2009** Versuchtes Attentat auf die königliche Familie am Koninginnedag in Apeldoorn. Mehrere Menschen sterben, die königliche Familie bleibt unverletzt.

**2010** Durch seinen überraschenden Erfolg bei den Parlamentswahlen wird der Rechtspopulist Geert Wilders mit seiner Partei PVV drittstärkste Kraft im Lande.

**2012** Der spektakuläre Erweiterungsbau des Stedelijk Museums in Amsterdam nach dem Entwurf der Architekten Benthem und Crouwel wird eröffnet.

*Glücklich vereint: Königin Beatrix (li.), ihre Schwiegertochter Prinzessin Máxima (Mitte), ihr Mann Kronprinz Willem-Alexander (re.) und deren Kinder Catharina-Amalia, Alexia und Ariane (v. li. nach re.)*

Beschauliche Idylle – der Hafen in Hoorn mit seinem einstigen Wehrturm Hoofdtoren aus dem 16. Jh.

# Unterwegs

# Noord- und Zuid-Holland – kosmopolite Städte und Bilderbuch-Landschaften

Die beiden an die Nordsee grenzenden Provinzen bieten hübsche Grachtenstädte und muntere Badeorte. **Amsterdam**, quirlige Hauptstadt der Niederlande, lädt zur Erkundung von hochkarätigen Museen und historischen Bauten ein. Luxusgeschäfte und Flohmärkte verführen zum Shoppen. Und in den zahlreichen Restaurants lässt die Vielfalt an internationalen Speisen keinen Wunsch offen.

Von Amsterdam ist es nur ein Katzensprung zum Käsemarkt nach **Alkmaar** und nach **Hoorn** mit seinem Museumsdorf. Ebenfalls nicht weit entfernt sind die Frans-Hals-Stadt **Haarlem**, Rembrandts Geburtsort **Leiden**, **Gouda**, das noble **Den Haag** und **Rotterdam**, der größte Hafen Europas mit hypermoderner Stadtarchitektur. Gleich nebenan, bei **Kinderdijk**, wird es nostalgisch, wenn sich die Flügel der Poldermühlen im Wind drehen. In den Seebädern **Zandvoort**, **Noordwijk** und **Scheveningen** ist im Sommer Hochsaison, doch findet man auch einsame Strandabschnitte. Hinter den Dünen, zwischen Alkmaar und Leiden, erstrecken sich endlose *Blumenfelder*, bezaubern im Frühjahr Millionen farbenprächtiger Tulpen.

## 1 Amsterdam

TOP TIPP *Historische Metropole mit dem Geheimnis ewiger Jugend.*

Amsterdam (ca. 780 000 Einw., 1,25 Mio. im Großraum) liegt im Trend – und das schon seit einem halben Jahrtausend. Die geschichtsträchtige Stadt mit fast 7000 denkmalgeschützten **Stadtpalais** und zahlreichen renommierten **Museen**, in denen weltberühmte Gemälde Alter Meister, aber auch moderne Kunst auf höchstem Niveau zu finden sind, wirkt keineswegs behäbig, sondern so frisch und jung wie bei ihrem rasanten Aufstieg zur Weltstadt im 17. Jh.

Heute präsentiert sie sich als eine der meistbesuchten Städte Europas, als ein Magnet für Urlauber, die sich von den vielfältigen Sehenswürdigkeiten und der faszinierenden Atmosphäre der munteren Metropole gleichermaßen angezogen fühlen. Mit rund 1400 Cafés und Bars, mit Parks und Plätzen, die von Straßenkünstlern jeglicher Couleur auf unterhalt-

*Shoppen und Bummeln auf dem Damrak, der Fußgängermeile zwischen Bahnhof und Dam*

same Weise belebt werden, ist auch für Mußestunden in der Grachtenstadt bestens gesorgt.

Wie Venedig ruht Amsterdam auf Pfählen. Überspannt von 1200 Brücken legt sich ein Ring von *Grachten* (Kanälen) im Halbkreis um das Zentrum, das weitere Wasseradern durchziehen. Bei einem Bummel oder einer Grachtenfahrt ergeben sich reizvolle Ansichten von stattlichen Giebelhäusern an den oft von Bäumen beschatteten Wasserstraßen. Darüber hinaus bieten sich Blicke auf romantische Brücken, auf kleine Gärtchen und hübsch herausgeputzte Wohnboote.

***Geschichte*** Um 1260 errichteten Fischer hinter einem schützenden Damm, der das Flüsschen Amstel umleitete, eine Handvoll bescheidene Hütten. Aus diesen wuchs in der trocken gelegten Flussniederung am Ufer der Zuiderzee, dem heutigen *IJsselmeer*, rasch eine kleine Ansiedlung heran. Das nach dem Damm und dem Namen des Flusses benannte *Amestelledamme* wurde 1275 erstmals urkundlich erwähnt und erhielt im Jahr 1300 die Stadtrechte. Der **Hafen** der Siedlung entwickelte sich zu einem Umschlagzentrum für begehrte Waren aus dem Fernhandel. Nach einem Hostienwunder im Jahr 1345 wurde Amsterdam gar zum Wallfahrtsort. Prominentester Pilger war der habsburgische *Kaiser Maximilian I.*, der 1489 von der Gicht geheilt wurde und zum Dank der Stadt das Privileg verlieh, die Kaiserkrone im Wappen zu führen. 1580 lebten 15 000 Menschen in Amsterdam, nur 40 Jahre später zählte man bereits 100 000 Bewohner.

Befreit vom Joch der Spanier, nahmen die Niederlande im 17. Jh., das zum **Goldenen Zeitalter** Hollands wurde, einen rasanten Aufschwung. Macht und Reichtum erlangte auch die Stadt an der Amstel, so dass sich um 1680 die Anzahl der Bürger im stürmisch wachsenden Amsterdam auf 200 000 verdoppelt hatte. Hiesige Kapitäne entdeckten ferne Länder in Asien und Amerika, Admiräle proklamierten auf allen Kontinenten weite Landstriche als **holländische Kolonien**. Kaufleute der 1602 bzw. 1621 gegründeten *Verenigde Oost-Indische Compagnie* und *Verenigde West-Indische Compagnie* verdienten an kolonialen Produkten wie Gewürzen, Kaffee und Tee, aber auch an Sklaven ein Vermögen. Und zu Hause, in der Hafenmetropole Amsterdam, entfaltete sich hinter den eher

schlichten Fassaden der Bürgerhäuser an den Grachten dank solchen Wohlstandes bald ein gediegener Lebensstil mit allerlei Luxusgütern.

**Maler** wie Frans Hals, Jan Steen, Rembrandt Harmensz. van Rijn, Pieter de Hooch und Jan Vermeer fanden in reichen Bürgergilden und Schützenvereinen Auftraggeber und Interessenten für ihre Gruppenbilder und Genrestücke. *Rembrandt*, 1606 im holländischen Leiden geboren, kam in Amsterdam vor allem als begehrter Porträtmaler zu Ruhm und Geld, denn mit zunehmendem Wohlstand war auch in bürgerlichen Schichten der Wunsch nach Selbstdarstellung mittels repräsentativer Bildnisse erwacht. Seine wichtigsten Werke wie die ›Nachtwache‹ und die ›Staalmeesters‹ sind heute im Philips-Flügel des Rijksmuseum zu bewundern.

Viel Geld floss auch in den **Ausbau der Stadt** – wegen des morastigen Untergrundes ein technisch höchst aufwendiges Unterfangen. Der Ausspruch des Humanisten und Theologen *Erasmus von Rotterdam* (1469–1536), er kenne eine Stadt, deren Bewohner »wie Raben auf den Wipfeln von Bäumen« lebten, verblüfft nur im ersten Moment, denn tatsächlich sind alle Bauten Amsterdams auf **Pfählen** errichtet. Die erste tragfähige Sandschicht liegt etwa 10 m unter der Erdoberfläche. Selbst die Grachtenmauern bekommen erst durch ein Fundament eingerammter Fichtenstämme die notwendige Stabilität. Experten schätzen die Zahl der Baumstämme, auf denen Amsterdam ruht, auf mehr als 5 Mio. Das Mitte des 17. Jh. als Rathaus erbaute *Koninklijk Paleis* am Dam beispielsweise steht auf exakt 13 659 Baumstämmen.

Gegen Ende des 18. Jh. verloren die Niederlande ihre Vorherrschaft auf See an die Engländer. Amsterdam wurde von französischen Revolutionstruppen besetzt, und mit der Kontinentalsperre Napoleons Anfang des 19. Jh. ging der holländische Seehandel zugrunde. Erst mit dem Bau des *Nordseekanals* 1876, der Amsterdam einen direkten Zugang zur Nordsee erschloss, gewann die Stadt als Hafenzentrum wieder an Bedeutung.

Amsterdam war schon immer ein **Zufluchtsort** für Menschen, die in anderen Ländern wegen ihres Glaubens verfolgt wurden. *Sephardische Juden*, die Ende des 15. Jh. aus Spanien vertrieben wurden, andersgläubige Christen, die vor dem Zugriff der Inquisition flüchteten, und im 17. Jh. französische *Hugenotten* – sie alle fanden hier eine neue Heimat. Das jüdische Mädchen *Anne Frank*, das während der Besatzungszeit im Zweiten Weltkrieg mit seiner Familie zwei Jahre in einem Hinterhaus-Versteck an der Prinsengracht lebte, bevor es 1944 an die deutsche Gestapo verraten und in ein Konzentrationslager verschleppt wurde, ist sicherlich die bekannteste aller politischen Flüchtlinge.

Nach Kriegsende zog es viele Bewohner der einstigen niederländischen Kolonien Indonesien und Surinam nach Amsterdam. Heute leben Menschen aus 175 Nationen in der **multikulturellen Metropole**. Die viel gepriesene Toleranz und Integration ist für jeden Besucher schon beim ersten Flanieren durch die Straßen Amsterdams spürbar, im selbstverständlichen und selbstbewussten Auftreten aller Einwohner, egal welcher Herkunft oder Hautfarbe. Die bunte Mischung verschiedenster Kulturen schlägt sich auch in einer kulinarisch vielfältigen *Restaurantlandschaft* nieder. Außerdem gilt das liberale Amsterdam als Europas *Gay Capital*. Hier wurden die ersten homosexuellen Paare getraut, die Schwulen- und Lesbenszene ist seit langem in der Öffentlichkeit präsent.

In den 1960er-Jahren avancierte Amsterdam zur europäischen Hauptstadt der **Flower-Power-Bewegung**. Die sich gegen das Establishment auflehnende politische Gruppierung der *Provos* (*Provocatie* = Provokation) schaffte es sogar, Abgeordnete in das Stadtparlament der Hauptstadt zu bringen. *Kraker* nannte man die Hausbesetzer im Amsterdam der 1970er-Jahre, die in Westeuropa viele Nachahmer fanden. Später kamen die

*Die Weltstadt Amsterdam ist stolz auf ihr multikulturelles Image*

*Würdevoller Empfang: die Centraal Station mit ihrem Gebäude im Stil des Historismus*

*Kabouter*, die Heinzelmännchen, eine Bürgerinitiative, deren Kampf für den Erhalt der historischen Quartiere ganze Straßenzüge vor der ›Kaputtsanierung‹ bewahrt hat. Auch wenn viele Aktivisten der 1960/70er-Jahre später selbst zum einst bekämpften Establishment gehörten, haben sich heute nicht nur alte Flugblätter und der Mythos erhalten. Das unverwechselbare Flair Amsterdams, ein Mix aus konservativem Calvinismus und offener Lebensfreude, Tradition und Moderne, lässt auch heute noch, trotz Unstimmigkeiten in puncto Zuwanderung, Islam und Integration, holländische Kaufmannstugenden und trendige Jugendkultur nebeneinander bestehen. Dies bezeugen nicht zuletzt Modernisierungswut und Bauboom rund um Museumplein, Bahnhof und Westerdok.

## Im Zentrum

Ob man mit dem Zug anreist, mit dem Airportshuttle vom Flughafen oder mit dem eigenen Auto, der Hauptbahnhof von Amsterdam, die **Centraal Station** 1 (Stationsplein, aufgrund der voraussichtlich bis 2015 andauernden Arbeiten an der neuen Metrolinie derzeit eine Baustelle; der Zugverkehr wird dabei kaum beeinträchtigt), ist für viele der erste Anlaufpunkt in der Stadt. Das Bahnhofsgebäude mit seiner 400 m langen prächtigen *Backsteinfassade* wurde 1877–1889 nach Plänen von Petrus J.H. Cuypers im Stil des niederländsichen Historismus errichtet. Sehenswert im Inneren ist der holzgetäfelte Jugendstil-Wartesaal, die Wachtkamer 1e Klas, in der heute das *Grand Café 1e Klas* (www.resturant1eklas.nl) eingerichtet ist.

**Damrak** 2 heißt nicht nur das kleine Hafenbecken mit dem Anleger für Rundfahrtschiffe, sondern gleichfalls die breite Straße, die sich vom Bahnhof in Richtung Dam, dem zentralen Platz in der Amsterdamer Innenstadt, nach Süden erstreckt und von zahlreichen Geschäften, Cafés und Fast-Food-Restaurants gesäumt wird. Auf dem Weg ins Zentrum fällt das rote Backsteingebäude des **Beurs van Berlage** 3 (Beursplein 1–3, Tel. 020/530 41 41, www.beursvanberlage.nl, Café Mo–Sa 10–18, So 11–18 Uhr) mit seiner strengen, fast schmucklosen Fassade und dem arkadenüberspannten Eingangsbereich ins Auge. Rund 5000 Holzpfähle tragen diese von Hendrik Petrus Berlage 1898–1903 errichtete *Börse*, in der noch bis vor rund 20 Jahren mit Aktien gehandelt wurde. Heute hat hier das niederländische Philharmonieorchester seinen Sitz.

Der Damrak mündet in den weitläufigen Platz *Dam* mit dem monumenta-

*Den zentralen Innenstadtplatz Dam adelt das Koninklijk Paleis aus der Mitte des 17. Jh.*

len, Mitte des 17. Jh. im Stil des *niederländischen Klassizismus* nach Plänen von Jacob van Campen erbauten **Koninklijk Paleis** 4 (Tel. 020/620 40 60, www.paleisamsterdam.nl, Sept.–Mai Di–So 12–17, Juni-Aug. tgl. 11–17 Uhr). Es fungierte einst als Rathaus. Heute nutzt das Königshaus den mit einem mächtigen Glockenturm geschmückten Palast häufig für offizielle Anlässe. Beeindruckend sind auch die prachtvoll ausgestatteten Räume, vor allem der Gerichts- und der Bürgersaal.

Die benachbarte **Nieuwe Kerk** 5 (Tel. 020/626 81 68, www.nieuwekerk.nl, tgl. 10–17 Uhr) geht, anders als der Name vermuten lässt, bereits auf eine Gründung um 1408 zurück. Die spätgotische Kreuzbasilika bietet heute in erster Linie Ausstellungen und Konzerten einen stilvollen Rahmen. Ihre Innenausstattung mutet nach den Bilderstürmen der Reformation (1566 und 1578) eher schlicht an. Nach einem Brand 1645 wurde die Kirche bis auf den Turm wieder hergestellt. Rechts vom Eingang fällt ein Kenotaph für den Nationaldichter *Joost van den Vondel* (1587–1679) ins Auge. Von den hier bestatteten Seehelden der Niederlande ist der mit einem barocken Denkmal in der Chorapsis geehrte Admiral *Michiel A. de Ruyter* (1607–1676) der prominenteste. Die 1649–64 von Albert Jansz. Vinckenbrinck geschaffene barocke *Kanzel* mit ihrem reichen Figurenschmuck – dargestellt sind die vier Evangelisten und Allegorien der Tugenden – gilt als Meisterwerk niederländischer Schnitzkunst. Augenfällig ist neben der aufwendig gestalteten *Orgel* (1670) auch das schwere, aus Messing getriebene *Chorgitter* von Jacob Lutma aus der Mitte des 17. Jh. Aus verschiedenen Jahrhunderten stammen die prächtigen *Glasmalereien*, die Ereignisse der Stadthistorie bis zur Inthronisation von Königin Wilhelmina 1898 illustrieren. Überdies werden in der Nieuwe Kerk seit dem 19. Jh. die Monarchen des Landes feierlich in ihr Amt eingesetzt.

*Der Konsumtempel Magna Plaza lockt mit vielen Shopps und Cafés in edlem Ambiente*

Unweit erhebt sich das zum modernen Einkaufszentrum **Magna Plaza** 6 (www.magnaplaza.nl, tgl. geöffnet) umgestaltete frühere Hauptpostamt. Hinter der neogotischen Prachtfassade locken heute mehrere Dutzend schicke Geschäfte sowie Cafés. Auf dem Dam ragt auch das von J.J.P. Oud errichtete **Nationaal Monument** 7, ein weißer Obelisk, 22 m in die Höhe. Das 1956 eingeweihte Denkmal mit den von John Raedecker geschaffenen Figuren, die Krieg, Frieden und Widerstand symbolisieren, und den mit Erde aus den niederländischen Provinzen gefüllten Urnen erinnert an die leidvolle Zeit der deutschen Besatzung während des Zweiten Weltkriegs.

In der Nähe des Dam versammelt **Madame Tussaud's** 8 (Dam 20, Tel. 020/5230623, www.madametussauds.nl, tgl. 10–17.30, Juli/Aug. tgl. 10–20 Uhr), ein Ableger des Londoner Wachsfigurenkabinetts, bekannte Persönlichkeiten der Weltgeschichte, zeigt Kulissen aktueller Kinohits und liebevoll gestaltete Szenen aus dem Goldenen Zeitalter Hollands.

Mehr ins Detail geht das in mehreren historischen Gebäuden untergebrachte **Amsterdams Historisch Museum** 9 (Kalverstraat 92, Tel. 020/5231822, www.ahm.nl, Mo–Fr 10–17, Sa/So 11–17 Uhr), dessen drei Zugänge etwas versteckt zwischen Kalverstraat und Nieuwezijds Voorburgwal liegen. Die interessante Ausstellung präsentiert die Amsterdamer Stadtgeschichte ebenso wie die Entwicklung der Niederlande zu einer See-, Handels- und Kolonialmacht mit Besitzungen in der ganzen Welt. Großformatige Gemälde jener *Schützenkompanien*, die ab dem 15. Jh. eine wichtige Rolle bei der Verteidigung der Stadt spielten, werden in der zwischen dem Historischen Museum und dem Begijnhof liegenden **Schuttersgalerij**, der Schützengalerie, gezeigt. Anhand der 15 Monumentalbilder wird die Entwicklung des Genres von eher steifen Kompositionen zu lebhaften, dynamischen Szenerien deutlich. Im benachbarten **Begijnhof** 10 (www.begijnhofamsterdam.nl, tgl. 9–17 Uhr, Kirche Mo 13–18.30, Di–Fr 9–18.30, Sa/So 9–18 Uhr), einem beschaulichen, hübsch begrünten Innenhof mit restaurierten Giebelhäusern vorwiegend aus dem 17. und 18. Jh., führen noch heute alleinstehende Damen ein zurückgezogenes Leben. Bereits im 14./15. Jh. waren in Mitteleuropa zahlreiche solcher *Beginenhöfe* entstanden, in denen fromme katholische Frauen lebten. Sie waren unverheiratet oder verwitwet und widmeten sich wohltätigen Aufgaben, ohne durch die Vorschriften eines Klosters gebunden zu sein. Einen Zugang zu dem *Hofje* findet man über den Begijnensteeg bei der Kalverstraat oder durch einen Torbogen am *Spui*, einem insbesondere bei Studenten beliebten Platz.

Das renommierte **Allard Pierson Museum** 11 (Oude Turfmarkt 127, Tel. 020/5252556, www.allardpiersonmuseum.nl, Di–Fr 10–17, Sa/So 13–17 Uhr) trägt den Namen des ersten Professors für Klassische Archäologie an der Amsterdamer Universität, Allard Pierson (1831–1869). Es besitzt eine qualitätvolle archäologische Sammlung mit Mumien und Sarkophagen aus Ägypten sowie eindrucksvollen Skulpturen und Reliefs der griechischen und römischen Antike.

Ein 1610 im Stil der niederländischen Renaissance erbautes und mit dekorativen Fensterläden versehenes Backsteingebäude unmittelbar nördlich des Museums trägt den Namen **Huis aan de Drie Grachten**, denn es wird tatsächlich nur an einer Seite nicht von Grachten begrenzt. Über die kurze Vendelstraat und die Staalstraat gelangt man zur breiten Binnenamstel, an deren Ufer der mächtige moderne Bau der **Stopera** 12 (Waterlooplein) auffällt, konzipiert von Wilhelm Holzbauer und Cees Dam. Der Name der mit quadratischen Platten verblendeten Anlage, die sich an der Amstelseite halbrund ausbuchtet, erklärt sich aus ihren Mietern, der Stadtverwaltung und der Oper, die sich den Komplex seit 1988 teilen. *Het Muziektheater* (www.hetmuziektheater.nl, s. S. 36) heißt die Bühne auf der

*Im hübschen Begijnhof aus dem 17./18. Jh. lässt es sich heute noch angenehm wohnen*

neben Opern auch klassisches und modernes Ballett zur Aufführung gelangen.

Am lang gestreckten **Waterlooplein** hinter der Stopera findet ein großer *Flohmarkt* (Mo–Sa 9–17 Uhr) statt, der für sein vielseitiges Angebot an Secondhand-Kleidung, aber auch für CDs und DVDs bekannt ist. Rund um den Platz breitete sich einst das *Jüdische Viertel* aus. Nach der Deportation von 100 000 jüdischen Bewohnern während des Zweiten Weltkriegs ist von der alten *Jodenbuurt* nur wenig übrig geblieben.

Die Geschichte der jüdischen Gemeinde dokumentiert das **Joods Historisch Museum** 13 (Nieuwe Amstelstraat 1, Tel. 020/531 03 10, www.jhm.nl, tgl. 11–17 Uhr), das in einem eindrucksvollen Komplex aus vier Synagogen des 17. und 18. Jh. untergebracht ist. Mit einer Fülle von Dokumenten, Fotos und Kunstobjekten wird die jüdische Religion anschaulich illustriert. Im kleinen Museumscafé gibt es koschere Speisen.

Vis-à-vis erhebt sich die **Portugese Synagoge** 14 (Mr. Visserplein 3, Tel. 020/624 53 51, www.esnoga.com, So–Fr 10–16, im Winter So–Do 10–16, Fr 10–14 Uhr). Nachdem Ende des 15. Jh. jüdische Immigranten von den katholischen Königen vertrieben worden waren, erbauten diese 1675 das auch *Esnoga* genannte Gotteshaus. Der Gebetsraum, der für weit mehr als die heute ca. 600 Gemeindemitglieder Platz bietet, wird von ionischen Säulen in drei Schiffe unterteilt. Licht spenden vier ausladende Messinglüster. Die dazugehörige *Bibliothek Ets Haim* beherbergt eine der bedeutendsten Sammlungen jüdischen Schrifttums.

Einige Schritte jenseits der Weesperstraat empfängt die **Hermitage Amsterdam** 15 (Amstel 51, Tel. 020/530 74 88 www.hermitage.nl, tgl. 10–17, Mi 10–20 Uhr) kunstinteressierte Besucher. Das Museum, eine Dependance der St. Petersburger Eremitage, logiert im Amstelhof, einem einstigen Altenpflegeheim aus dem 17. Jh. Der monumentale Bau bietet samt Kirchensaal, Regentenkammern und Innengarten ein prachtvolles Ambiente für jährlich zwei bis drei Sonderausstellungen. Bei diesen stellt das Muttermuseum seine Schätze zur Schau, darunter Festroben, Gemälde, Juwelen und Porzellan aus der Zarenzeit.

Der Maler *Rembrandt Harmensz. van Rijn* (1606–1669) und seine Frau Saskia von Uylenburgh erwarben 1639 im Jüdischen Viertel ein repäsentatives Kaufmannshaus (erbaut 1606), das heute als **Museum Het Rembrandthuis** 16 (Jodenbreestraat 4, Tel. 020/520 04 00, www.rembrandthuis.nl, tgl. 10–17 Uhr) fungiert. Der in Leiden geborene Rembrandt lebte hier bis 1658. Es waren die erfolgreichsten Jahre seiner Künstlerlaufbahn. Original erhalten sind die Küche mit dem Bett der Magd, die noblen Empfangsräume und ein Zimmer, in dem Rembrandt viele Sammlerstücke aus fernen Ländern aufbewahrte, u.a. einen Schildkrötenpanzer, eine Hängematte aus Amerika und chinesisches Porzellan. Im zweiten Stock befindet sich das *Studio*, in dem Rembrandt arbeitete und seine Schüler unterwies. Ein besonderer Kunstgenuss stellen die zahlreichen im Haus ausgestellten Zeichnungen und Radierungen Rembrandts dar.

*Das mächtige Waaggebouw, die einstige Stadtwaage, dominiert den Nieuwmarkt*

Auf dem Weg in Richtung Nieuwmarkt kann man den Blick durch die Grachten der Oude Schans zum Hafen genießen. Wie ein Kirchturm ragt dort **Montelbaanstoren** 17 (Oude Schans 2), der Sitz der Wasserstandsbehörde, in den Himmel. Die Einrichtung wacht darüber, dass der Wasserpegel der Grachten nie mehr als 40 cm schwankt. Diverse Schleusen und 75 Pumpwerke helfen dabei und sorgen gleichzeitig für die ständige Säuberung des 75 km langen Grachtennetzes und dessen Versorgung mit frischem Wasser. Weiter geht es durch das Bethanienviertel, vorbei an der Anfang des 17. Jh. nach Plänen des Stadtbaumeisters *Hendrik de Keyser* errichteten **Zuiderkerk** 18 (Zuiderkerkhof 72, Tel. 088/020 22 80, www.zuider

Plan hintere Umschlagklappe



kerk.amsterdam.nl, Mo–Fr 9–17 Uhr), die heute eine Ausstellung zur Stadtentwicklung zeigt. Vom 80 m hohen *Kirchturm* (April–Sept. Mo–Sa 12–15.30 Uhr, alle 30 Min. Glockenspiel) bietet sich ein schöner Blick auf den ältesten Teil des Amsterdamer Zentrums. Über den Kanal Kloveniersburgwal geht es zur Oude Hoogstraat mit dem **Oost-Indisch Huis**, einst Zentrale der mächtigen, 1602 gegründeten Handelsgesellschaft *Verenigde Oost-Indische Compagnie (VOC)* und heute Sitz der Philosophischen Fakultät der Universität von Amsterdam.

Wenig später erreicht man das **Hasch Marihuana Hemp Museum** 19 (Oudezijds Achterburgwal 148, Tel. 020/623 59 61, www.hashmuseum.com, tgl. 10–23 Uhr), das umfassend über die Hanfpflanze *Cannabis sativa* und ihre vielfältigen Nutzungsmöglichkeiten informiert.

Den nahen Nieuwmarkt beherrscht das siebentürmige **Waaggebouw** 20, ein wuchtiges, burgartiges Backsteingebäude, das bereits 1488 als Teil der Stadtbefestigung entstand. Nach einem Umbau im 17. Jh. diente es neben der Stadtwaage am Dam als zweite offizielle Waage. Die obere Etage war Versammlungsort verschiedener Zünfte, darunter die der Maler, Schmiede und Chirurgen. Rembrandt und Peter der Große [s. S. 37] sollen hier im *Theatrum Anatomicum* Anatomievorlesungen von Chirurgen besucht haben. Nach 1819 diente das Gebäude zunächst als Feuerwache, später als Museum. Das heute hier untergebrachte Café-Restaurant *In de Waag* (Tel. 020/422 77 72, www.indewaag.nl) und der Platz davor sind besonders abends sehr beliebte Treffpunkte.

Von hier ist es nicht weit zu **De Walletjes** 21, einer Reihe parallel verlaufender Grachten östlich vom Dam. Der Name ist seit langem Synonym für das Amüsierviertel, den berühmt-berüchtigten *Rotlichtbezirk* der Stadt. Vor allem an Wochenenden strömen nächtens viele Neugierige durch die Straßen und riskieren einen Blick in die zahlreichen Schaufenster, in denen etwa 1000 Damen ihre Reize präsentieren. Die Prostitution ist in den Niederlanden heute als Beruf anerkannt, es bestehen Steuerpflicht und Rentenanspruch. Als Passant sollte man hier zurückhaltend auftreten und z.B. auf aufdringliches Fotografieren verzichten. Vorsicht auch vor **Zakkenrollers**, Taschendieben, die im Gedränge der engen Gassen ein ideales Arbeitsfeld finden.

Mitten im Rotlichtviertel erhebt sich der graue Baukörper der **Oude Kerk** 22 (Oudekerksplein 23, Tel. 020/625 82 84, www.oudekerk.nl, Mo–Sa 11–17, So 13–17 Uhr). Leider erlaubt der winzige Kirchplatz kaum ein genaueres Studium der Fassade. Der Grundstein zur Kirche wurde bereits um 1306 gelegt. Ihre jetzige Gestalt erhielt die frühere Hallenkirche, die dem Schutzpatron der Seefahrer *Sint Ni-*

*Sonne genießen an der Oude Schans, im Hintergrund grüßt Montelbaanstoren*

*colaas* geweiht war, um 1555, als sie zur dreischiffigen Basilika erweitert wurde. Schon wenige Jahre später galt infolge der Reformation auf der Kanzel die calvinistische Lehre. Schlicht und karg, das reine Wort Gottes verkörpernd, so präsentiert sich seitdem das Kircheninnere. Glücklicherweise wurden im 18. Jh. die prächtigen *Renaissance-Glasmalereien* im Frauenchor mit Szenen aus dem Marienleben restauriert. Beeindruckend sind auch das kunstvolle Schnitzwerk des Chorgestühls aus dem 16. Jh. und die zahlreichen Grabplatten prominenter Amsterdamer Bürger, die hier ihre letzte Ruhestätte fanden, unter ihnen auch *Saskia van Uylenburgh*, die 1642 verstorbene erste Frau Rembrandts.

Auch nach der Reformation standen viele Amsterdamer zur nun verbotenen katholischen Religion. Messen wurden fortan in geheimen Gotteshäusern abgehalten. Und so mancher katholische Handelsherr richtete im Obergeschoss seines Wohnhauses einen Gebetsraum für seine Glaubensgefährten ein. Im **Museum Ons' Lieve Heer op Solder** 23 (Oudezijds Voorburgwal 40, Tel. 020/624 66 04, www.opsolder.nl, Mo–Sa 10–17, So 13–17 Uhr) ist mit ›Unser lieber Herrgott auf dem Dachboden‹ eine der sog. Schlupfkirchen erhalten. Diese hier nahm die Dachböden dreier benachbarter Häuser ein. Sehenswert sind die dem geringen Platz angepasste, praktische Ausklappkanzel und der kleine Barockaltar.

## Rund ums Zentrum

Um neuen Baugrund für die schnell wachsende Stadt zu erschließen, veranlassten die Stadtväter im 17. Jh. den Bau des Grachtengürtels mit der *Heren-*, *Keizers-* und *Prinsengracht*. Dieser avancierte bald zur bevorzugten Wohngegend und ist es bis heute geblieben.

Nordöstlich des Grachtengürtels ragt der 1997 von *Renzo Piano* über der Einfahrt zum IJ-Tunnel errichtete futuristische Bau des **NEMO** 24 (Oosterdok 2, Tel. 020/531 32 33, www.e-nemo.nl, Juni–Aug. tgl. 10–17, Sept.–Mai Di–So 10–17 Uhr) wie der Bug eines Schiffes aus dem Wasser des Oosterdok. Das spektakuläre Gebäude beherbergt ein interaktives Wissenschafts- und Technologiezentrum. Anhand naturwissenschaftlicher Exponate und Experimente können Besucher auf spielerische Weise Interesse und Wissen über moderne Technologien vertiefen.

Etwas weiter nördlich, jenseits der Dijksgracht, liegt der spektakuläre Glasbau des **Muziekgebouw aan 't IJ** 25 (Piet Heinkade 1, Tel. 020/788 20 10, www.muziekgebouw.nl) wie ein großes Transportschiff am Ufer. Der 2005 eröffnete Bau, ein Superlativ an Akustik und Konzerttechnik, ist Bühne für 17 renommierte Musikensembles. Seine Außenhaut besteht aus einem leichten glitzernden Glaskörper, in dem das exzentrisch geformte Foyer wie in einer Ausstellungsvitrine posiert. Von Innen wiederum genießt man fantastische Ausblicke auf Amsterdams Wasserlandschaften.

Publikumsmagneten sind auch die große Terrasse am Kai und das seitlich auskragende, gleichermaßen panoramareiche *Bimhuis* [s. S. 35], ein schwarzer Kasten auf Stelzen, in dem abends hochkarätige Jazz Sessions stattfinden.

Im früheren Zeughaus der Admiralität weiter südlich beschäftigt sich das **Nederlands Scheepvaart Museum** 26 (Kattenburgerplein 1, Tel. 020/523 22 22, www.scheepvaartmuseum.nl, tgl. 9–17 Uhr) vorwiegend mit der großen Tradition der niederländischen Schifffahrt. Star der bunten Schar von Museumsbooten ist die fast 50 m lange ›*Amsterdam*‹, ein originalgetreu nachgebauter Dreimaster der *Verenigde Oost-Indische Compagnie* von 1749. Während der Restaurierung des Museums liegt das Schiff beim NEMO vor Anker und kann besichtigt werden.

Auf der Südseite des Hafenbeckens *Nieuwe Vaart* befindet sich das **Werftmuseum 't Kromhout** 27 (Hoogte Kadijk 147,

*Seefahrerromantik – historischer Segler im Nederlands Scheepvaart Museum*

*Der italienische Architekt Renzo Piano setzte mit dem hypermodernen Bau des Technologiezentrums NEMO einen unübersehbaren städtebaulichen Akzent*

Eingang Kruithuisstraat, Tel. 020/6276777, www.machinekamer.nl, Di 10–15 Uhr oder auf Voranmeldung für Gruppen ab 15 Pers.). Die seit dem 18. Jh. bestehende Werft ist eine der ältesten des Landes und hat sich auf die Restaurierung historischer Schiffe spezialisiert.

Das **Tropenmuseum** 28 (Linnaeusstraat 2, Tel. 020/5688200, www.tropenmuseum.nl, Di–So 10–17 Uhr) an der Singelgracht ist Nachfolger des *Koloniaal Instituts*, das die Lebensbedingungen in den Kolonien dokumentierte. Heute stehen Kunst und Kultur aus Asien, Afrika und Lateinamerika im Mittelpunkt der Ausstellung, zu deren Highlights naturgetreue Nachbauten von Häusern und Straßenzügen aus diesen Regionen gehören.

Etwas weiter nördlich lockt der **Zoo Artis** 29 (Plantage Kerklaan 38–40, Tel. 020/5233400, www.artis.nl, tgl. 9–17, im Sommer bis 18 Uhr). Er ist Heimat für 6100 Tiere. Viele von ihnen leben in modernen Großgehegen mit eindrucksvollen Landschaftskulissen, die sich an ihren natürlichen Lebensräumen orientieren. Faszinierend sind auch das riesige *Aquarium* mit mehr als 700 Arten von Meeresbewohnern sowie das Wolfsgehege *Wolvenwoud*.

Nordwestlich des Zoos erinnert das **Verzetsmuseum** 30 (Plantage Kerklaan 61, Tel. 020/6202535, www.verzetsmuseum.org, Di–Fr 10–17, Sa–Mo 11–17 Uhr) an die deutsche Besatzungszeit während des Zweiten Weltkriegs. Bilder und Dokumente schildern Verfolgung und Widerstand (nl. *Verzet*), aber auch die Kollaboration durch holländische Anhänger der Nazi-Ideologie. In örtlicher und inhaltlicher Nachbarschaft erhebt sich die Theaterruine der **Hollandsche Schouwburg** 31 (Plantage Middenlaan 24, Tel. 020/5310340, www.hollandscheschouwburg.nl, tgl. 11–16 Uhr), die von den Nationalsozialisten als Sammelplatz für Amsterdamer Juden vor dem Abtransport in die Konzentrationslager genutzt wurde. Eine Granitsäule erinnert an die Ermordung von 100000 jüdischen Mitbürgern und gedenkt zugleich der Untergrundkämpfer, die ihr Leben riskierten, um Kinder aus dem Areal herauszuschmuggeln.

Der benachbarte **Hortus Botanicus** 32 (Plantage Middenlaan 2a, Tel. 020/6259021, www.dehortus.nl, Mo–Fr 9–17, Sa/So 10–17, Dez./Jan. bis 16, Juli/Aug. bis 19 Uhr) geht auf einen 1638 angelegten medizinischen Kräutergarten zurück. Der Botanische Garten bietet heute Gewächshäuser und Themengärten mit Pflanzen aus aller Welt, ein faszinierendes Panorama von Farben, Formen und Duftnoten. Inmitten der idyllischen Naturkulisse lädt die schattige Terrasse des Café *De Oranjerie* zum Verweilen ein.

Entlang der Nieuwe Herengracht und der Uferpromenade der Binnenamstel geht es zu einem der Wahrzeichen der Stadt, der die Amstel überspannenden **Magere Brug** 33. Die wohlgestalteten Formen der weiß gestrichenen Klappbrü-

*Nachts tauchen Lichtergirlanden die Magere Brug über der Amstel in ein romantisches Licht*

cke, die noch heute manuell betrieben wird, werden nachts von Lichtergirlanden malerisch umschmeichelt.

Von hier aus bietet sich ein Spaziergang entlang der Kanäle des Grachtengürtels an, der im Halbkreis die Innenstadt umschließt. Dazu passt auch ein Besuch des **FOAM – Fotografiemuseum Amsterdam** 34 (Keizersgracht 609, Tel. 020/5516500, www.foam.nl, Sa–Mi 10–18, Do/Fr 10–21 Uhr), denn hier wird im Rahmen von Wechselausstellungen Fotokunst aus aller Welt präsentiert. Anschließend geht es über Rembrandtplein zur Reguliersbreestraat mit dem **Pathé Tuschinski** 35 (Nr. 26–34, Tel. 0900/1458, www.tuschinski.nl), einem opulenten Filmpalast der 1920er-Jahre im Art-déco-Stil. Am Südufer der Singel, nahe Muntplein, entfaltet seit dem 17. Jh. der schwimmende **Bloemenmarkt** 36 (Mo–Sa 9–17.30, So 11–17.30 Uhr) seine Blüten-, Duft- und Farbenpracht.

Nach Süden führt der Weg weiter über die Vijzelstraat zur Singelgracht, wo am jenseitigen Ufer die Schau **Heineken Experience** 37 (Stadhouderskade 78, Tel. 020/5239222, www.heinekenexperience.com, tgl. 11–19 Uhr, Minderjährige nur in Begleitung Erwachsener) lockt, ein Museum zur Geschichte der Bierherstellung. Ansässig ist es im alten Stammhaus der gleichnamigen Brauerei, einer der größten Bierproduzenten der Welt. Eindrucksvoll sind vor allem die riesigen kupfernen Braukessel, in denen seit 1868 der berühmte Gerstensaft gebraut wurde. Als 1988 die Produktion an andere Standorte wie Zoeterwoude bei Leiden verlagert wurde, konnte hier die informative Schau eingerichtet werden, die durch eine Mini-Brauerei, eine Probier-Bar und ein Stall-Parcours zu Ehren der berühmten Brauereipferde ergänzt wird.

Drei Straßenzüge weiter südlich erstreckt sich der kunterbunte **Albert Cuyp Markt** 38 (Albert Cuypstraat, Mo–Sa 9–18 Uhr) über die Länge von 1 km von der Ferdinand Bolstraat bis zur Van Woustraat. Beim Schlendern zwischen den gut

*Rembrandts ›Nachtwache‹ (1642) im Rijksmuseum*

350 Ständen sieht man Heringe aus dem Fass, frisches Gemüse und tropische Früchte, aber auch Haushaltswaren, Unterwäsche und allerlei Trödel.

Nun geht's zurück zur Singelgracht, denn jetzt steht eines der wichtigsten Kunstmuseen des Kontinents auf dem Programm: das **Rijksmuseum** 39 (Jan Lujkenstraat 1, Tel. 020/6747000, www.rijksmuseum.nl, tgl. 9–18 Uhr, Dependance: Rijksmuseum Amsterdam Schiphol, hinter der Passkontrolle, Holland Boulevard, zwischen Pier E und F, tgl. 7–20 Uhr), das in einem schlossähnlichen, 1885 von *Petrus J.H. Cuypers* in einem Stilmix aus Neogotik und Renaissance errichteten Backsteinbau residiert. Bis Sommer 2013 ist das Hauptgebäude zwar wegen Restaurierung geschlossen, doch im *Philips-Flügel* zeigt das Rijksmuseum unter dem Titel *Meisterwerke* 400 der bekanntesten Gemälde holländischer Meister des 17. Jh. Die Restaurierung dient nicht nur der Modernisierung technischer Einrichtungen, denn auch das ursprüngliche Konzept des Architekten mit prunkvollen Dekorationen und romantischen Innenhöfen wird wieder hergestellt. Der Raumnot begegnet man durch den Anbau neuer Ausstellungspavillons. Das größte Kunstmuseum der Niederlande birgt allein über 5000 *Gemälde* vor allem niederländischer, aber auch spanischer, italienischer und französischer Meister des 15.–20. Jh. Hinzu kommen das *Prentenkabinet* mit fast 1 Mio. Zeichnungen und Druckgraphik sowie weitere große Abteilungen zur Geschichte der Niederlande, zum holländischen Kunstgewerbe, aber auch zur asiatischen Kunst.

TOP TIPP

In der Meisterwerke-Ausstellung werden derweil Highlights aus der einzigartigen Kollektion niederländischer Kunst gezeigt. *Rembrandt* ist mit seinen wichtigsten Werken präsent, darunter ›Nachtwache‹ von 1642, ›Staalmeesters‹ (1662) und ›Judenbraut‹ (um 1665). *Frans Hals* ist ebenfalls mit mehreren seiner bedeutendsten Arbeiten vertreten, u.a. dem tausendfach reproduzierten ›Fröhlichen Zecher‹ von 1628/30. *Jan Vermeers* kontemplative Genrebilder wie die ›Küchenmagd‹ (um 1658) und die ›Briefleserin‹ von 1662/63 finden sich in der Galerie ebenso wie *Jan Steens* vielfigurige, gesellige Trink- und Festszenen. Hinzu kommen Gemälde von Pieter de Hooch oder Gerhard Ter Borch, ferner Spitzenwerke *flämischer Maler* des 17. Jh. wie Rubens und Van Dyck.

Um Kostbarkeiten ganz anderer Art geht es bei **Coster Diamonds** 40 (Paulus Potterstraat 2–6, Tel. 020/3055555, www.costerdiamonds.com, tgl. 9–17 Uhr, Führungen jede Std.), einer der renommiertesten Diamantschleifereien Amsterdams. Neben Antwerpen gehört die niederländische Hauptstadt traditionell zu den größten Umschlagplätzen und Schleifer-

*Das Van Gogh-Museum besitzt weltweit die größte Sammlung von Werken dieses Künstlers*

standorten für Diamanten in Europa. Der berühmteste bei Coster bearbeitete Diamant ist der legendäre *Koh-i-noor* aus dem Besitz der englischen Krone, den angeblich »nur Gott oder eine Frau ungestraft tragen kann«. Der Diamant schmückt die im Londoner Tower zu bewundernde *Queen Elizabeth Crown*. Wer über genügend Kleingeld verfügt, kann bei Coster Diamonds selbst herrliche geschliffene Preziosen erwerben.

TOP TIPP

Einem der großen Wegbereiter der Moderne, dem Maler *Vincent van Gogh* (1853–1890), ist das **Van Gogh Museum** 41 (Paulus Potterstraat 7, Tel. 020/570 52 00, www.vangoghmuseum.nl, Sa–Do 10–18, Fr 10–22 Uhr, geplanter Umbau Okt. 2012 – März 2013) gewidmet, dessen umfangreiche Kollektion auf eine Stiftung seines Bruders Theo zurückgeht. Der rechteckige, 1973 von De Stijl-Architekt Gerrit Rietveld errichtete Bau erhielt 1999 einen spektakulären ovalen Anbau. Mit 200 Gemälden sowie 500 Zeichnungen und Aquarellen wird in den Sälen die größte Van-Gogh-Sammlung der Welt präsentiert. Sie ist nach den fünf Entwicklungsphasen seines Œuvres zwischen 1880 und 1890 gegliedert und zeigt berühmte Gemälde wie die ›Kartoffelesser‹ (1885), die ›Windmühlen am Montmartre‹ (1887), die ›Sonnenblumen‹ (1889) und das ›Weizenfeld mit Krähen‹ (1890), eines seiner letzten Bilder. Am 29. Juli 1890 erlag Vincent van Gogh den Folgen eines Selbstmordversuchs.

Auch das dritte der großen Amsterdamer Kunstmuseen befindet sich in unmittelbarer Nähe in einem verspielten Neorenaissancebau. Dieser ist bereits seit 1895 der angestammte Sitz des **Stedelijk Museum** 42 (Paulus Potterstraat 13, Tel. 020/573 29 11, www.stedelijk.nl, Di–So 10–17, Do 10–22 Uhr). Seit dem Jahr 2004 wird es restauriert und um einen modernen Anbau ergänzt, der ›Bathtub‹ (Badewanne) genannt wird. Die strahlendweiße Architektur auf gläsernem Sockel ist am Museumplein dem Hauptbau vorgeblendet, bietet großzügige Ausstellungsflächen und dient als neuer Haupteingang. Durch den Glassockel hindurch ist die

*Ausstellung trotz Bauarbeiten im Stedelijk: ›Past, Present, Future‹ von Barbara Kruger*

alte Fassade sichtbar. Mitte 2012 soll das Museum wieder komplett zugänglich sein. Die hochkarätige Sammlung präsentiert alle wichtigen Stilphasen von der Mitte des 19. Jh. bis in die Gegenwart – aus den Bereichen Malerei, Bildhauerei, Fotografie und Neue Medien. *Französische Impressionisten* wie Cézanne, Monet und Renoir sind prominent vertreten. Hinzu kommen Kandinsky, Marc, Chagall und andere große Meister der *Klassischen Moderne*. Highlights bieten auch die Arbeiten der 1917 gegründeten niederländischen Künstlervereinigung *De Stijl*, zu der Piet Mondrian gehörte, und die eigenwilligen Kompositionen der Gruppe CoBrA um den Niederländer Karel Appel [s. S. 33].

Auch im benachbarten **Concertgebouw** 43 (Concertgebouwplein 10, Tel. 020/5730573, www.concertgebouw.nl), einem neoklassizistischen Bau, der zur selben Zeit wie das Rijksmuseum und das Stedelijk Museum entstand, ist die Kunst zu Hause, genauer die Musik. Das rechteckige Konzertgebäude mit einem großen (2250 Plätze) und einem kleinen (600 Plätze) Saal wird wegen seiner fantastischen Akustik gerühmt. Neben Klassikaufführungen mit bedeutenden Ensembles und Dirigenten finden hier auch Konzerte von Rock- und Popgrößen statt.

Unweit erstreckt sich der nach dem Nationaldichter *Joost van den Vondel* (1587–1679) benannte **Vondelpark** 44. Das weitläufige Gelände im Stil englischer Landschaftsgärten ist ideal zum Spazierengehen, Sonnenbaden, Joggen und Radeln. Auf der Freilichtbühne werden im Sommer Klassik- und Popkonzerte veranstaltet.

Wer nun der Vondelstraat in Richtung Stadtzentrum folgt und die Singelgracht überquert, landet auf einem der turbulentesten Plätze der Stadt, dem **Leidseplein** 45. Die Cafés stellen bereits im März Tische und Stühle nach draußen, dann tobt hier noch bis spät abends das Leben. Jongleure und Straßenmusiker präsentieren ihre Kunst, in der Nähe unterhalten Szenekneipen und Diskotheken das vergnügungsfreudige Publikum.

Auffälligstes Bauwerk am Platz ist neben der imposanten *Stadsschouwburg* (Tel. 020/6242311, www.ssba.nl), dem Stadttheater von 1894, das *Hotel Amsterdam American* (Tel. 020/5563000, www.amsterdamamerican.com). Der schöne Jugendstilbau von 1902 birgt auch das *Café Americain*, welches mit originaler Art-déco-Ausstattung glänzt.

## Leben auf dem Wasser – Hausboote auf Amsterdams Grachten

Offiziell sind 2500 Wohnboote an den Grachten vertäut, tatsächlich aber haben mindestens weitere 1500 Boote aller Typen und Größen illegal, aber von den Behörden toleriert, an den 160 Kanälen im Grachtengürtel des Zentrums angelegt. Die ersten Familien richteten sich unmittelbar nach dem Zweiten Weltkrieg, als die **Wohnungsnot** besonders groß war, im Bauch stillgelegter Frachtkähne ein. Heute ist Amsterdam berühmt für diese heiteren Beispiele entspannter, individueller **Wohnkultur auf dem Wasser**, und längst sind unter den Eigentümern von Hausbooten auch viele besser Betuchte zu finden.

Wer wissen möchte, wie es an Bord einer schwimmenden Wohnung aussieht, kann das **Woonboot Museum** (s. unten), das in dem früheren Kiesfrachter ›Hendrika Maria‹ untergebracht ist, aufsuchen. Und wer bei seinem Amsterdam-Besuch auf dem Wasser wohnen möchte, kann über die Agentur **City Mundo** (Schinkelkade 30, 1075 VJ Amsterdam, Tel. 020/4705705, www.citymundo.com) schöne Unterkünfte auch auf Hausbooten mieten.

Die anschließende **Leidsestraat** gehört zu den beliebtesten Einkaufsboulevards von Amsterdam. Zum exklusiven Kaufhaus *Metz & Co* (Leidsestraat 34–36, www.metzco.eu) pilgern nicht nur Liebhaber von Mode und Design, denn das glasüberkuppelte Restaurant im obersten Stockwerk ist berühmt für fantastische Ausblicke auf die Grachten und Giebel der Altstadt.

Das **Woonboot Museum** 46 (bei Prinsengracht 296 K, Tel. 020/4270750, www.houseboatmuseum.nl, März–Okt. Di–So 11–17, Nov.–Febr. Fr–So 11–17 Uhr) informiert an Bord eines umgebauten Frachters, in erstaunlich geräumigen und gemütlich möblierten Zimmern, über die Lebensumstände von gut 10000 Amsterdamern, die auf einem der etwa 4000 Hausboote an den Grachten leben. Ebenfalls an der Prinsengracht erhebt

TOP TIPP

sich die **Westerkerk** 47 (Prinsengracht 281, Tel. 020/6247766, www.

*Die Westerkerk erhebt sich an der von Bäumen beschatteten Prinsengracht*

westerkerk.nl, April–Sept. Mo–Fr 11–15, Juli/Aug. Mo–Sa 11–15 Uhr). Sie wurde 1620–31 von Hendrik de Keyser und seinem Sohn Pieter als protestantisches Gotteshaus erbaut und prägt seitdem mit ihrem charakteristischen Turm, dem *Langen Jan*, das Stadtbild. Als Spitze trägt er eine prächtige gold-rot-blau ornamentierte Krone, eine Nachbildung der Kaiserkrone Maximilians I. Vom Aussichtsgeschoss in 85 m Höhe entfaltet sich ein weiteres atemberaubendes Amsterdam-Panorama. Die Westerkerk selbst, ein harmonischer Backsteinbau im Stil der niederländischen Renaissance mit schmückenden weißen Sandsteinelementen, präsentiert sich im Inneren calvinistisch schlicht. Eine Ausnahme bildet die wuchtige, 1686 von Vater und Sohn Duyschot gefertigte *Orgel*, deren Flügel Gerard Lairesse (1640–1711) mit Motiven aus dem Alten und Neuen Testament bemalte. Die Gebeine von *Rembrandt*, der im Alter verarmt hier 1669 in einem Sammelgrab bestattet wurde, sind bis heute nicht identifiziert. Dem Künstler ist eine Erinnerungstafel neben dem Grab seines ebenfalls in der Kirche beerdigten, früh verstorbenen Sohnes Titus gewidmet.

Anschließend geht es zurück an die Prinsengracht und zum meistbesuchten Museum Amsterdams, dem TOP TIPP **Anne Frank Huis** 48 (Prinsengracht 267, Tel. 020/5567105, www.annefrank.org, 15. März–14. Sept. So–Fr 9–21, Sa 9-22, Juli/Aug. tgl. 9–22, 15. Sept.–14. März tgl. 9–19 Uhr), das sich in Vorder- und Hinterhaus gliedert. Im *Hinterhaus* harrte das jüdische Mädchen Anne Frank mit ihrer Familie und Freunden zwei Jahre lang in einem Versteck aus, bis sie kurz vor Kriegsende alle verraten und von der Gestapo in Konzentrationslager verschleppt wurden. Die Räume sind heute wieder so hergerichtet, wie sie in den Jahren 1942–44 ausgesehen haben. Das *Vorderhaus* zeigt eine Dokumentation zu Leben und Schicksal der untergetauchten Familien, ergänzt durch wechselnde Ausstellungen zu Judenverfolgung, Antisemitismus und Rassismus in Europa.

Am Westufer der Prinsengracht liegt das einstige Arbeiterviertel **Jordaan** 49. Heute gehört dieses Wohngebiet mit seinen Shops, Cafés und Restaurants zu den trendigen Stadtteilen. Das kunterbunte Ambiente blieb jedoch erhalten und macht einen Spaziergang durch die Gassen zum Vergnügen. Im Jordaan findet man auch einige der schönsten Amsterdamer *Hofjes*, begrünte Wohnhöfe wie den *Claes Claesz. Hofje* (Egelantiersstraat 28–54, frei zugänglich) oder den *Sint Andrieshofje* (Egelantiersgracht 107–141, tgl. 9–18 Uhr).

Das **Multatuli Museum** 50 (Korsjespoortsteeg 20, Tel. 020/6381938, www.multatuli-museum.nl, Di 10–17, Sa/So 12–17 Uhr) liegt bereits wieder im Drei-Grachten-Gürtel, unweit der Herengracht. Der Kolonialbeamte und Autor *Eduard Douwes Dekker* (1820–1887) hatte mit seinem 1860 unter dem Pseudonym *Multatuli* (lat. viel habe ich gelitten) erschienenen Roman ›Max Havelaar‹ über die brutale Ausbeutung der Bevölkerung Javas durch die Kolonialherren der *Verenigde Oost-Indische Compagnie* großes Aufsehen erregt. Sein Geburtshaus dokumentiert das Leben dieses couragierten Mannes, der nach Anfeindungen in seiner Heimat schließlich nach Deutschland auswanderte.

Das **West Indisch Huis** 51 am Herenmarkt 97 war einst Sitz der 1621 gegründeten *Verenigde West-Indische Compagnie (VWC)*, die für den Handel mit Westafrika, der Karibik sowie Amerika zuständig war.

Im Innenhof erinnert die Statue von *Pieter Stuyvesant* (1592–1672), ab 1647 Gouverneur der Kolonie *Nieuw Nederland*, daran, dass Holländer 1626 *Nieuw Amsterdam*, das heutige New York, gründeten.

Besuchenswert ist auch das **EYE Film Instituut Nederland** 52 (IJ Promenade 1, Tel. 020/589 14 00, www.eyefilm.nl, wechselnde Öffnungszeiten), das im Frühjahr 2012 in einen spektakulären Neubau in Overhoeks, einem Gelände am Nordufer der IJ, umzieht. Zu sehen gibt es Filmplakate, Kameras, Projektoren und anderes Handwerkszeug der Filmindustrie. Zum Kinoprogramm gehören cineastische Klassiker ebenso wie zeitgenössische Produktionen.

## Ausflug

Im südlichen Vorort **Amstelveen** lohnt ein Besuch des *Cobra Museum voor Moderne Kunst* (Sandbergplein 1, Bus 170, 171, 172 ab Amsterdam, Tel. 020/547 50 50, www.cobra-museum.nl, Di–So 11–17 Uhr). Die 2008 als bestes Museum der Niederlande ausgezeichnete Sammlung präsentiert die Arbeiten der 1948 in Paris gegründeten Künstlergruppe CoBrA (der Name setzt sich aus den Anfangsbuchstaben der Heimatstädte ihrer Mitglieder zusammen: Copenhagen, Brüssel, Amsterdam). Zu ihren prominentesten Vertretern gehören der Däne Asger Jorn und der Holländer Karel Appel. Die fantastisch-unbekümmerten, kunterbunten Malereien sind von Kinderzeichnungen inspiriert und erfreuen noch heute das Auge des Betrachters.

## i Praktische Hinweise

### Information

**Amsterdam Tourism & Convention Board (ATCB)**, Tel. 020/551 25 25, Tel. 0900/400 40 40, www.iamsterdam.com, www.visitamsterdam.nl

**ATCB Infobüros:** Stationsplein 10 (gegenüber der Centraal Station), Centraal Station, Platform 2 b, Leidseplein/Stadhouderskade (weißer Kiosk), Amsterdam Airport Schiphol, Arrivals 2.

### Anne Frank – Verfolgung und Tod

25 lange Monate, von Juli 1942 bis August 1944, versteckte sich die jüdische Familie Frank mit vier weiteren Flüchtlingen in einem Versteck im **Hinterhaus** der Prinsengracht 267 – immer in Furcht, von der Gestapo entdeckt und in ein KZ verschleppt zu werden. Ursprünglich stammte die Familie aus Frankfurt, war jedoch nach der Machtergreifung der Nationalsozialisten 1933 nach Amsterdam ins Exil gegangen. Die 13-jährige Anne Frank hinterließ der Nachwelt mit ihrem **Tagebuch** eines der erschütterndsten Dokumente über die Schreckensherrschaft der Nazis in Europa. Die Eintragungen, als Briefbotschaften an eine imaginäre Freundin Kitty formuliert, umfassen die Zeitspanne von 1942 bis zur Deportation der Familie im August 1944 und spiegeln auf bewegende Weise die Träume und Hoffnungen, die Ängste und die Verzweiflung des jungen Mädchens wider. Im März 1945, kurz vor der Befreiung durch die Alliierten, starben die nun 15-jährige Anne und ihre Schwester Margot im KZ Bergen-Belsen nahe Hannover an Hunger, Entkräftung und Typhus. Ihre Mutter Edith war bereits zwei

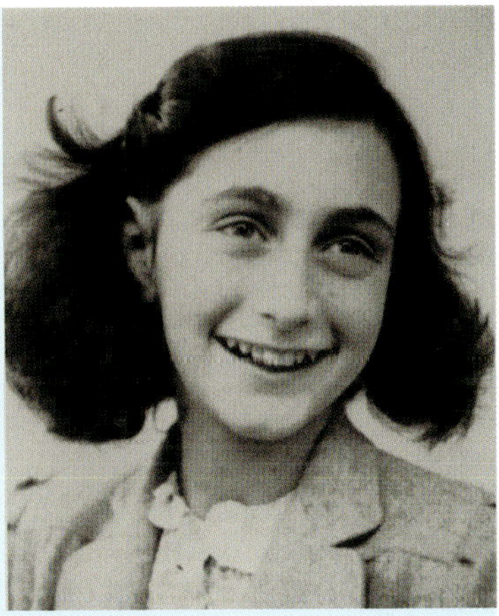

*Anne Frank – sprühend vor Lebenslust auf einem Foto, das um 1940 entstand*

Monate zuvor in Auschwitz umgekommen. Annes Tagebücher, die von Freunden vor der Vernichtung gerettet werden konnten, wurden vom überlebenden Vater Otto Frank erstmals 1947 als Buch unter dem Titel ›**Het Achterhuis**‹ (Das Hinterhaus, dt. 1950: Das Tagebuch der Anne Frank) veröffentlicht. Es gehört heute, in über 60 Sprachen übersetzt, zu den meistgelesenen Büchern der Welt.

**I amsterdam City Card**, www.iamsterdam.com, erhältlich online und bei den ATCB Büros, für 39 € (1 Tag), 49 € (2 Tage), 589€ (3 Tage). Pass für freie Fahrt mit öffentlichen Verkehrsmitteln und kostenloses Parken auf den P + R Plätzen Amsterdam Arena, Zeeburg, Olympisch Stadion and Sloterdijk. Zudem kostenloser bzw. ermäßigter Eintritt zu vielen Museen und Sehenswürdigkeiten. Preisnachlässe in zahlreichen Restaurants usw.

**Amsterdam Uit Buro (AUB)**, Leidseplein 26/Marnixstraat, Amsterdam, Tel. 020/6 21 13 11, www.amsterdamsuitburo.nl, www.lastminuteticketshop.nl, Infos und Tickets zu kulturellen Veranstaltungen. Das kostenlose Monatsmagazin ›Uitkrant‹ informiert auf Holländisch über Kultur, Konzerte und Klubs.

## Bahn

Durchgehende Verbindungen nach Amsterdam, zum Hauptbahnhof Centraal Station, bestehen täglich mit dem ICE aus Köln und Frankfurt und dem Eurocity (EC) aus Hannover und Berlin sowie mit einem Nachtzug aus München. Aus Österreich und der Schweiz erreicht man Amsterdam nur mit Umsteigen.

## Flughafen

**Amsterdam Airport Schiphol**, 18 km südwestlich von Amsterdam, Tel. 020/794 08 00, Tel. 09 00/01 41, www.schiphol.nl. Ein *Schnellzug* verkehrt rund um die Uhr im 20-Min.-Takt zwischen Flughafen und Centraal Station (Fahrzeit 20 Min., ca. 4 €). Der *Busshuttle* benötigt etwa 30 Min., allerdings hält er auch unterwegs bei mehreren City-Hotels (ca. 10 €), ein *Taxi* kostet je nach Zielort etwa 35 bis 40 €.

## Öffentliche Verkehrsmittel

**GVB Ticket & Info Büro**, Stationsplein 15, (gegenüber der Centraal Station), Tel. 020/460 60 60, Tel. 09 00/80 11, www.gvb.nl. Verkauf von Fahrkarten, z. B. Streifenkarten oder 24 Std.- bis 96 Std.-Karten. Im Zentrum von Amsterdam ist die Tram das beste Verkehrsmittel. Wer in die Außenbezirke will, sollte den Bus nehmen oder mit der Metro fahren.

## Schiff

**Canal Company**, Weteringschans 26, Tel. 020/623 98 86, www.canal.nl. Grachtenrundfahrten von Frühstück bis Dinner, Thementouren und Bootsverleih. Der *Canal Bus* verkehrt auf drei Routen zwischen Centraal Station und Rijksmuseum, mit der Tageskarte kann man beliebig oft zu- und aussteigen. *Canal Bike* (020/626 98 86) verleiht Tretboote und macht Tretboottouren. Anlegestellen: Leidseplein, Rijksmuseum, Anne Frank Huis, Keizersgracht/Leidsestraat. Das Boot kann an einer Anlegestelle gemietet und an einer anderen abgegeben werden.

**Museumsboot**, Tel. 020/530 10 90, verkehrt alle 30–45 Min. zwischen Centraal Station und Oosterdok und hält an allen wichtigen Sehenswürdigkeiten und Sammlungen.

**Grachtenrundfahrten** (ca. 60 Min.), Anlegestellen: Centraal Station/Prins Hendrikkade, Leidseplein, Rokin, Stadhouderskade, z. B. von:

**Holland International Rondvaart**, Prins Hendrikkade 33 a, Tel. 020/625 30 35, www.hir.nl

**Rederij Lovers**, Prins Hendrikkade 25, Tel. 020/530 10 90, www.lovers.nl

**Rederij Plas**, Damrak, Pier 1–3, Tel. 020/624 54 06, www.rederijplas.nl

## Taxi

**Taxi-Centrale**, Tel. 020/677 77 77, www.tcataxi.nl. Außerdem verschiedene Standplätze im Zentrum.

**Fahrradtaxi Wieler**, Tel. 06/18 59 51 53, www.wielertaxi.nl

**Wassertaxi**, Centraal Station, Tel. 020/535 63 63, www.water-taxi.nl

## Fahrradverleih

**MacBike**, Tel. 020/428 70 05, www.macbike.nl. Verleihstationen: Centraal Station East (Stationsplein 5), Leidseplein (Weteringsschans 2), Mr. Visserplein 2, Marnixstraat 220

**Damstraat Rent-a-Bike**, Damstraat 20–22, Tel. 020/625 50 29, www.bikes.nl

## Einkaufen

*Shopping Malls und Kaufhäuser*

**De Bijenkorf**, Dam 1, www.bijenkorf.nl

**De Kalvertoren**, Singel 457/Kalverstraat

**Magna Plaza**, Nieuwezijds Vorburgwal 182, www.magnaplaza.nl

**Metz & Co.**, Leidsestraat 34–36, www.metz-co.com

*Einkaufsstraßen* z.B.: Kalverstraat und Parallelstraßen (Kunst, Antiquitäten, Mode), Leidsestraat (Mode), Van Baerle-

*Nur mal gucken – das Amsterdamer Rotlichtviertel De Walletjes*

straat (Mode usw.), Nieuwe Spiegelstraat (Kunst und Kitsch) Pieter Cornelisz. Hoofstraat (Designer)

**Amsterdam Diamond Center**, Rokin 1–5, Tel. 020/624 57 87, www.amsterdamdiamondcenter.nl, tgl. 10–19, Do bis 20.30 Uhr. Renommierte Diamantschleiferei mit Besichtigungsmöglichkeit und Verkauf.

**Jacob Hooy & Co**, Kloveniersburgwal 10–12, Amsterdam, Tel. 020/624 30 41. Ein Gewürz- und Kräuterparadies.

**Geels & Co Koffiebranderij en Theehandel**, Warmoesstraat 67, Tel. 020/624 06 83, www.geels.nl. Alteingesessene Rösterei mit viel Atmosphäre und kleinem Museum in der 1. Etage.

**Kaashandel Wout Arxhoek**, Damstraat 17–19, Tel. 020/622 91 18. Große Auswahl an Käse aus Holland.

**Looier Kunst & Antiek**, Elandsgracht 109, Amsterdam, Tel. 020/624 90 38, www.looier.nl. Großes Antiquitätenangebot, Mi, Sa/So auch Flohmarkt (spullendag).

## Kultur und Nachtleben

**Bimhuis**, Piet Heinkade 3, Amsterdam, Tel. 020/788 21 88, www.bimhuis.nl. Renommierter Jazzclub am Muziekgebouw mit Hafenpanorama.

**Concertgebouw**, Concertgebouwplein 10, Amsterdam, Tel. 09 00/671 83 45, www.concertgebouw.nl. Klassische Spitzenorchester und Popstars begeistern das Publikum.

**Cultuurpark Westergasfabriek**, Haarlemmerweg 8–10, Amsterdam, Tel. 020/586 07 10, www.westergasfabriek.nl. Kulturzentrum mit Theater, Klubs, Kino, Cafés, Shops und Freizeitpark.

**Escape**, Rembrandtplein 11, Amsterdam, Tel. 020/622 11 11, www.escape.nl. Musiktempel mit Themenabenden, Lasershow und Hightech-Soundsystem.

**Het Muziektheater**, Waterlooplein 22, Amsterdam, Tel. 020/551 81 17, www.hetmuziektheater.nl. Heimat der renommierten Oper und des Nationalballetts.

**Holland Casino Amsterdam**, Max Euweplein 62, Amsterdam, Tel. 020/521 11 11, www.hollandcasino.nl. Das Spielkasino bietet die üblichen Glücksspiele sowie das chinesische Würfelspiel Sic Bo.

**Melkweg**, Lijnbaansgracht 234 a, Amsterdam, Tel. 020/531 81 81, www.melkweg.nl. Konzerte aller Stilrichtungen, Theater, Kino und Events.

**Muziekgebouw aan 't IJ**, Piet Heinkade 1, Amsterdam, Tel. 020/788 20 10, www.muziekgebouw.nl. Hochkarätige klassische und moderne Musik am Kai.

**Paradiso**, Weteringschans 6–9, Amsterdam, Tel. 020/626 45 21, www.paradiso.nl. Events, Club-Nights und Konzerte (viel Reggae) in einer früheren Kirche.

## Camping

**Camping Vliegenbos**, Meeuwenlaan 138, Amsterdam, Tel. 020/636 88 55, www.vliegenbos.com. Ordentliche Anlage vorwiegend für Zelte, nördlich von IJ und Centraal Station.

**Gaasper Camping**, Loosdrechtdreef 7, Amsterdam, Tel. 020/696 93 69, www.gaaspercamping-amsterdam.nl. Gute Anlage am Gaaspersee, ca. 15 km südöstlich von Amsterdam nahe der Metro-Station Gaasperplas.

## Hotels

********Ambassade****, Herengracht 341, Amsterdam, Tel. 020/555 02 22, www.ambassade-hotel.nl. Elegantes Hotel mit Salons im Louis-XV- und Louis-XVI-Stil. Die 59 Zimmer sind auf zehn Grachtenhäuser verteilt.

****The College Hotel**, Roelof Hartstraat 1, Amsterdam, Tel. 020/571 15 11, www.thecollegehotelamsterdam.com. Museumsviertel: Designerhotel in einem College aus dem 19. Jh., in dem Hotelfachschüler ausgebildet werden, folglich ist der Service hervorragend. Mit Restaurant und gemütlicher Bar.

TOP TIPP ****The Dylan Hotel**, Keizersgracht 384, Amsterdam, Tel. 020/530 20 10, www.dylanamsterdam.com. Gepflegte Pracht und schlichte Eleganz mit Anklängen an den holländisch-indonesischen Kolonialstil. Das Szenerestaurant bietet Crossover-Küche.

***Bridge Hotel**, Amstel 107–111, Amsterdam, Tel. 020/623 70 68, www.thebridgehotel.nl. Gepflegte Unterkunft mit großzügigen Zimmern direkt an der Amstel.

***Sandton Hotel de Filosoof**, Anna van den Vondelstraat 6, Amsterdam, Tel. 020/683 30 13, www.sandton.eu. Von Konfuzius bis Wittgenstein – die Zimmer des gepflegten Hotel beim Vondelpark sind den großen Philosophen gewidmet.

**Bicycle Hotel Amsterdam**, Van Ostadestraat 123, Amsterdam, Tel. 020/679 34 52, www.bicyclehotel.com. Nette Unterkunft südlich des Grachtenrings mit Fahrradverleih.

***Flying Pig Downtown Hostel**, Nieuwendijk 100, Amsterdam, Tel. 020/420 68 22, www.flyingpig.nl. Eines von drei Budget-Hotel dieses Namens.

***Stayokay Amsterdam Vondelpark**, Zandpad 5, Amsterdam, Tel. 020/589 89 96, www.stayokay.com/vondelpark. Jugendherberge unweit des Leidseplein.

### Restaurants

**Blauw aan de Wal**, Oudezijds Achterburgwal 99 A, Amsterdam, Tel. 020/330 22 57. Fantastische Mittelmeerküche in einem ehem. Gewürzspeicher mitten im Rotlichtviertel (Di–Sa 18–23.30 Uhr).

**Breitner**, Amstel 212, Amsterdam, Tel. 020/627 78 79, www.restaurant-breitner.nl. Wunderbare asiatisch-europäische Kreationen inklusive Amstel-Blick (Mo–Sa 18–22.30 Uhr).

**Christophe**, Leliegracht 46, Amsterdam, Tel. 020/625 08 07, www.restaurantchristophe.nl. Das Spitzenrestaurant verwöhnt seine Gäste mit Gerichten aus dem Mittelmeerraum und mit einer exzellenten Weinkarte (nur abends, So/Mo geschl.).

**Claes Claesz**, Egelantiersstraat 24, Amsterdam, Tel. 020/625 53 06, www.claesclaesz.nl. Beliebtes Lokal mit holländischer Küche im Stadtviertel Jordaan (Mi–So ab 18 Uhr).

**Entrecôte et les Dames**, Van Baerlestraat 47–49, Amsterdam, Tel. 020/679 88 88, www.entrecote-et-les-dames.nl. Originell, einfach, gut: Ein Menü aus frischem Salat, Entrecôte mit köstlicher grüner Soße und Pommes. Der gratis Nachschlag ist inklusive (tgl. ab 17.30 Uhr).

**Halvemaan**, Van Leijenberghlaan 320, Amsterdam, Tel. 020/644 03 48, www.halvemaan.nl. Innovative französische Küche von Top-Küchenchef John Halvemaan (Sa/So geschl.).

TOP TIPP **La Rive**, Hotel Amstel Intercontinental, Professor Tulpplein 1, Amsterdam, Tel. 020/520 32 64, www.ichotelsgroup.com. Kreative und klassische französische Speisen, himmlische Desserts (Sa Mittag, So/Mo geschl.).

**Small World**, Binnen Oranjestraat 14, Amsterdam, Tel. 020/420 27 74. Trendiges Take-Away-Restaurant mit Terrasse im Jordaan-Viertel (Mo geschl.).

### Cafés und Bars

**Café Americain**, Hotel Amsterdam American, Leidsekade 97, Amsterdam, Tel. 020/556 32 32, www.edenhotelgroup.com. Edles Art-déco-Ambiente. Dazu Kuchen und kleine Gerichte (tgl. 7–22.30 Uhr).

**Café Luxembourg**, Spui 24, Amsterdam, Tel. 020/620 62 64. Köstliche Suppen, Salate und Sandwiches in entspannter Bistro-Atmosphäre.

**Café 't Smalle**, Egelantiersgracht 12, Amsterdam, Tel. 020/623 96 17. Weine, Biere, Snacks und vor allem gute Laune am Kanal in Jordaan.

**In De Wildeman**, Kolksteeg 3, Tel. 020/638 23 48, www.indewildeman.nl. Bierlokal in einer alten Destillerie (nahe Damrak) mit über 200 Biersorten (Mo geschl.).

**Vyne**, Prinsengracht 411, Amsterdam, Tel. 020/344 64 08, www.vyne.nl. Das schick gestylte Weinlokal bietet edle Tropfen und Gourmethäppchen.

## 2 Zaandam

*Im einstigen Zentrum der holländischen Schiffbauindustrie studierte Zar Peter der Große.*

Nur 15 km nördlich der Amsterdamer City liegt der Ort Zaandam, das einstige Zentrum der holländischen Schiffbauindustrie. Im 17. Jh. entstanden in den hiesigen *Werften* die kampfstarken schnellen Segler, die holländischen Admirälen und Händlern große Vorteile auf den Weltmeeren verschafften. Auch *Zar Peter I.* (1672–1725), der um die Schiffbaukunst der Holländer wusste, besuchte Zaandam während seiner Westeuropareise, um neueste Schiffbautechniken zu studieren und sie für Russland nutzbar zu machen. Das als Museum eingerichtete schlichte Wohnhaus des russischen Herrschers, das **Czaar Peterhuisje** (Krimp 23, Tel. 075/6810000, www.zaanseschans.nl, Di–So 10–17 Uhr), widmet sich dieser holländischen Episode der russischen Geschichte.

### i Praktische Hinweise

#### Information

**VVV i-Point Zaandam**, Provincialeweg 102, Zaandam, Tel. 020/2018800, www.vvvzaanstreek.nl

## 3 Zaanse Schans

TOP TIPP *Einblicke ins ländliche Holland früherer Jahrhunderte.*

Auf eine private Initiative geht das **Freilichtmuseum** Zaanse Schans (Schansend 1, Tel. 075/6810000, www. zaanse schans.nl, tgl. 9–17 Uhr) bei Zaandam zurück. Die historischen Windmühlen, Bauernhöfe und Wohnhäuser wurden von anderen Orten, vorwiegend in Noord-Holland, hierher an die Ufer des Flusses Zaan versetzt und zu einem typischen Dorf des 17./18. Jh. zusammengestellt. Ungewöhnlich ist, dass viele der Gebäude von Menschen bewohnt sind, die hier

### Zar und Zimmermann – Peter der Große in Zaandam

Albert Lortzing lässt seine Oper ›Zar und Zimmermann‹ von 1837 in einem kleinen holländischen Ort namens Saardam spielen. Verpackt in eine Verwechslungs-, Intrigen- und Liebeskomödie erzählt das Stück, wie der russische Zar Peter I. inkognito auf einer Bootswerft moderne **Schiffbautechniken** erlernt. In der Tat hielt sich der 25-jährige Zar 1697/98 im Rahmen einer ausgedehnten Westeuropareise offiziell als Zimmerlehrling namens Peter Michailow im holländischen Schiffbauerstädtchen Zaandam auf, studierte die Konstruktion seegängiger Segler, die er als Modellschiffe kopieren und später in der russischen Heimat nachbauen ließ. Bald wurde entdeckt, wer da in Wirklichkeit in Zaandam weilte, und Zar Peter war gezwungen, in einer von der Öffentlichkeit abgeschirmten Werft in Amsterdam weiterzuarbeiten. Auch die Erfahrungen der Holländer beim **Eindeichen** feuchten Marschlandes und beim Bau stabiler Häuser auf einem Fundament von in die Erde gerammten Holzpfählen kamen dem wissensdurstigen Monarchen später beim Bau der neuen russischen Hauptstadt **St. Petersburg** an der sumpfigen Ostseeküste zustatten. Ebenso interessierte er sich für die Arbeit der Chirurgen der Amsterdamer Universität, für die Entwicklung von Feuerlöschpumpen und für die Glasschleifereien in Delft, deren exakt geschliffene Linsen in Mikroskopen verwendet wurden. Ohne Zweifel profitierte der Herrscher sehr von seinem Aufenthalt in den Niederlanden. Über Wien reiste Zar Peter schließlich im Frühjahr 1698 zurück nach Moskau.

*Zar Peter der Große überwacht höchstpersönlich das Pflanzen von Bäumen*

wie ehedem leben und sich bei ihrer Arbeit, z.B. der Käseherstellung oder der Holzschuhfertigung, gern über die Schulter schauen lassen.

## 4 Volendam

*Grachten, kleine Zugbrücken und ein malerischer Hafen.*

Volendam, nicht weit entfernt am Ufer des Markermeers gelegen, präsentiert sich als wahres *Bilderbuch-Holland* mit herausgeputzten Häusern, Ziehbrücken über den Kanälen und einem malerischen kleinen Hafen. Das kleine **Volendams Museum** (Zeestraat 41, Tel. 02 99/36 92 58, www.volendamsmuseum.nl, Mitte März–Okt. tgl. 10–17 Uhr) informiert über die Geschichte des Dorfes. Ansonsten setzt man ganz auf Folklore – wer hätte nicht gern ein Foto eines holländischen *Meisjes* in hübscher alter Tracht, so wie sie heute noch bei festlichen Anlässen getragen wird? Und wenn abends die Tagesausflügler abgereist sind, zeigt sich das einstige Fischerdorf von seiner ruhigen und eher beschaulichen Seite.

## 5 Edam

*Käsemarkt und Kaasmuseum locken im Sommer zahlreiche Besucher an.*

Beim etwas weiter nördlich gelegenen Edam denkt wohl jeder gleich an den kugelförmigen Edamer Käse, der hier einst hergestellt wurde. Dieser alten Tradition ist der **Kaasmarkt** (www.kaasmarktedam.nl, Mi 10.30–12.30 Uhr) gewidmet, der jeden Juli und August auf dem Marktplatz stattfindet – ein viel bestauntes Ereignis, bei dem die Käsekugeln wie eh und je auf hölzernen Tragen im Laufschritt zur Waage und zu den Händlern geschleppt werden. Mehr über Käse erfährt man im **Kaasmuseum** (Wagplein, April–Nov. Mo–Sa 10–16 Uhr) in der alten *Waag* von 1778. Die weiß gestrichenen *Zugbrücken* in der Umgebung des Städtchens sind auf vielen Bildern der holländischen Alten Meister verewigt.

### i Praktische Hinweise

#### Information

**VVV Edam**, Damplein 1, Edam,
Tel. 02 99/31 51 25, www.vvv-edam.nl

*Wer nahrhafte Souvenirs schätzt, sollte beim Käsemarkt in Gouda vorbeischauen*

## 6 Gouda

*Die schönsten Kirchenfenster Hollands – und viel goldgelber Käse.*

Eine weitere bekannte Käsestadt ist das wenige Kilometer nördlich von Rotterdam gelegene Gouda. Malerische Grachten und eindrucksvolle Bauten prägen das Zentrum, in den Sommermonaten kommen die meisten Besucher vor allem wegen des traditionellen Käsemarkts.

Die Schönheitskönigin Goudas ist das um 1450 von Jan Keldermans errichtete gotische **Stadhuis** (Markt 1, Mo–Fr 10–12 und 14–16, Sa 11–15 Uhr), welches in der Mitte des trapezförmigen Marktplatzes steht. Das figurenbestückte *Glockenspiel* an der Ostfassade des Rathauses erinnert jede halbe Stunde an die Verleihung der Stadtrechte im Jahr 1272. Eine Trauung in dem mit Zinnen, Türmchen und rot-weißen Fensterläden dekorierten Gebäude mit anschließendem Hochzeitsfoto auf der *Renaissance-Freitreppe* (1603) steht bei holländischen Brautpaaren hoch im Kurs. Einige Rathausräume sind mit schönen alten Gobelins geschmückt.

Jeden Donnerstagmorgen von Mitte Juni bis Ende August herrscht auf dem Platz zwischen dem Rathaus und der **Waag**, einem Renaissancebau von 1668, viel Betrieb. Vor großem Publikum werden auf dem traditionellen **Kaasmarkt** gleich Dutzende der bis zu 40 kg schweren Laibe Bauernkäse verkauft und von eifrigen Käseträgern in alten Trachten auf hölzernen Tragegestellen über den Platz transportiert.

Die 1552–93 auf den Fundamenten mehrerer, von Feuersbrünsten zerstörter Vorgängerkirchen errichtete **St. Janskerk** (März–Okt. Mo–Sa 9–17, Nov.–Febr. Mo–Sa 10–16 Uhr) südlich des Marktes ist die bedeutendste Sehenswürdigkeit der von einem Grachtengürtel eingefassten Altstadt. Der sumpfige Untergrund verbot hoch aufragende Konstruktionen, so bekam die Kreuzbasilika nur einen schlichten Glockenturm. Mit einer Länge von 123 m übertrifft sie jedoch alle Gotteshäuser des Landes. Ihr kostbarster Schatz sind die berühmten 70 Fenster mit Glasmalereien, die *Goudse Glazen*, durch die ab Mittag das Sonnenlicht hereinströmt und die biblischen Szenen erleuchtet. Die einzigartigen, von *Dirck* und *Wouter Crabeth* in den Jahren 1555–77 geschaffenen Kunstwerke haben den protestantischen Bildersturm von 1566 und zahlreiche Kriege überstanden. Später kamen neue Glasmalereien hinzu, neben religiösen Motiven auch Szenen aus der Landesgeschichte. Ein einziges stammt aus jüngerer Zeit, es wurde 1947 von *Charles Eyck* gestaltet und thematisiert die Befreiung der Niederlande von der deutschen Besatzung 1945.

TOP TIPP

Gleich hinter der Kirche steht das einstige Stadthospital *Het Catharina Gasthuis*, heute Sitz des **MuseumgoudA** (Achter de Kerk 14, Tel. 01 82/33 10 00, www.museumgouda.nl, Mi–Fr 10–17, Sa/So 12–17 Uhr). Die ältesten Teile der mehrfach umgebauten Anlage stammen aus dem 14. Jh. In der Kapelle werden heute Gemälde aus der St. Janskerk gezeigt, welche den Bildersturm überdauerten. Andere Räume präsentieren Werke von Jan Steen und Ferdinand Bol (17. Jh.), aber auch Arbeiten der französischen *Schule von Barbizon* (19. Jh.). Unter den Exponaten zur Stadtgeschichte befinden sich Fliesen, Keramik und eine Kollektion von Tonpfeifen, für deren Produktion Gouda im 17. Jh. berühmt war.

Hinter der stimmungsvollen Fassade eines alten Geschäftshauses mit schönem Ladenschild – hier wurden früher Tabak, Tee und Kaffee verkauft – ist das **Nationaal Farmaceutisch Museum De Moriaan** (Westhaven 29, Tel. 01 82/ 68 71 42, www.farmaceutischmuse um.nl, Mi–So 12–17 Uhr) ansässig. Die Dependance des MuseumgoudA befasst sich ausführlich mit der Geschichte der Pharmazie und des Apothekerwesens bis ins 21. Jh.

## Alles Käse – Käseland Holland

Frau Antje, jung, blond, adrett, mit blütenweißem Flügelhäubchen und Trachtenlook, preist ohne älter zu werden seit 40 Jahren speziell für den deutschen Markt »echten Käse aus Holland« an. Mehr als 700 000 t Käse aus der Milch von 1,6 Mio. Kühen stellen die drei Großkooperativen und die 500 kleineren Käsebauern der Niederlande pro Jahr her. Davon werden 500 000 t exportiert, vor allem in die EU. Der **Gouda** gilt als meistgegessener Käse der Welt. Ihn gibt es natur, mit Kräutern, Senf, Brennnesseln, Pfeffer, Knoblauch oder Kümmel, er kommt in leichten Varianten auch als Maaslander, Beemster, Zaanlander, Ijsselkaas oder Gouwenaar auf den Markt. Der **Edamer**, kugelrund und meist mit roter Rinde für den Export, ist weniger fett und kräftiger im Geschmack als der Gouda.

Der **Maasdamer** wird wegen seiner großen Löcher und des leicht süßlichen Geschmacks auch holländischer Emmentaler genannt. Von den übrigen Käsesorten sind **Leerdamer** und **Limburger** am bekanntesten. In jüngerer Zeit finden auch cremige Ziegen- und Schafskäse eine gewisse Verbreitung.

Der Hartkäse wird in mehreren Reifegraden angeboten, vier Wochen **jung** ist er mild und cremig, **mittelalt** und würzig ist er nach vier Monaten, kräftig und **alt** nennt man ihn nach 10 monaten Lagerzeit. In den großen Molkereien wird der Fabrikkäse für den Export hergestellt, auf Käsebauernhöfen, den *Kaasboerderijen*, reift der Bauernkäse, **Boerenkaas**, aus Rohmilch seiner Vollendung entgegen.

Auf den sommerlichen **Käsemärkten**, am schönsten in **Alkmaar**, **Edam** und **Gouda**, zeigen traditionell gekleidete Käseträger und Händler, wie früher Käsepartien per Handschlag den Besitzer wechselten.

*Wohl eine der bekanntesten Attraktionen des Landes sind die Windmühlen bei Kinderdijk*

## Praktische Hinweise

### Information

**VVV Gouda**, Lange Tiendeweg 31, Gouda, Tel. 09 00/46 83 28 88, www.vvvgouda.nl

### Einkaufen

**Adrie Moerings Pottenbakkerij & Pijpenmakerij**, Peperstraat 76, Gouda. Töpferei, in der auch typische holländische Tonpfeifen hergestellt werden.

### Restaurant

**L'Etoile**, Blekerssingel 1, Gouda, Tel. 01 82/ 51 22 53, www.letoile.nl. Zur gepflegten französischen Küche gehört auch wunderbare Fischsuppe (So/Mo geschl.).

## 7 Kinderdijk

TOP TIPP *Mühlenflügel drehen sich im rastlosen Wind – und das seit 250 Jahren.*

Ein Ausflug nach Kinderdijk (www.kinderdijk.nl), östlich von Rotterdam, verspricht ein Erlebnis ganz besonderer Art: Hier, an den Entwässerungskanälen der Ortschaft, beim Zusammenfluss von Noord und Lek, stehen 19 Poldermühlen, die früher Pumpwerke zur Wasserregulierung betrieben, in Reih und Glied. Beim Nationalen *Molendag* im Mai sowie im Juli und August (Sa 14.30–17.30 Uhr) werden die Windmühlen in Betrieb genommen. Eine der Mühlen, die **Nederwaardmolen 2** (April–Okt. tgl. 9.30–17.30 Uhr, ansonsten Sa–So 11–16 Uhr), kann besichtigt werden. Die mit Segeltuch bespannten, im Wind rotierenden Flügel messen bis zu 28 m Spannweite, ein spektakulärer Anblick wie aus einer längst vergangenen Zeit. Richtig festlich wird es dann in der zweiten Septemberwoche, wenn die Mühlenallee abends im Scheinwerferlicht erstrahlt. 1997 übrigens wurde das Mitte des 18. Jh. errichtete Mühlenensemble von der UNESCO zum Weltkulturerbe erklärt.

## 8 Dordrecht

*Historischer Hafen und ein kostbares Renaissance-Kunstwerk.*

Im frühen Mittelalter war Dordrecht, damals Mitglied im Städtebund der Hanse, das wichtigste Handelszentrum in Holland. Dank des Hafens, der an der für die Schifffahrt bedeutenden Flussgabel von *Oude Maas*, *Noord* und *Merwede* lag, war die Stadt Konkurrenten wie Rotterdam oder Amsterdam hoch überlegen. Einen Rückschlag für die Stadtentwicklung bedeutete die große St.-Elisabeth-

### Windmühlen – Pumpen, Mahlwerke, Energieproduzenten

Kaum zu glauben, aber die Holländer haben die Windmühlen nicht erfunden. Schon die alten Ägypter und Perser nutzten die **Kraft des Windes**, um Schöpfwerke zur Bewässerung anzutreiben. In den Niederlanden war jedoch nicht die Be-, sondern die Entwässerung das Problem, als die Menschen im Mittelalter versuchten, dem Meer immer größere Landflächen abzuringen. Denn Kanäle allein reichten nicht aus, das unter dem Meeresspiegel liegende Terrain zu entwässern. Die Erfindung einer **drehbaren Turmkappe**, die für den richtigen Winkel der Mühle zum Wind sorgte, brachte im 16. Jh. den Durchbruch. Bald arbeiteten Tausende von Windmühlen unermüdlich daran, Felder und Siedlungen trocken zu halten und erledigten nebenbei zudem das Mahlen von Korn oder den Betrieb von Hammer- oder Sägewerken. Erst von Dampfmaschine und Elektromotor angetriebene Pumpen lösten die mechanischen Meisterwerke ab.

Heute gelten die Überreste des einstigen **Windmühlenwaldes** als dekorative kulturhistorische Denkmäler und zählen – wie die 19 Windmühlen von **Kinderdijk** – zu den touristischen Highlights des Landes. Inzwischen sind Windmühlen in den Niederlanden wieder ganz modern. Als umweltfreundliche Stromproduzenten findet man sie vorwiegend in küstennahen Regionen, in Form von Turbinen auf schlanken Pylonen, die vom steten Wind angetrieben nicht selten einen zweistelligen Prozentanteil des örtlichen Strombedarfes decken.

Sie erfüllen als Windparks zu Lande und zu Wasser (offshore) einen wirtschaftlichen Zweck, den es noch weiter auszubauen gilt. Denn noch liegen die Niederlande trotz ihres Know-Hows und der strategisch-klimatisch guten Lage bei der Nutzung von Windenergie im Hintertreffen. Dies liegt z.T. daran, dass einheimische Hersteller (noch) fehlen und die Ausrüstung importiert werden muss.

Flut von 1421, die Dordrecht zeitweilig vom Festland abtrennte. Im 17. Jh. wurde die Hafenstadt schließlich von Amsterdam und Rotterdam überflügelt. Heute zählt Dordrecht rund 118 000 Einwohner. Die *Altstadt* weist noch knapp 1000 historische Bauten auf. Eindrucksvoll ist auch der im 17. Jh. angelegte *Hafen*, in dem heute viele Yachten ankern. Er wird gesäumt von hohen alten Speicherhäusern und schmucken Kaufmannspalais.

Die Altstadt wird von der **Grote Kerk** (Lange Geldersekade 2, Tel. 078/614 46 60, April–Okt. Di–Sa 10.30–16.30, So 10–16 Uhr, sonst unregelmäßig) überragt, einer spätgotischen Kreuzbasilika aus dem 15. Jh. mit zwölf Chorkranzkapellen. Der 70 m hohe, massige *Turm* hat eine leichte Neigung. Ein Fehler beim Wiederaufbau der 1457 abgebrannten Kirche ließ ihn in Schieflage geraten, so dass die Arbeiten auf halber Höhe abgebrochen werden mussten. Später fügte man vier barocke Uhren hinzu. Das *Kircheninnere* weist eine Besonderheit auf, denn das 100 m lange und 25 m hohe Langhaus wird von einem für Holland seltenen steinernen Gewölbe überspannt. Prächtigstes Ausstattungsstück ist das vom flämischen Holzschnitzer *Jan Terwen* 1538–42 gearbeitete eichene *Renaissance-Chorgestühl* mit kunstvollen Darstellungen aus der biblischen und der weltlichen Historie (darunter der Triumphzug Karls V.). Überdies sind die wappengeschmückte Orgel aus dem 17. Jh. und die Kanzel von 1765 sehenswert.

Das heutige **Simon van Gijn – Museum aan Huis** (Nieuwe Haven 29/30, Tel. 078/639 82 00, www.simonvangijn.nl, Di–So 11–17 Uhr) war ab 1864 Residenz des Bankiers und Kunstsammlers Simon van Gijn, drei Jahre nach seinem Tod (1922) wurde es als Museum der Wohnkultur des 17.–19. Jh. zugänglich gemacht. Die exquisite Kollektion des Hausherrn umfasst kostbares Tafelsilber, Gemälde und Gobelins, Uhren und Spielzeug sowie den *Atlas Van Gijn*, ein Sammelband von insgesamt rund 28 000 Karten, Zeichnungen und Drucken.

### De Hollandse Biesbosch

Nur 5 km südöstlich der Stadt breitet sich die zum *Nationaal Park De Biesbosch* (www.np-debiesbosch.nl) gehörende Flusslandschaft De Hollandse Biesbosch aus. Sümpfe, Bäche, Schilf und Weiden bieten zahlreichen Wasservögeln und einigen Biberkolonien ideale Lebensbedingungen. Informationen sowie Karten zu Wanderwegen und Wasserrouten durch das Feuchtgebiet hält das **Biesboschcentrum Dordrecht** (Baanhoekweg 53, Dordrecht, Tel. 078/630 53 53, www.np-debiesbosch.nl, Mai–Sept. tgl. 9–17, Okt.–April Di–So 10–17 Uhr) bereit. Sehr beliebt ist auch die Erkundung des Nationalparks per Kanu.

## i Praktische Hinweise

### Information

**VVV Zuid-Holland Zuid**, Spuiboulevard 99, Dordrecht, Tel. 09 00/463 68 88, www.vvvzhz.nl

### Einkaufen

**Kunstrondje Dordt,** www.kunstrondje.nl. Zahlreiche Ateliers, Galerien sowie Antiquitäten- und Kunstgewerbeläden zeigen ihre Produkte (auch jeden 1. So im Monat 12–17 Uhr).

### Hotel

**Dordrecht**, Achterhakkers 72, Dordrecht, Tel. 078/613 60 11, www.hoteldordrecht.nl. In angenehmer Laufentfernung zum Zentrum am alten Hafen gelegenes Stadtpalais mit komfortablen Zimmern.

### Restaurant

**De Stroper**, Wijnbrug 1, Dordrecht, Tel. 078/613 00 94. Einfallsreiche, leckere Fischgerichte in nautischem Ambiente (tgl. 12–14, 18–24 Uhr, Sa/So nur abends).

# 9 Rotterdam

TOP TIPP *Hafenmetropole mit atemberaubender Hightech-Architektur.*

Die im Mündungsgebiet von Maas und Rhein gelegene Stadt ist mit knapp 600 000 Einwohnern (rund 1,2 Mio. im Großraum) die zweitgrößte der Niederlande und besitzt den größten **Seehafen** Europas – in der internationalen Rangliste auf Position 6. Umschlagplätze, Containerterminals, gigantische Lagerhallen, Silos und Ölcontainer ziehen sich über 20 km an dem für Seeschiffe ausgebauten *Nieuwe Waterweg* entlang, bis zu seiner Mündung in die Nordsee bei Hoek van Holland, wo der *Europoort* liegt.

***Geschichte*** Das kleine Flüsschen *Rotte*, das um 1250 just an dieser Stelle mit einem Damm umgeleitet wurde, gab der Siedlung ihren Namen. Aus den damals wenigen Katen auf der Dammkrone ist im Laufe der Jahrhunderte eine moderne Industriestadt herangewachsen, welche heute mit ihrer exzentrischen Architekturkulisse weltweit Furore macht, Lebenslust mit Big Business paart und den einzigen muslimischen Bürgermeister ganz Westeuropas besitzt.

Der berühmteste Sohn der Stadt, der Humanist **Erasmus von Rotterdam**, erblickte um 1467 in einem Vorort das Licht der Welt. Wenngleich der 1536 in Basel gestorbene Theologe und Schriftsteller nur wenige Jahre seines Lebens in Rotterdam verbrachte, wird hier doch sein Andenken bewahrt. So trägt auch die erst 1972 gegründete *Universität* seinen Namen. Im 16./17. Jh. entwickelte sich Rotterdam zu einer blühenden Hafenstadt mit Speichern und Werften, stand aber im Schatten von Amsterdam, Antwerpen und Delft. Erst 1830, nachdem sich Belgien von den Niederlanden losgesagt und die holländische Flotte die Scheldemündung und damit den Hafen des nun belgischen Antwerpen blockiert hatte, entwickelte sich Rotterdam sprunghaft. 1850 zählte die Stadt bereits 100 000, 60 Jahre später

bereits 425 000 Einwohner.

Anders als in den meisten niederländischen Städten ist in Rotterdam wenig Historisches erhalten. Das Bombardement der deutschen Luftwaffe am 14. Mai 1940 verursachte einen Feuersturm, dem Zehntausende Gebäude zum Opfer fielen. Ein Angriff alliierter Flugzeuge drei Jahre später brachte weitere Zerstörungen. Doch die Stadt hat die Chance, die aus der Katastrophe des Krieges erwuchs, genutzt und die jüngere europäische Architekturgeschichte entscheidend geprägt. Das ›Manhattan an der Maas‹ mit seiner aufregenden Skyline präsentiert sich heute als lebendige, junge Stadt, in der auch die Kultur einen großen Stellenwert besitzt. So findet hier beispielsweise die *Internationale Architectuur Biënnale Rotterdam* (www.iabr.nl) statt, ein wichtiges Forum zur internationalen Architektur und Stadtplanung.

***Besichtigung*** Seit 1996 überspannt die von *Ben van Berkel* konstruierte **Erasmusbrug** 1 die Nieuwe Maas und verbindet das Zentrum mit dem südlichen einstigen Hafenviertel *Kop van Zuid* [s. S. 47 f.], mit seiner imposanten Hochhaus-Skyline. Die kühn geschwungene Schrägseilbrücke mit dem Spitznamen *De Swaan* (Der Schwan) ist das bedeutendste Wahrzeichen Rotterdams. Sie wird von einem 139 m hohen angewinkelten Pylon gehalten, im Südteil ist sie als Klappbrücke gebildet. Besonders schön ist ihr Anblick abends, wenn sie mit den in drei Neonfarben leuchtenden Wohntürmen der *Boompjestorens* am Nordufer und den Architekturgiganten des Kop van Zuid um die Wette strahlt.

Das **Havenmuseum** 2 (Leuvehaven 50, Tel. 010/404 80 72, www.havenmuseum.nl, Mo–Fr 10–16 Uhr) erstreckt sich am Ufer des Schiedamsedijk. Hafenkräne, dazu ein dampfbetriebenes Getreidebecherwerk und Schiffe, historische Schuten und Schlepper, lassen sich bei einem Spaziergang entlang des Kais und der Pontonwege bestaunen. Während der Öffnungszeiten werden Maschinen in Betrieb gesetzt und Schiffe bemannt.

Im auffälligen, dreieckigen Gebäude

*Rotterdams mächtige Hebebrücke De Hef und die elegante Erasmusbrug*

des benachbarten **Maritiem Museum Rotterdam** 3 (Leuvehaven 1, Tel. 010/ 413 26 80, www.maritiemmuseum.nl, Di–Sa 10–17, So/Fei 11–17 Uhr) am Nordende des Leuvehaven wird die Geschichte der Schifffahrt und des Rotterdamer Hafens beleuchtet, z.B. mit der Ausstellung Mainport Live. *De Buffel*, ein königlich-niederländisches Kriegsschiff aus dem 19. Jh., liegt im Hafenbecken vor dem Gebäude vertäut. Auf dem *Plein 1940* hinter dem Museum steht die Bronzeplastik ›**De Verwoeste Stad**‹ (1953) des russischen Bildhauers *Ossip Zadkine*. Das Mahnmal zeigt einen verzweifelt gestikulierenden Mann mit aufgerissenem Leib, Sinnbild für das im Zweiten Weltkrieg zerstörte Rotterdam.

Im Schielandshuis, dem einzigen Bau des 17. Jh., der die Bombardements überstand, ist seit 1986 das **Historisch Museum Rotterdam – Het Schielandshuis** 4 (Korte Hoogstraat 31, Tel. 010/217 67 67, www.hmr.rotterdam.nl, Di–So 11–17 Uhr) ansässig. Das 1662–65 erbaute Stadtpalais war Sitz des mächtigen Wasserverbandes Schieland, der für Deichanlagen und Pumpwerke zuständig war. Die vielseiti-

*Wie der Blick auf den Schouwburgplein belegt, heißt die Stadt zu Recht auch ›Manhattan an der Maas‹*

ge Sammlung zur Stadtgeschichte päsentiert Gemälde, Mode, Spielzeug und in der Abteilung *Atlas Van Stolk* (www.atlasvanstolk.nl) einen Sammelband alter Drucke, Zeichnungen und Karten zur Geschichte der Niederlande. Publikumslieblinge sind die Wechselausstellungen zu zeitgenössischen Stadtthemen wie Mode, Jugendkultur und Party- Szene, die z.T. auch in der Dependance *De Dubbelde Palmboom* [s. S. 48] in Delfshaven stattfinden.

Über die Westblaak mit einigen Läden erreicht man schnell die muntere, von Geschäften, Cafés und Restaurants gesäumte *Witte de Withstraat*. Hier brilliert das **Witte de With – Center for Contemporary Art** 5 (Witte de Withstraat 50, Tel. 010/411 01 44, www.wdw.nl, Di–So 11–18 Uhr) mit hochkarätigen Ausstellungen zur Kunst des 21. Jh.

Über die Mathenesserlaan erreicht man den *Museumpark*, eine von mehreren bedeutenden Sammlungen gesäumte Grünanlage. Auffälligstes Kunstwerk im Park ist der ›Screw Arch‹ (Schraubenbogen, 1982) des Objektkünstlers *Claes Oldenburg* (geb. 1929).

TOP TIPP Im nördlichen Teil des Parks befindet sich das berühmte **Museum Boijmans van Beuningen** 6 (Museumpark 18–20, Tel. 010/441 94 00, www.boijmans.nl, Di–So 11–17 Uhr). In der opulenten Sammlung Alter und Neuer Meister ist nahezu alles vertreten, was Rang und Namen hat: Hubert und Jan van Eyck, Hieronymus Bosch und Pieter Brueghel d.Ä., Rubens und Rembrandt. Die Moderne ist mit Meistern wie Degas, Monet, Munch, Kandinsky, Karel Appel, Beuys und Baselitz präsent. Bemerkenswert sind ferner die Abteilungen zum Kunstgewerbe seit dem 14. Jh. sowie zum modernen Design. Hochkarätige Ausstellungen zum Kunstschaffen der Gegenwart runden das Spektrum ab.

Die 1992 eröffnete **Kunsthal Rotterdam** 7 (Museumpark, Westzeedijk 341, Tel. 010/440 03 01, www.kunsthal.nl, Di–Sa 10–17, So/Fei 11–17 Uhr), ein exzentrisches

*Auch die Werke des Salvador Dalí sind im Museum Boijmans van Beuningen zu sehen*

Glasgehäuse von *Rem Koolhaas* am Südausgang des Museumparks, präsentiert ein breit gefächertes Spektrum an Ausstellungen von traditionellen Sujets über Experimentelles bis zu Pop.

Das **Nederlands Architectuurinstituut (NAI)** 8 (Museumpark 25, Tel. 010/440 12 00, www.nai.nl, Di–Sa 10–17, So 11–17 Uhr) ist in einem spektakulären Glas-Stahl-Bau (1993) von Jo Coenen am Nordrand des Parks ansässig. Das NAI zeigt Ausstellungen zu Architektur und Städtebau der Vergangenheit und Gegenwart mit Schwerpunkt Niederlande.

Geht man anschließend entlang der Westersingel nach Norden, erreicht man über die Westkruiskade bald den von Hochhäusern gesäumten **Schouwburgplein** 9 mit dem Theater *Rotterdamse Schouwburg* und der Konzerthalle *De Doelen*. Weiter nördlich liegt der Hauptbahnhof *Rotterdam Centraal*, derzeit eine Großbaustelle. Ab 2013 soll er als Palast aus Glas und Stahl und mit großen Ladenstraßen Hollands modernster Verkehrsknotenpunkt sein. Wie er dann aussieht, zeigt *Railz Miniworld* (Weena 745, www.railzminiworld.com), die größte Modelleisenbahnanlage der Niederlande nur ein paar Schritte vom Bahnhof entfernt. Etwa 100 Züge drehen hier ihre Runden, neben holländischen Landschaften und Küsten ist auch Rotterdam nachgebildet, weitere Miniwelten sind im Aufbau.

Ebenfalls beim Hauptbahnhof (Weena 505) ragt der spiegelglatte Wolkenkratzerkomplex **Delftse Poort** 10 von 1991 auf, der mit 151 m nach den Maastoren der zweithöchste Bau der Niederlande ist.

Eine alternative Route führt vom NAI vorbei am Skatepark beim Eendrachtsplein über den Oude Binnenweg zum *Binnenwegplein* mit der kinetischen Skulptur ›Two Turning Vertical Rectangles‹ (1971) des Amerikaners George Rickey. Unweit beginnt die **Coolsingel** 11, die wichtigste Nord-Süd-Verbindung im Zentrum. Vom ebenerdigen geschäftigen Treiben kann man zum Edelshopping in die Einkaufspassage der *Beurstraverse*, die unter der Coolsingel hindurchführt, hinabsteigen. Zurück in der ›Oberwelt‹ beeindruckt der flaschengrüne Wolkenkratzer des *Beurs-World Trade Center* (Beurs-WTC, www.wtcrotterdam.nl).

Weiter in nördlicher Richtung kann man das 1914–20 im Stil der niederländischen Neorenaissance errichtete **Stadhuis** 12 ausmachen, das die Luftangriffe des Krieges unbeschadet überstand und noch heute als Rathaus fungiert.

Von der **Grote** oder **St. Laurenskerk** 13 (Grotekerkplein 27, Tel. 010/413 14 94, www.laurenskerkrotterdam.nl, Di–Sa 11–17 Uhr) etwas weiter östlich blieben nach den Bombenangriffen 1940 nur die Außenmauern und der Turm stehen. Nach 1952 wurde die spätgotische Kreuzbasilika (1449–1525) dann wieder aufgebaut. Viel

*Spektakulärer Blickfang – die Kubuswohnungen des niederländischen Architekten Piet Blom*

*Magisch beleuchtet – mit ambitionierten Wechselausstellungen zu Architektur und Städtebau macht das NAI von sich reden*

Licht strömt durch die hellen schlichten Glasfenster ins *Innere*, das gleich mit drei Orgeln aufwartet. In den Seitenschiffen befinden sich die *Grabmäler* holländischer Admiräle und Seehelden, unter ihnen auch der Sohn der Stadt, Admiral *Witte de With* (1599–1658). Das Portal des Kirchturms schmückt seit 1968 das bronzene ›Tor des Krieges und des Friedens‹ von *Giacomo Manzù*. Vor dem Gotteshaus zeigt eine 1622 gegossene Bronzestatue von Hendrik de Keyser den Humanisten *Erasmus von Rotterdam* in einem Buch blätternd.

Über den Markt *Binnenrotte* führt der Weg Richtung Oude Haven. Auf der Strecke passiert man den Wohnturm *Blaaktoren*, auch Het Potlood (Der Bleistift) genannt, und gelangt zu den originellen gelben *Kubuswoningen* von **Het Blaakse Bos** 14 (1982–84), ein spektakuläres Architekturexperiment von Piet Blom. Eines dieser ›Baumhäuser‹, der *Kijk-Kubus* (Overblaak 70, Tel. 010/414 22 85, www.kubuswoning.nl, tgl. 11–17 Uhr), ist für Besucher zugänglich. So kann man sich einen Eindruck davon verschaffen, wie die Bewohner in den anderen 38 schräg gestellten Kubuswohnungen zurechtkommen. Bei gutem Wetter laden zahlreiche Straßencafés um das Becken des Oude Haven zum Verweilen ein.

Das elegante zehnstöckige **Het Witte Huis** 15 an der Ecke zum Wijnhaven, ein Meisterwerk des Art déco, wurde 1898 vollendet. Es war mit 43 m und 10 Stockwerken das erste Hochhaus Europas, überstand den Zweiten Weltkrieg unbeschadet und wurde in den 1990er-Jahren originalgetreu restauriert.

Über die dunkelrote **Willemsbrug** 16, eine 1981 eingeweihte Schrägseilbrücke, und mit Blick auf das riesige Ungetüm der Hebebrücke *De Hef* (1878) weiter östlich, gelangt man ans jenseitige Ufer der Nieuwe Maas, zum *Noordereiland*. Schön ist die Fahrt per Wassertaxi von der hiesigen Maaskade zum **Kop van Zuid** 17 (www.kopvanzuid.info) südlich der Erasmusbrug, wo sich die spektakulärste Skyline Rotterdams darbietet, eine von Stararchitekten gestylte Stadtlandschaft aus Büro- und Wohntürmen. Der **Wilhelminapier**, von dem die *Holland-Amerika Lijn (HAL)* 1880–1925 etwa 1 Mio. Auswanderer nach Amerika brachte, ist heute Anlegestelle für riesige schneeweiße Kreuzfahrtschiffe. Daneben ragt seit 2001 der gewaltige silberne Wolkenkratzer **World Port Center** (124 m; mit Antenne 133 m) von *Sir Norman Foster* in den Rotterdamer Himmel. Ihm über die Schulter schaut der zweithöchste Wohnturm der Niederlande, der wegen seiner eigenwilligen Architektur gerühmte **Montevideo** von 2005 (140 m). Mit altmodischer Eleganz liegt den steinernen Riesen das einstige Verwaltungsgebäude der Holland-Amerika Lijn zu Füßen, in dem heute das nostalgische **Hotel New York** [s. S. 50] residiert. In

*In Rotterdam bietet sich eine Bootsrundfahrt durch den größten Seehafen Europas geradezu an*

der Umgebung sind seit 2007 zwei weitere Bauriesen namens *New Orleans* (158 m), ein Wohnturm mit Luxusappartements, und der Büroturm *Maastoren* (165 m), der höchste Wolkenkratzer des Landes, entstanden. Einen provokanten Akzent unweit der Erasmusbrug setzt *Renzo Pianos* Hochhaus **Toren Op Zuid** (auch KPN Tower, 96 m, 2000), dessen Scheibenfassade in Kipplage nach vorne hängt und von einem Pilon abgestützt wird. Vis-à-vis sorgt das Schauspielhaus **Luxor Theater** (www.luxortheater.nl) mit seiner vornehmlich roten Fassade für farbliche Akzente im Stadtbild. In diesem avantgardistischen Ambiente ist auch das **Nederlands Fotomuseum** (Wilhelminakade 332, Tel. 010/203 04 05, www.nederlandsfotomuseum.nl, Di–Fr 10–17, Sa/So 11–17 Uhr) ansässig. Seine Themenausstellungen und interaktiven Exponate beleuchten Kunst, Geschichte und Technik der niederländischen Fotografie.

Per Wassertaxi oder durch den 1942 eröffneten, gut 1 km langen Maas-Tunnel (mit einer Extra-Röhre für Fußgänger und Radfahrer) geht es zurück ans Nordufer. Neben der Tunnelausfahrt, am Westrand des weitläufigen *Het Park*, steht seit 1960 der 185 m hohe Sendeturm **Euromast** 18 (Parkhaven 20, www.euromast.nl, April–Sept. tgl. 9.30–23, Okt.–Febr. 10–23 Uhr, Plattform bis 22 Uhr). Von der Aussichtsplattform oder der Brasserie in 100 m Höhe hat man eine atemberaubende Sicht über Rotterdam und seine Wasserlandschaft. Für die romantische Übernachtung im Himmel stehen zwei Suiten zur Verfügung. Wer schwindelfrei ist, genießt die Fahrt mit dem rotierenden Aufzug *Euroscoop* bis in die 185 m hohe Spitze des Euromasts, und besonders Wagemutige haben die Möglichkeit, sich aus 100 m Höhe abzuseilen.

Einige Hafenbecken weiter westlich liegt der idyllische **Delfshaven** 19 (www.delfshaven.info). Er wurde 1389 als Hafen der Nachbarstadt Delft gegründet, 1825 erhielt er die Stadtrechte, kam aber schon 1886 zu Rotterdam. Im heutigen Museumshafen versammelten sich im Juli 1620 britische Puritaner, die *Pilgrim Fathers*, für die Überfahrt nach Nordamerika. Zu den Sehenswürdigkeiten des malerischen Altstadtviertels gehören die *Pelgrimskerk*, wo die Puritaner ihre letzte Andacht hielten, die *Scheepswerft De Delft* (www.dedelft.nl, Mi–Fr 10–16, Sa/So 11–17 Uhr), in der seit 2001 das Kriegsschiff De Delft (1783 gebaut, 1797 gesunken) originalgetreu nachgebaut wird, und *De Dubbelde Palmboom* (Voorhaven 12, Tel. 010/476 15 33, www.dedubbeldepalmboom.nl, Di–So 11–17 Uhr), ein altes Lagerhaus, das seit 1975 als Zweigstelle des Historisch Museum Rotterdam [s. S. 44] fungiert. Neben aktuellen Wechselausstellungen können alte Laden- und Wohnungseinrichtungen des 17.–19. Jh. bewundert werden.

Eine Attraktion weiter im Norden ist der **Diergaarde Blijdorp** 20 (Blijdorplaan 8, Tel. 010/443 14 95, www.diergaardeblijdorp.nl, tgl. 9–18, im Winter bis 17 Uhr), der 1857 gegründete Rotterdamer Zoo, in dem heute 600 verschiedene Arten mit 5800 Tieren zuhause sind. Einer der größten Publikumsmagneten ist das *Oceanium*, in dessen Wasserwelten die wichtigsten Meeres- und Küstenregionen der Erde präsent sind, darunter auch die Antarktis mit einer Kolonie Königspinguine.

### Schiedam

Per Metro gelangt man von Rotterdam zum Städtchen Schiedam an der Mündung der Schie in die Nieuwe Maas, das schon allein wegen seiner hübschen Altstadt mit Bauten aus Renaissance und Barock einen Besuch lohnt. Berühmt ist Schiedam aber vor allem wegen des *Jenever*. Der aus Gerste, Roggen und Mais gebrannte und mit Wacholderaroma versetzte Schnaps wurde hier ab dem 16. Jh. in 390 Brennereien hergestellt. Zahlreiche Kornmühlen belieferten die Destillerien mit Getreide. Von den ehemals 20 steinernen Windmühlen blieben fünf erhalten. Die höchste von ihnen, *De Noord* (33,5 m) wurde 2006 durch einen Neubau, *De Nolet* (43 m), überflügelt, die höchste Windmühle der Welt. Einige der Bauwerke mahlen noch heute Getreide und können besichtigt werden, darunter die **Museummolen De Nieuwe Palmboom** (Noordvest 34, Tel. 010/426 76 75, /www.schiedamsemolens.nl, Di–Sa 11–17, So 12.30–17 Uhr), welche Geschichte und Technik der Mühlen dokumentiert.
Am Lange Haven weiht **Het Jenevermuseum** (Lange Haven 74–76, Tel. 010/246 96 76, www.jenevermuseum.nl, Di–Fr 12–17, Sa/So 13–18 Uhr) in die Technik des Schnapsbrennens ein, die noch immer von einigen Brennereien in Schiedam betrieben wird. In einem schönen klassizistischen Bau von 1787 ist das **Stedelijk Museum Schiedam** (Hoogstraat 112–114, Tel. 010/246 36 66, Di–So 10–17 Uhr) untergebracht. Es ist der niederländischen Kunst nach 1945 gewidmet und besitzt allein 250 Werke der Gruppe CoBrA.

## i Praktische Hinweise

### Information

**VVV Rotterdam**, Coolsingel 195–197, Stationsplein 45 und Rotterdam Airport, Tel. 010/271 01 20, www.rotterdam.info

**Rotterdam Welcome Card**, beim VVV oder in Hotels erhältlich, offeriert für 5 € ein Voucher-Heft mit Ermäßigungen für etliche Museen, Restaurants, Shops etc.

### Bahnhof

**Rotterdam Centraal**, Stationsplein, Tel. 010/240 38 00, www.rotterdamcentraal.nl. Im Norden des Zentrums mit Metro-Anschluss.

### Flughafen

**Rotterdam Airport**, Airportplein 60, Tel. 010/446 34 44, www.rotterdamthehagueairport.nl. RET Airport Shuttle alle 10 Min. zwischen Flughafen und Rotterdam Centraal. Airport Taxi, Tel. 010/262 04 06

### Öffentliche Verkehrsmittel

**RET**, Laan op Zuid 2, Tel. 09 00/09 80, www.ret.nl. Bus, Tram und Metro sowie Schnellfähre nach Hoek van Holland.

**Waterbus**, Tel. 09 00/899 89 98, www.fastferry.nl. Schnellfähre auf drei Routen Richtung Dordrecht.

### Taxi und Wassertaxi

**Taxi-Centrale**, Tel. 010/462 60 60

**Watertaxi**, Tel. 010/403 03 03, www.watertaxirotterdam.nl. Boote verkehren vom Zentrum zu den südlichen Hafenvierteln und nach Schiedam.

### Touren

**ArchiGuides**, Schiekade 205, Tel. 010/433 22 31, www.rotterdam-archiguides.nl. Themenführungen zu Fuß, per Bus oder Fahrrad zu den architektonischen Highlights der Stadt.

**Spido**, Willemsplein 85, Rotterdam, Tel. 010/275 99 88, www.spido.nl. Das Programm reicht von 75-min. Hafenrundfahrten bis zu Tagesfahrten zum Europoort oder den Schleusen der Deltawerke [s. S. 120].

**Rotterdam ByCycle**, Schiekade 205, Tel. 010/465 22 28, www.rotterdambycycle.nl. Verleih von Fahrrädern und geführte Besichtigungstouren.

### Einkaufen

Das Zentrum Rotterdams, zwischen Rotterdam Centraal, Beursplein, Binnenweg und Erasmusbrug ist ein Einkaufsparadies.

### Nachtleben

**Off Corso**, Kruiskade 22, Tel. 010/411 38 97, www.off-corso.nl. Techno und Electro Sounds in einem früheren Kino.

**The Thalia**, Kruiskade 31, Tel. 010/214 25 47, www.thaliarotterdam.nl. In-Club auf fünf Ebenen und Musik von House bis Latin.

### Camping

**Stadscamping Rotterdam**, Kanaalweg 84, Rotterdam, Tel. 010/415 97 72, www.stadscamping-rotterdam.nl. Citynaher Campingplatz auch mit Blockhäusern.

### Hotels

*******The Manhattan Hotel Rotterdam**, Weena 686, Rotterdam, Tel. 010/430 20 00, www.manhattanhotelrotterdam.com Luxus und Hochgefühl in den obersten 14 Etagen des Millenniumtowers.

******New York**, Koninginnenhoofd 1, Rotterdam, Tel. 010/439 05 00, www.hotelnewyork.nl. Stilvoll-originelles Hotel im früheren Verwaltungsbau der Holland-Amerika Lijn. Restaurant mit tollem Hafenblick.

******Stroom**, Lloydstraat 1, Rotterdam, Tel. 010/221 40 60, www.stroomrotterdam.nl. Witziges Designerhotel mit Dachterrasse und Restaurant.

****Bazar**, Witte de Withstraat 16, Rotterdam, Tel. 010/206 51 51, www.hotelbazar.nl. Zimmer in märchenhaft-verspieltem Dekor von Tausendundeiner Nacht. Gutes Restaurant mit einem Mix aus holländischer und türkischer Küche.

***Stayokay**, Rochussenstraat 107–109, Rotterdam, Tel. 010/436 57 63, www.stayokay.com. Beliebte Jugendherberge.

### Restaurants

**Dewi Sri**, Westerkade 20, Rotterdam, Tel. 010/436 02 63, www.dewisri.nl. Allerlei Leckereien aus Indonesien.

**Engels**, Groothandelsgebouw, Stationsplein 45, Rotterdam, Tel. 010/411 95 50, www.engels.nl. Innovative Anglo-Küche in nettem Ambiente mit Dachterrasse.

TOP TIPP **Parkheuvel**, Heuvellaan 21, Rotterdam, Tel. 010/436 05 30, www.parkheuvel.nl. Die von Michelin geadelte Gourmetküche mit französischem Touch schmeichelt den Gaumen (Mo–Fr 12–14.30, Mo–Sa 18.30–22.00 Uhr).

**Zeezout**, Westerkade 11 b, Rotterdam, Tel. 010/436 50 49, www.restaurantzeezout.nl. Wunderbare Fischgerichte – den schönen Blick auf die Nieuwe Maas gibt's gratis dazu (So/Mo geschl.).

## 10 Delft

TOP TIPP *Malerische Bilderbuchansichten und königliches Porzellan.*

Historische Kontorhäuser und Stadtpalais, baumbestandene pittoreske Grachten: Die beschauliche Kulisse der vom Schie-Rijn-Kanal gerahmten Delfter Altstadt erinnert noch heute an gemalte Stadtansichten des 17. Jh. Die geschäftige Handels- und Gewerbestadt von heute 97 000 Einwohnern gehörte schon im 14. Jh. mit ihren Webereien und Bierbrauereien zu den aufstrebenden Orten des Landes. Über einen Kanal mit dem *Delfshaven* [s. S. 48] an der Maas verbunden, profitierte die Stadt direkt vom einsetzenden Fernhandel. Als sich Anfang des 17. Jh. importiertes Porzellan aus dem chinesischen Nanking zum Verkaufsschlager entwickelte, begannen Delfter Manufakturen, die exotischen Motive und die kostbare, feine Machart des Porzellans in Fayencen nachzuahmen. Bald fanden die blau-weißen **Delfter Fayencen** – auch mit typisch holländischen Motiven, die man insbesondere den Bildern Vermeers und Pieter de Hoochs entnahm – in ganz Europa reißenden Absatz. In der noch heute bestehenden Manufaktur **De Koninklijke Porceleyne Fles – Royal Delft** (Rotterdamseweg 196, Tel. 015/251 20 30, www.royaldelft.nl, April–Okt. tgl. 9–17, Nov.–März Mo–Sa 9–17 Uhr) sowie in einigen anderen, kleineren Betrieben kann man sich über die Herstellung von Porzellan und Fayencen informieren und auch Stücke erwerben.

*Delfter Fayencen, bereits im 17. Jh. heiß begehrt, sind heute als Souvenirs beliebt*

Berühmtester Sohn der Stadt ist der Maler **Jan Vermeer van Delft** (1632–1675), welcher seinem Geburtsort ein Leben lang treu blieb. Berühmt wurde er u.a. für sein stimmungsvolles Gemälde ›Ansicht von Delft‹ (um 1660/61, Mauritshuis, Den Haag). Wie kaum ein anderer zauberte er mit Licht und Schatten, mit dem Spiel von Sonne und Wolken. Andere Meisterwerke zeigen Allegorien oder Historien, aber auch kontemplative Genreszenen aus dem holländischen Alltag, darunter eine Frau beim Briefelesen oder ein schlafend am Tisch lehnendes Mädchen. Vermeers Spitzenarbeiten kann man im Den Haager Mauritshuis und im Amsterdamer Rijksmuseum bewundern. Delft wiederum bietet heute das **Vermeer Centrum** (Voldersgracht 21, Tel. 015/213 85 88, www.vermeerdelft.nl, tgl. 10–17 Uhr), untergebracht im Haus der St. Lukasgilde, der Vermeer viele Jahre als Dekan vorstand. Auf vier Etagen entfaltet sich hier eine supermoderne, lehrreiche Dokumentation zu Leben und Werk des großen Meisters, komplett mit nachgebautem Maleratelier.

Das 1620 von Hendrik de Keyser aus Sandstein erbaute und mit Bleiglasfenstern geschmückte **Stadhuis** im Renaissancestil blickt von der Westseite auf den lang gestreckten Marktplatz im Zentrum von Delft. Die angrenzende, 1770 erbaute *Waag* beherbergt heute ein Theater und ein Café. Weithin sichtbar ragt am Platz die **Nieuwe Kerk** (April–Okt. Mo–Sa 9–18, Nov.–März Mo–Sa 11–16 Uhr) empor. Die 1383–1510 errichtete gotische Kreuzbasilika ist die Grablege des Hauses Oranien-Nassau. Im Chor erhebt sich das von Hendrik de Keyser 1621 vollendete Prunkgrab *Wilhelms des Schweigers*, der 1584 im nahen Prinsenhof ermordet wurde. In der Krypta sind weitere Mitglieder der Dynastie bestattet, darunter Prinz Claus († 2002), der Gatte von Königin Beatrix, sowie die frühere Königin Juliana und ihr Gemahl Prinz Bernhard, die beide 2004 verstarben. Die Nordwand des Chores schmückt eine Statue des ebenfalls hier bestatteten Humanisten Hugo Grotius (1583–1645). Der 108 m hohe *Kirchturm* (1396–1496) bietet eine schöne Panoramasicht über die Stadt.

Vom Markt ist es nicht weit zur zweiten Hauptkirche von Delft, der **Oude Kerk** (Heilige Geestkerkhof, Nov.–Jan. Mo–Fr 11–16, Sa 10–17, Feb.–März Mo–Fr 10–17, April–Okt. tgl. 9–18 Uhr). Mitte des 13. Jh. auf älteren Fundamenten erbaut, wurde das Gotteshaus um 1500 im Stil der Spätgotik umgestaltet und mit einem massigen, von Ecktürmchen flankierten *Turm* (78 m) versehen. Im *Inneren* beeindruckt eine reich geschmückte Holzkanzel von 1548. Mehrere Berühmtheiten sind in der Oude Kerk bestattet, darunter die Admiräle und Seehelden des 17. Jh., Piet Hein und Maarten Tromp, sowie der Maler Jan Vermeer.

*An der Voldersgracht spitzt der Turm der Nieuwe Kerk hinter den Häusern hervor*

Am Ufer der pittoresken *Oude Delft*, der ältesten Gracht der Stadt, liegen prächtige Stadtpalais und Kontorhäuser, darunter die einstige Kammer der Verenigde Oost-Indische Companie, sowie das heutige **Museum Lambert van Meerten** (Oude Delft 199, Tel. 015/260 23 58, www.lambertvanmeerten-delft.nl, seit 2011 wegen Renovierung bis auf Weiteres geschl.). Das gediegene Wohnhaus eines Industriellen des 19. Jh. beherbergt Delfter Kacheln und Fayencen.

Gleich nebenan, im einstigen Nonnenkloster St. Agatha, dem heutigen **Stedelijk Museum Het Prinsenhof** (St. Agathaplein 1, Tel. 015/260 23 58, www.prinsenhof-delft.nl, Di–So 11–17 Uhr), fiel Wilhelm der Schweiger 1584 einem Attentat zum Opfer. Ein katholischer Fanatiker erschoss ihn, nachdem Philipp II. von Spanien Wilhelm für vogelfrei erklärt und ein hohes

Kopfgeld auf ihn ausgesetzt hatte. Die Spuren der Pistolenkugeln lassen sich noch heute an der Treppe ausmachen. Passend zu dem geschichtsträchtigen Ort dokumentiert das Museum den 80-jährigen Freiheitskampf der Niederländer gegen die Spanier.

Die südöstliche Ecke der Altstadt markiert das mittelalterliche **Oostpoort** (um 1400), das einzige erhaltene Stadttor.

## i Praktische Hinweise

### Information

**Toeristen Informatie Punt (TIP)**, Hippolytusbuurt 4, Delft, Tel. 015/215 40 51, www.delft.nl

**City Card The Hague-Delft**, s. S. 56

### Schiff

**Rondvaart Delft**, Koornmarkt 113, Delft, Tel. 015/215 40 51, www.rondvaartdelft.nl

### Nachtleben

**Speakers**, Burgwal 45–49, Delft, Tel. 015/ 212 44 46, www.speakers.nl. Mal legen DJs auf, mal sorgen Livebands für die richtige Partylaune.

### Hotel

*****Bridges House**, Oude Delft 74, Delft, Tel. 015/212 40 36, www.bridges-house.com. Kleines, feines Hotel mit 18 Zimmern in einem denkmalgeschützten Grachtenhaus.

*Charmantes Motiv – das trutzige Delfter Oostpoort samt strahlend weißer Hebebrücke*

### Restaurants

**De Zeven Zonden**, Oude Delft 78, Delft, Tel. 015/215 86 89, www.dezevenzonden.nl. Französisch inspirierte Küche.

**Spijshuis de Dis**, Beestenmarkt 36, Delft, Tel. 015/213 17 82, www.spijshuisdedis.com. Holländische Rezepte fantasievoll abgewandelt (Di–Sa 17–22 Uhr).

### Café

**Kleyweg's Stads-Koffyhuis**, Oude Delft 133, Delft, Tel. 015/212 46 25, www.stads-koffyhuis.nl. Bietet seit 1881 neben Kaffee, Kuchen und leckeren Pfannkuchen auch pikante Speisen (Mo–Sa 9–18/19 Uhr).

# 11 Den Haag

*Gediegener Regierungssitz mit schicker Skyline und vielen Museen.*

Die mit 495 000 Einwohnern drittgrößte Stadt des Landes ist Sitz der niederländischen Regierung, Residenzstadt der Königlichen Familie und Verwaltungszentrale der Provinz Zuid-Holland. Gleichzeitig tagt in Den Haag der *Internationale Gerichtshof* mit dem UN-Kriegsverbrechertribunal. Auch wenn sich die Innenstadt heute mit einer originellen Skyline aus Hochhäusern, mit schicken Cafés und Läden schmückt, wird ihr Charakter doch noch immer von eleganten alten Stadtpalais und weitläufigen Parks geprägt.

Den Haag blickt inzwischen auf eine mehr als 750-jährige Stadtgeschichte zurück, die im 13. Jh. mit einigen Häusern um *'s-Gravenhage*, dem ›Jagdgehege des Grafen‹ von Holland begann. Die Generalstaaten legten 1593 ihren Sitz hierher und begründeten damit die Tradition als Regierungs- und Verwaltungsort.

Der aus der Grafenburg von Wilhelm II. Mitte des 13. Jh. entstandene Gebäudekomplex **Binnenhof** ❶ (Binnenhof 8 a, www.binnenhofbezoek.nl, Führungen Mo–Sa 10–17, letzte Führung 15.45 Uhr) mit dem Sitz der Regierung und der beiden Kammern des Parlaments ist das politische Zentrum des Landes. Teil der Anlage ist der unter Floris V. vollendete, mit seinen Türmen einer Kirche ähnelnde gotische *Ridderzaal*. Der Rittersaal wird für Empfänge, Veranstaltungen und Zeremonien genutzt. Hier hält die Königin alljährlich zur Parlamentseröffnung am *Prinsjesdag* (3. Di im Sept.) ihre Thronrede und verkündet das Regierungsprogramm.

*Im Rittersaal des Binnenhofs hält die Königin alljährlich am Prinsjesdag eine Thronrede*

Ebenfalls an den *Hofvijver*, einen dekorativen rechteckigen Weiher mit Fontäne und winzigem Eiland in der Mitte, grenzt das direkt benachbarte, in einem klassizistischen Gebäude untergebrachte

TOP TIPP **Mauritshuis** 2 (Korte Vijverberg 8, Tel. 070/3023456, www.mauritshuis.nl, Di–Sa 10–17, So 11–17, April–Aug. auch Mo 10–17 Uhr). Die hochkarätige Gemäldegalerie präsentiert allein 800 Gemälde, darunter viele Glanzstücke der niederländischen Malerei des Goldenen Zeitalters. Jan Vermeers ›Mädchen mit dem Perlenohrring‹ (um 1665/66) und seine ›Ansicht von Delft‹ (um 1660/61) sind ebenso zu bewundern wie die ›Anatomische Vorlesung des Dr. Nicolaes Tulp‹ (1632) von Rembrandt oder ›Das irdische Paradies mit Sündenfall von Adam und Eva‹ (1615), eine entzückende Gemeinschaftsarbeit von Jan Brueghel d. Ä. und Peter Paul Rubens. Weitere Spitzenbilder von Jan Steen, Frans Hals, Paulus Potter, Peter Paul Rubens, Jacob Jordaens und Anthonis van Dyck vervollständigen die exzellente Kollektion.

Vom munteren *Buitenhof*, einem weitläufigen Platz südwestlich des Hofvijver, zweigen mehrere Gassen mit Geschäften ab, darunter auch die Einkaufsgalerie *De Passage* [s. S. 57] von 1885, die im Stile ihres Mailänder Vorbilds gestaltet wurde. Gleich dahinter erhebt sich die auch St. Jacobs Kerk genannte **Grote Kerk** 3 (Tel. 070/3028630, www.grotekerkdenhaag.nl, nur bei Ausstellungen geöffnet) aus dem 14./15. Jh. Die gotische Hallenkirche besitzt einen 100 m hohen, sechseckigen *Glockenturm*, der einen schönen Ausblick über die Stadt ermöglicht. Im *Kircheninneren* sieht man eine geschnitzte Renaissancekanzel von 1550, ferner Wappenschilder der Ritter vom Goldenen Vlies und Glasmalereien im Chor.

Nun geht es zum *Spui* mit der 1679 erbauten und heute als Veranstaltungsort genutzten **Nieuwe Kerk** 4 (Spui 175, Mi 13.30–15 Uhr). Sie ist vor allem wegen der Gräber der als Verschwörer gegen Wilhelm III. von Oranien 1672 gelynchten Brüder Johan und Cornelius de Witt interes-

*Vermeers ›Mädchen mit dem Perlenohrring‹ (ca. 1665/66) ist im Mauritshuis zu Hause*

sant. Auch der in Amsterdam geborene Philosoph *Baruch de Spinoza* (1632–1677) ist hier begraben, welcher nach seinem Bann durch die Amsterdamer jüdische Gemeinde ab 1671 bis zu seinem Tod in Den Haag lebte. Gleichfalls am Spui residiert das berühmte *Nederlands Dans Theater* und zwar im eher unscheinbaren *Lucent Danstheater* [s. S. 57]. Spektakulär gibt sich hingegen das benachbarte, 1995 eingeweihte **Stadhuis** 5. Der strahlend weiße Komplex des amerikanischen Stararchitekten *Richard Meier* beherbergt neben den Büros der kommunalen Verwaltung auch die Stadtbibliothek sowie Geschäfte und Restaurants. Das 50 m hohe, lichtdurchflutete Atrium wird gern für Veranstaltungen genutzt.

Dem Werk des berühmten Zeichners fantastischer Welten *Maurits Cornelis Escher* (1898–1972) aus Leeuwarden ist das Museum **Escher in Het Paleis** 6 (Lange Voorhout 74, Tel. 070/4277730, www.escherinhetpaleis.nl, Di–So 11–17 Uhr) im *Lange Voorhout Paleis* gewidmet, welcher sich einst im Besitz des Königshauses befand. Die Ausstellung zeigt die illusionistisch-geheimnisvollen Grafiken Eschers und beleuchtet anhand von Entwurfsskizzen und Computeranimationen seine komplizierten Kompositionsprinzipien, die sich um Metamorphosen, optische Täuschungen und perspektivische Unmöglichkeiten drehen.

Interessantes ist auch weiter nördlich zu finden, das **Panorama Mesdag** 7 (Zeestraat 65, Tel. 070/3644544, www.panorama-mesdag.nl, Mo–Sa 10–17, So 12–17 Uhr). Das von Hendrik Willem Mesdag 1881 geschaffene, 120 m lange und 14 m hohe Rundgemälde erweckt beim Betrachter die Illusion, inmitten der Dünenlandschaft von Scheveningen zu stehen. Nur noch wenige dieser Panoramen des 19. Jh. sind in Europa erhalten.

Das **Museum Mesdag** 8 (Laan van Meerdervoort 7f, Tel. 070/3621434, www.museummesdag.nl, Mi–So 12–17 Uhr) zeigt zahlreiche Gemälde der dem Naturalismus verpflichteten *Haager Schule* vom Ende des 19. Jh. Zu ihr zählten neben Mesdag (1831–1915) auch Jozef Israels und

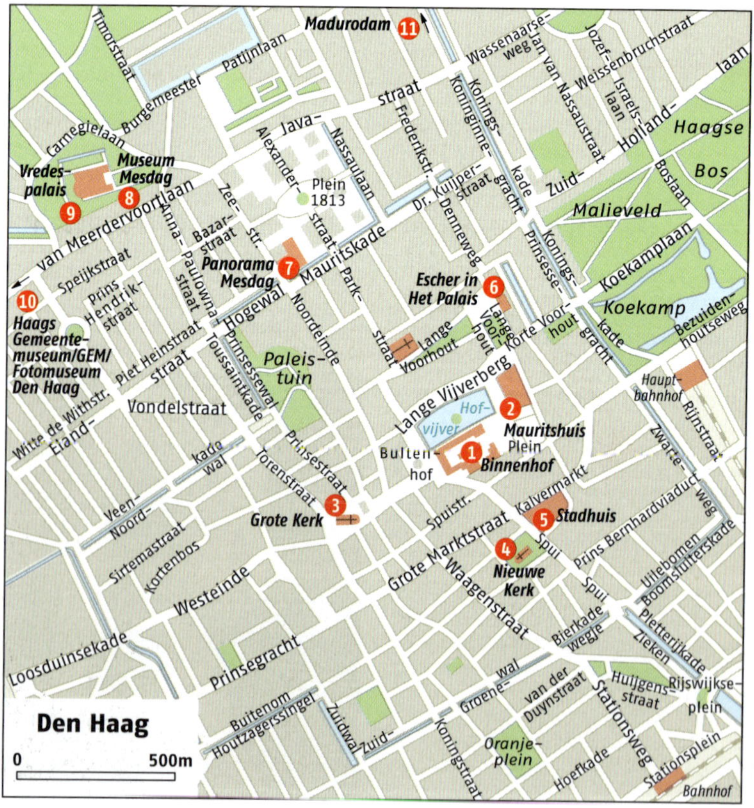

*Prachtvolle Architekturkulisse: das einstige Kurhaus am Strand des Seebads Scheveningen*

Johannes Hendrik Weissenbruch. Desweiteren ist die französische *Schule von Barbizon* mit Werken von u.a. Camille Corot und Jean-François Millet vertreten.

Im nahen **Vredespalais** 9 (Carnegieplein 2, Tel. 070/302 42 42, www.vredespaleis.nl, Führungen Mo–Fr 10, 11, 14, 15, 16 Uhr, etwa eine Woche vorher anmelden) tagt der *Internationale Gerichtshof* (www.icj-cij.org), der häufig wegen der hier ausgetragenen Gerichtsverfahren gegen Kriegsverbrecher in den Schlagzeilen ist. Der halb neogotische, halb klassizistische Friedenspalast von 1913 mit dem 80 m hohen Belfried und der kostbaren Innenausstattung wurde durch Schenkungen aus aller Welt finanziert.

Das **Haags Gemeentemuseum** 10 (Stadhouderslaan 41, Tel. 070/338 11 11, www.gemeentemuseum.nl, Di–So 11–17 Uhr) weiter nordwestlich präsentiert neben Bildern der Haager Schule vor allem eine bedeutende Werkgruppe von *Piet Mondrian* (1872–1944), dem Wegbereiter der abstrakten Malerei in den Niederlanden, darunter auch sein letztes unvollendetes Gemälde ›Victory Boogie Woogie‹. Hinzu kommen Arbeiten von Kandinsky, Morandi, Stella oder Lüpertz.

Im selben Gebäudekomplex lädt **GEM – museum voor Actuele Kunst** (Stadhouderslaan 43, Tel. 070/338 11 33, www.gem-online.nl, Di–So 12–18 Uhr) dazu ein, zeitgenössische Trends der internationalen Kunstszene zu entdecken. Das gleichfalls hier ansässige **Fotomuseum Den Haag** (Stadhouderslaan 43, Tel. 070/338 11 44, www.fotomuseumdenhaag.nl, Di–So 12–18 Uhr) bietet rührende, faszinierende und erschütternde Schauen aus der Welt der Fotokunst.

## Ausflüge

Inmitten des Grüngürtels zwischen Den Haag und Scheveningen liegt **Madurodam** 11 (George Maduroplein 1, Tel. 070/416 24 00, www.madurodam.nl, wegen Renovierung bis April 2012 geschl.) eine Miniaturstadt im Maßstab 1:25 mit berühmten Bauten und Stadtbildern aus Holland. Das beliebte Ausflugsziel wurde als Wohltätigkeitsstiftung und zugleich als Denkmal errichtet, mit dem die Familie Maduro von den Niederländischen Antillen an ihren 1945 in Dachau verstorbenen Sohn erinnern wollte.

Der frühere Fischerort **Scheveningen**, am Nordrand von Den Haag gelegen, ist eines der populärsten Seebäder des Landes und wie Madurodam mit der Tram vom Haager Zentrum zu erreichen. In Scheveningen kontrastieren elegante Villenviertel mit der volkstümlichen Atmosphäre an der *Strandpromenade*, die sich am breiten Nordseestrand entlangzieht. Besonders an sonnigen Wochenenden

*Die Silhouette des Scheveningen Pier im Farbenspiel der untergehenden Sonne*

und in den Sommermonaten geben sich hier Tausende von Schau- und Badelustigen ein Stelldichein.

Fast vis-à-vis vom pompösen Jugendstilbau des **Kurhauses**, das heute ein Luxushotel [s. S. 57] beherbergt, ragt seit mehr als einem Jahrhundert der 400 m lange **Scheveningen Pier** in die Nordsee. Er bietet Platz für Restaurants, eine Spielarkade und andere Attraktionen.

Neben dem Kurhaus entführt das **Sea Life Scheveningen** (Strandweg 13, Tel. 070/3542100, www.sealifeeurope.com, tgl. 10–19 Uhr, Juli/Aug. bis 20 Uhr) in die faszinierende Unterwasserwelt der Nordsee und anderer Meere.

Das hübsch in die Dünen gebettete **Museum Beelden aan Zee** (Harteveltstraat 1, Tel. 070/3585857, www.beeldenaanzee.nl, Di–So 11–17 Uhr) mit Skulpturengarten zeigt rund 650 Objekte von Größen wie Gerhard Marcks, Alfred Hrdlicka oder Niki de Saint Phalle. Hauptthema der Sammlung ist die Darstellung des Menschen, Wechselausstellungen bereichern das Spektrum.

Das weiter im Süden gelegene, insbesondere bei Familien mit Kindern beliebte Seebad **Kijkduin** ist quicklebendig, hat aber auch ruhigere Strandabschnitte zu bieten. Noch ein Stück gen Süden, an der Mündung des von Rotterdam kommenden *Nieuwe Waterweg*, liegt **Hoek van Holland**. In den Sommermonaten bevölkern so viele Rotterdamer den hiesigen Strand, dass der Ort im Volksmund auch ›Rotterdam aan Zee‹ genannt wird.

*Es müssen nicht immer Sandburgen sein, wenn Profibuddler sich ans Werk machen*

## i Praktische Hinweise

### Information

**VVV Den Haag**, Spui 68, Den Haag, Tel. 070/3618860, www.denhaag.nl

**VVV Scheveningen**, Strandweg, Tel. 0900/3403505, www.scheveningen.nl

**City Card The Hague-Delft**, www.citycardthehaguedelft.com. Freie Fahrt für 24 oder 48 Std. mit öffentlichen Verkehrsmitteln und Ermäßigungen bei Eintritten für über 30 Museen und Sehenswürdigkeiten in Den Haag und Delft.

### Öffentliche Verkehrsmittel

**HTM Personenvervoer**, Den Haag, Tel. 070/3749000, www.htm.nl. Gut ausgebautes Bus- und Straßenbahnnetz.

### Schiff

**Rederij Groen**, Dr. Lelykade 1d, Scheveningen, Tel. 070/3553588, www.rederijgroen.nl. Schiffsausflüge aufs Meer, auch zum Angeln.

### Touren und Sport

**City Cycle Tours**, Den Haag, Tel. 070/3504648, www.citycycletours.nl. Verschiedene Fahrradtouren durch Stadt und Umgebung (April–Sept.).

### Einkaufen

**De Passage**, Spuistraat, Hofweg, Buitenhof, www.depassage.nl. Schöne alte Ein-

kaufspassage von 1885 mit netten Läden und Cafés.

### Kultur und Nachtleben

**Haags Uit Büro**, Hofweg 1, Den Haag, Tel. 09 00/828 29 99, www.haagsuitburo.nl. Tickets für Theater, Konzerte etc.

**Holland Casino**, Kurhausweg 1, Scheveningen, Tel. 070/306 77 77, www.hollandcasino.nl. Von Roulette bis zum einarmigen Banditen (tgl. 13.30–3 Uhr).

**Nederlands Dans Theater**, Schedeldoekshaven 60, Den Haag, Tel. 070/880 01 00, www.ndt.nl. Heimstatt des berühmten Nederlands Dans Theater.

### Camping

**Campingplatz Duinhorst**, Buurtweg 135, Wassenaar, Tel. 070/324 22 70, www.duinhorst.nl. Weitläufiges Naturgelände mit diversen Freizeiteinrichtungen in der Nähe.

### Hotels

*******Steigenberger Kurhaus Hotel**, Gevers Deynootplein 30, Den Haag, Tel. 070/416 26 36, www.kurhaus.nl. Luxushotel im alten Kurhaus mit prächtiger Ausstattung.

******Hotel Corona**, Buitenhof 39–42, Den Haag, Tel. 070/363 79 30, www.corona.nl. Attraktives Hotel mit gutem Restaurant.

***Stayokay**, Scheepmakersstraat 27, Den Haag, Tel. 070/315 78 88, www.stayokay.com. Jugendherberge mit Brasserie.

### Restaurants

**Restaurant Saur**, Lange Voorhout 51, Den Haag, Tel. 070/361 70 70, www.saur.nl. Schickes Lokal mit leckeren Fischgerichten.

**'t Goude Hooft**, Dagelijkse Groenmarkt 13, Den Haag, Tel. 070/346 97 13, www.tgoudehooft.nl. Gemütliches Lokal mit holländischer Küche, in dem auch Jazzkonzerte stattfinden.

**The Raffles**, Javastraat 63, Den Haag, Tel. 070/345 85 87, www.restaurantraffles.com. Javanisch-indonesisches Spitzenrestaurant mit thailändischen Akzenten (So geschl.).

### Cafés und Bars

**Het Brouwcafe**, Dr. Lelykade 28, Scheveningen Haven, Den Haag, Tel. 070/354 09 70, www.hetbrouwcafe.nl. Diverse Biere vom Fass, dazu delikate kleine Gerichte.

**Taste The Wine Bar**, Nieuwe Schoolstraat 19, Den Haag, Tel. 070/360 53 95, www.tastethewinebar.nl. Raffiniert mit dunklem Holz, Glas und goldenen Stühlen gestaltetes Lokal mit Tapas und Mezze.

*Die schmucken Backsteinbauten reihen sich wie Perlen an einer Schnur entlang des Nieuwe Rijn in Leiden*

## 12 Leiden

TOP TIPP *Älteste Universitätsstadt der Niederlande mit malerischem Grachtenzentrum.*

Schon die Römer schätzten die attraktive Lage an einem Arm des Rheins und gründeten hier die befestigte Siedlung *Lugdunum Batavorum*. Das holländische *Leythen* musste 1574 eine fünfmonatige Belagerung durch spanische Heere überstehen, die Tausenden von Bewohnern das Leben kostete. Erst als Wilhelm der Schweiger die Deiche durchstechen ließ und seine Kriegsflotte die überraschten Spanier in die Flucht schlug, war die Stadt befreit. Dem tapferen Leiden wurde daraufhin das Recht auf die erste Universitätsgründung des Landes zugestanden. Die **Universiteit Leiden** (www.leidenuniv.nl) wurde 1575 ins Leben gerufen und gehörte im 17./18. Jh. zu den bedeutendsten Hochschulen Europas. Mitte des 17. Jh. waren bereits mehr als 11000 Studenten immatrikuliert, darunter die Hälfte aus dem Ausland. Heute gibt sich die Alma Mater mit Fachbereichen zu Hightech und Biotechnologie modern und zukunftsorientiert.

Im 17. Jh. fand Leiden seine gewerbliche Basis in der Tuchindustrie, die die Hälfte der damals 70000 Einwohner beschäftigte. Der wohl berühmteste Leidener ist der im Jahr 1606 hier geborene Maler **Rembrandt Harmensz. van Rijn**. Um seine bedeutendsten Werke zu bewundern, die allesamt während seiner Amsterdamer Zeit entstanden, muss man das dortige *Rijksmuseum* besuchen.

Von der zentral gelegenen **Burcht** (Burg), einem mit einer Ringmauer aus Ziegelsteinen befestigten Erdhügel, der zwischen 850 und 1150 am Zusammenfluss von *Oude Rijn* und *Nieuwe Rijn* zum Schutz vor der Flut errichtet wurde, hat man einen schönen Blick auf die von Grachten durchzogene Stadt.

Am Ufer des Nieuwe Rijn beeindruckt das nach einem Brand 1929 wieder aufgebaute **Stadhuis** (Rathaus) von 1597 mit eleganter Renaissancefassade und hohem Turm. Im *Inneren* ist das coole *Café Restaurant City Hall* (Stadhuisplein 3, Tel. 071/5144055, www.restaurantcityhall.nl) ansässig. Zwei Querstraßen weiter westlich ragt die imposante **Pieterskerk** (Pieterskerkhof 1a, Tel. 071/5124319, www.pieterskerk.com, tgl. 13.30–16 Uhr, außer bei Veranstaltungen) empor. Mit ihrem Bau wurde schon 1045 begonnen. An- und Umbauten verwandelten die ursprünglich romanische Kirche in eine fünfschiffige gotische Kreuzbasilika mit einem hölzernen Spitztonnengewölbe. Das *Innere* beeindruckt durch das von Säulen gegliederte romanische Langhaus und den festlichen gotischen Chorumgang. In Seitenkapellen und im Boden befinden sich etliche Grabplatten. Hier ruhen verdiente Bürger der Stadt, darunter Professoren der Universität und der Genremaler *Jan Steen* (1626–1679).

Gleichfalls hier begraben ist der britische Puritaner *John Robinson* (1575–1625), der seit 1609 zusammen mit anderen Glaubensgenossen in Leiden lebte. Doch als die Puritaner 1620 in die Neue Welt aufbrachen, musste Robinson wegen Krankheit zurückbleiben und starb hier fünf Jahre später.

Ein Kleinod niederländischer Raumkunst ist die grüne *Kerkmeesterkamer* mit ihren vergoldeten Ledertapeten und der wappengeschmückten Holzdecke. Sie diente als Konferenzsaal für die Vorsteher der drei Leidener Hofkirchen.

Ein weiterer Glanzpunkt Leidens ist das **Rijksmuseum van Oudheden** (Rapenburg 28, Tel. 071/5163163, www.rmo.nl, Di–So 10–17 Uhr). Es besitzt nicht nur eine bemerkenswerte archaologische Sammlung mit griechischen und römischen Statuen, sondern auch eine

## Rembrandt – Meister des Goldenen Zeitalters

Nachdem sich die Niederlande zu Beginn des 17. Jh. vom spanischen Joch befreit hatten, blühten Handel, Handwerk und Wissenschaft auf. Steigender Wohlstand der Bevölkerung hatte dann eine große Nachfrage nach Kunstwerken zur Folge. Zunehmend traten anstelle des Adels und der Kirche wohlhabende **Bürger** und bürgerliche **Gruppierungen** wie Gilden, Mediziner- oder Schützenvereinigungen als Auftraggeber hervor und brachten hohe Summen für repräsentative Gemälde auf – ein riesiges Betätigungsfeld für Maler. Aus dem Reigen großartiger Meister des 17. Jh. ragt einer heraus, **Rembrandt Harmensz. van Rijn**. Er wurde am 15. Juli 1606 als achtes von neun Kindern eines Müllerehepaares in **Leiden** geboren. Nach dem Besuch der Lateinschule und einem zweijährigen Studium an der berühmten Universität der Stadt wandte er sich seiner Leidenschaft zu, dem Zeichnen und Malen. Drei Jahre hielt es ihn noch in der Provinz in der Lehre, dann machte er sich 1632 auf nach **Amsterdam**. Bereits seine ersten Auftragsarbeiten offenbarten sein überragendes Talent und seine Virtuosität. Bilder mit dramatisch bewegten biblischen Szenen sowie ausdrucksstarke Einzel- und Gruppenporträts wie die ›**Anatomische Vorlesung des Dr. Nicolaes Tulp**‹ von 1632 für die Amsterdamer Ärztegilde verschafften ihm schnell einen Spitzenplatz unter den Künstlern der Hauptstadt. Und die Heirat mit **Saskia van Uylenburgh**, der vermögenden Nichte eines Kunsthändlers, 1634 festigte seine gesellschaftliche Stellung. Mit dem Gruppenbildnis der ›Schützenkompanie des Hauptmanns Frans Banning Cocq‹, das allgemein unter dem Titel ›**Nachtwache**‹ bekannt ist, gelang ihm 1642 eines der bedeutendsten Werke der europäischen Malerei. Als Saskia im selben Jahr erst 30-jährig an Tuberkulose starb, begann Rembrandts Abstieg. Ein extravaganter Lebensstil ohne solide Haushaltsführung, Auseinandersetzungen mit Auftraggebern und ein sich wandelnder Zeitgeschmack brachten ihn zunehmend in wirtschaftliche Bedrängnis. Doch auch in dieser Zeit entstanden **Meisterwerke** wie ›Das Bildnis des Jan Six‹ (1654), ›Der Segen Jakobs‹ (1656) oder ›Die Judenbraut‹ (um 1665). Der im Alter verarmte und zurückgezogen lebende Künstler starb 1669 ohne große öffentliche Anteilnahme. Sein Werk markiert den letzten Glanzpunkt der niederländischen Malerei des 17. Jh.

*Amsterdams Rijksmuseum bewahrt Rembrandts ›Die Judenbraut‹ (um 1665)*

exzellente altägyptische Abteilung mit weltberühmten Mumien.

In der *Lakenhal* von 1640, dem vornehmen Gildehaus der Tuchmacher, präsentiert das **Stedelijk Museum De Lakenhal** (Oude Singel 28–32, Tel. 071/5165360, www.lakenhal.nl, Di–Fr 10–17, Sa/So 12–17 Uhr) Gemälde von Leidener Künstlern wie Rembrandt, Lucas van Leyden, Jan Steen, Gerard Dou und Jan van Goyen. Hinzu kommen moderne Kunst und vielfältige Exponate zur Stadtgeschichte.

Als krönender Abschluss bietet sich das **Stedelijk Molenmuseum De Valk** (2e Binnenvestgracht 1, Tel. 071/5165353, www.molenmuseumdevalk.nl, Di–Sa 10–17, So 13–17 Uhr) an. Es ist in einer siebenstöckigen Galeriemühle von 1743 am Singelgrachtenring untergebracht und informiert über jene Zeiten, als sich etwa 10000 Mühlen im holländischen Wind drehten, Korn mahlten und das Land entwässerten.

## i Praktische Hinweise

### Information

**VVV Holland Rijnland**, Schuttersveld 9, Leiden, Tel. 071/5239090, www.hollandrijnland.nl

### Schiff

**Rederij Rembrandt**, Blauwpoortshaven 5, Beestenmarkt, Leiden, Tel. 071/513 49 38, www.reederijrembrandt.nl. Stadtrundfahrten (60 Min.) per Boot.

### Hotel

****De Doelen**, Rapenburg 2, Leiden, Tel. 071/5120527, www.dedoelen.com. Hotel mit angenehmen Zimmern in einem ehrwürdigen Stadtpalais von 1638 direkt an einer Gracht.

### Restaurants

**Annie's Verjaardag**, Hoogstraat 1a, Leiden, Tel. 071/5125737, www.annies.nu. Je nach Tageszeit ist das Lokal Café, Restaurant oder Bar – mit schöner Terrasse am Wasser.

**Café In de Oude Marenpoort**, Lange Mare 36, Leiden, Tel. 071/514 32 15, www.marenpoort.nl. Lockeres Bierlokal mit netten Plätzen im Freien.

**Het Koetshuis de Burcht**, Burgsteeg 13, Leiden, Tel. 071/5121688, www.koetshuisdeburcht.nl. Gut speisen im einstigen Kutschenhaus am Fuße der Burcht.

# 13 Lisse

*Ein Blumenmeer hinter quirligen Nordseestränden.*

Bollenstreek nennt man die Region zwischen Haarlem und Leiden, in der sich etwa 8000 Gärtnereien auf den Großhandel mit Blumen spezialisiert haben. Eine *Tulpenroute* verbindet die wichtigsten Orte und Züchtereien.

TOP TIPP Traumziel für alle Blumenliebhaber ist ohne Frage der **Keukenhof** (Stationsweg 166a, Tel. 0252/465555, www.keukenhof.nl, Mitte März–Ende Mai tgl. 8–19.30 Uhr) bei Lisse, ein 1949 gegründetes Informationszentrum zur Kultivierung von Blumen. Heute ist es eine der meistbesuchten Attraktionen Hollands: Knapp 1 Mio. Besucher strömen im Frühling über die zwischen leuchtend bunten Blumenrabatten angelegten Wege, in die aufwendig gestalteten Freiluftanlagen, Gewächshäuser und Pavillons. Etwa 8 Mio. Blumen, vor allem Tulpen, aber auch Narzissen, Hyazinthen, Rosen, Orchideen usw., verwandeln den 30ha großen Keukenhof in einen gigantischen Blütenteppich.

Der alljährlich Ende April veranstaltete **Bloemencorso** [s. S. 128], der mit seinen prächtig geschmückten Festwagen von Noordwijk über Lisse nach Haarlem führt, gilt als Höhepunkt der Tulpensaison. Das **Museum de Zwarte Tulp** (Grachtweg 2a, Tel. 0252/417900, www.museumdezwartetulp.nl, Di–So 13–17 Uhr) in Lisse beschäftigt sich mit der spannenden Geschichte der Tulpenzucht und der *Tulipomanie* des 17. Jh.

### Ausflüge

Mit seinem 13km langen Strand, der streckenweise von wenig attraktiven Hotel- und Apartmentblocks hinterfangen wird, gehört **Noordwijk aan Zee** im Sommer zum Lieblingstreff Zehntausender Sonnenanbeter und Badeurlauber.

TOP TIPP Wie Noordwijk ähnelt auch das weiter südlich gelegene **Katwijk aan Zee** englischen Seebädern auf der anderen Seite des Kanals. Im lebhaften Badeort erinnert nur noch die gedrungene, weiß getünchte *Oude Kerk* an jene alten Zeiten, als Katwijk ein beschauliches Fischerdorf war.

Schön und deshalb gut besucht sind vor allem die breiten, feinsandigen und von einem Dünengürtel gesäumten *Strände* am Südrand der Stadt.

*Die unvergleichliche Farbenpracht der Blumenfelder und -beete des Keukenhof lockt zur Blütezeit im April und Mai Scharen von Besuchern aus dem In- und Ausland an*

## Tulipomanie – der Kult um die Zwiebelblume

Hysterie an der Börse und gewissenlose Spekulanten – so neu ist dieses Phänomen nicht. Was sich zwischen Sommer 1622 und Februar 1637 in den Niederlanden rund um ein asiatisches Liliengewächs abspielte, erinnert an den Hype um die New Economy – mit den bekannten Folgen.

Die Blume aus den Steppen Asiens, die bereits in Persien und am Hof der osmanischen Sultane Aufsehen erregt hatte, war vom französischen Botaniker **Carolus Clusius** gegen Ende des 16. Jh. an die junge *Universität Leiden* gebracht worden. Die **Tulpe** wurde nun in Holland kultiviert und machte bald als Rarität Furore. Züchter boten für Pflanzen mit schönen Farbzeichnungen immer höhere Summen, bald wurden die wenige Gramm schweren Blumenzwiebeln mit einem Mehrfachen ihres Gewichtes in Gold aufgewogen. Ihr Preis stieg und stieg, Spekulanten heizten die Stimmung zusätzlich an, bald handelten Floristen ganzjährig auch Anteilscheine auf zukünftige **Zwiebeln**, die zunächst nur angezahlt werden mussten. 1633 z.B. wurde ein stattliches Haus für drei Tulpenzwiebeln verkauft, für vier andere bot ein ›Tulpenverrückter‹ eine Karosse mit sechs Pferden. Anfang 1637 wechselten drei Zwiebeln der seltenen rot-weißen **Semper Augustus** für sage und schreibe 30000 Gulden den Besitzer – ein Grachtenhaus in Amsterdam war damals schon für ein Drittel der Summe zu haben.

Und dann geschah das, was damals unvorstellbar schien: Der überhitzte Markt kühlte sich ab. Verunsicherte Anleger, darunter viele, die auf Kredit spekuliert hatten, versuchten ihre Anteile möglichst schnell zu veräußern. Doch kaum einer wollte kaufen und die Preise brachen zusammen. Zehntausende waren über Nacht ruiniert und der Tulpenwahnsinn hatte ein jähes Ende.

Heute lassen sich wieder große Geschäfte machen, die Niederlande sind der größte Tulpenproduzent der Welt. In **Aalsmeer**, das bereits 1912 die ersten Blumenauktionshäuser einrichtete, befindet sich der größte Umschlagplatz für Blumen und Pflanzen weltweit, hier werden täglich 21 Mio. Stück an Händler aus ganz Europa versteigert.

## Praktische Hinweise

### Information

**VVV Lisse**, Grachtweg 53 a, Lisse, Tel. 02 52/41 42 62, www.vvvlisse.nl

### Camping

**De Zuidduinen**, Zuidduinseweg 1, Katwijk aan Zee, Tel. 071/401 47 50, www.zuidduinen.nl. Campingplatz mit guter Ausstattung auf einem Wiesengelände in den Dünen.

### Hotel

** **Alexander Hotel**, Oude Zeeweg 63, Noordwijk aan Zee, Tel. 071/361 89 00, www.alexanderhotel.nl. Komfortables Hotel in Strandnähe mit großem Strandpavillon, in dem es sich hervorragend speisen und auch feiern lässt.

# 14 Haarlem

TOP TIPP *Malerische Gassen und beschauliche Hofjes in der Frans-Hals-Stadt.*

Das Flüsschen *Spaarne* schlängelt sich in Kurven durch die Stadt, von ihm zweigen zahlreiche Kanäle ab, die das historische Zentrum mit seinen vielen denkmalgeschützten Häusern umschließen. Schon im 10. Jh. tauchte der Name Haarlem erstmals in Urkunden auf. Um 1245 verliehen die Grafen von Holland dem Ort Stadtrechte und bald schützte ein *Wallring* die zur Residenz ernannte Stadt. Haarlems Bürger hatten einen hohen Blutzoll im Kampf gegen die spanischen Truppen des Herzogs von Alba zu zahlen: Nach Einnahme der Stadt 1573 wurden Tausende von ihnen hingerichtet. Nachdem die Spanier zu Beginn des 17. Jh. in den Südteil der Niederlande zurückgedrängt worden waren, strömten viele flämische Flüchtlinge in die Stadt. Mit ihnen begann der Aufstieg Haarlems zu einer Hochburg der Tuch- und Garnbleicherzunft. Auch in Frankreich verfolgte *Hugenotten* fanden hier eine neue Heimat und gründeten Textilmanufakturen. Haarlem, die Hauptstadt der Provinz Noord-Holland, Gewerbestandort und wichtiger Umschlagplatz der Blumenzwiebelplantagen, zählt heute 148 000 Einwohner.

Den zentralen **Grote Markt** nutzten die Grafen von Holland einst als Turnierplatz. Reich geschmückte Giebelhäuser des 17. Jh. zeugen vom Wohlstand ihrer Erbauer. Ein Standbild erinnert an den Haarlemer *Laurens J. Coster*, der zeitgleich mit Gutenberg den Buchdruck erfunden haben soll. Das **Stadhuis**, eine alte Burg der Grafen von Holland, wurde vom Stadtbaumeister Lieven de Key grundlegend verändert. 1597 gestaltete er die Außentreppe und später auch die klassizistische Fassade. Die **Vleeshal** (Grote Markt 16) von 1603 an der Südseite des Platzes ist gleichfalls ein Werk De Keys. Mit seiner prächtigen Renaissance-Giebelfassade präsentiert das einstige Zunft-

*Eine sanfte Brise bläht die bunten Segel bei Katwijk aan Zee*

*Stilistische und formale Vielfalt zeigen die noblen Backsteinhäuser am Haarlemer Grote Markt*

haus der Fleischer heute unter dem Namen De Hallen wechselnde Kunstausstellungen (Grote Markt 16, Tel. 023/511 57 75, www.dehallenhaarlem.nl, Di–Sa 11–17, So 12–17 Uhr).

TOP TIPP An der Südostseite des Grote Markt erhebt sich die **Grote** oder **St. Bavokerk** (www.bavo.nl, Mo–Sa 10–16 Uhr, im Sommer 10–17 Uhr). Rund um die spätgotische Kreuzbasilika aus dem 15. Jh. wurden einst Buden angebaut, die auch heute noch kleine Geschäfte beherbergen. Wer den 80 m hohen *Vierungsturm* hinaufsteigt, wird mit einem weiten Blick über die Stadt belohnt. Im *Kircheninneren* wird das mächtige, 125 m lange Mittelschiff mit seiner Zedernholzdecke von zwei niedrigen Seitenschiffen begleitet. Die reiche Ausstattung fiel dem Bildersturm der Reformation weitgehend zum Opfer. Heute sieht man das schöne kupferne Chorgitter von 1517 und das kunstvoll geschnitzte Chorgestühl von 1513. Der Chor birgt außerdem die Grabstätte des Malers *Frans Hals* (1580–1666), der fast sein ganzes Leben in Haarlem verbrachte. Im Übrigen dokumentieren drei von der Decke hängende alte Schiffsmodelle die enge Verbindung der nur 7 km von der Küste entfernen Stadt mit der Seefahrt. Berühmt ist aber vor allem die 1738 von Christian Müller konstruierte *Barockorgel* mit ihren mehr als 5000 Pfeifen, auf der bereits Händel und der 10-jährige Mozart musizierten. Noch heute finden hier im Sommer Konzerte statt.

Das **Corrie ten Boom Museum** (Barteljorisstraat 19, Tel. 023/531 08 23, www.cor

*Lebhafter Kontrast: Jazzmusik vor der spätgotischen St. Bavokerk in Haarlem*

*Imposante Dimensionen und stilistischer Mix: die Kathedraal St. Bavo aus der Zeit um 1900*

rietenboom.nl, Führungen April–Okt. Di–Sa 10–15.30, Nov.–März Di–Sa 11–14.30 Uhr) im Elternhaus der *Corrie ten Boom* (1892–1983), erinnert mittels Fotos und Dokumenten an die Uhrmacherin und aktive Christin Corrie. Sie und ihre Familie versteckten hier während der deutschen Besatzung Juden und Mitglieder der niederländischen Untergrundbewegung, bis sie durch einen Kollaborateur verraten wurden. Bald nach ihrer Verhaftung starb der Vater, Corrie und ihre Schwester

*›Festmahl der Offiziere der St. Georgsschützen‹ von 1616 im Frans Hals Museum*

Betsie kamen ins KZ Ravensbrück, wo letztere ebenfalls umkam. Corrie wurde im Dezember 1944 überraschend entlassen und reiste in den folgenden Jahren durch ganz Europa, um Versöhnung und Vergebung zu predigen. Ihre Autobiographie ›Die Zuflucht‹ (1971) wurde 1975 unter dem Titel ›The Hiding Place‹ verfilmt.

Wenige Schritte östlich des Grote Markt, am Spaarne-Ufer, befindet sich das 1784 eröffnete **Teylers Museum** (Spaarne 16, Tel. 023/516 09 60, www.teylersmuseum.nl, Di–Sa 10–17, So 12–17 Uhr), das älteste Museum der Niederlande. Die umfangreiche Sammlung des wohlhabenden Tuch- und Seidenhändlers *Pieter Teyler van der Hulst* (1702–1778) zeigt eine bunte Mischung aus Kunst und naturwissenschaftlichen Exponaten, z.B. Zeichnungen von Michelangelo und Raffael, aber auch Fossilien, Mineralien und physikalische Apparaturen.

In einem von der Stiftung *Groot Heiligland* betriebenen Altersheim für Männer verbrachte Frans Hals seine letzten Lebensjahre. Dieses Gebäude, 1608 von Lieven de Key errichtet, beherbergt seit 1913 das **Frans Hals Museum** (Groot Heiligland 62, Tel. 023/511 57 75, www.franshalsmuseum.nl, Di–Sa 11–17, So 12–17 Uhr) mit der Städtischen Kunstsammlung. Glanzpunkte sind Frans Hals' Regentenporträts und Schützenstücke. Hinzu kommen Meisterwerke von Jan Steen, Pieter Saenredam oder Jacob van Ruisdael.

Schon von Weitem gewahrt man die mächtige Kuppel und bewegte Dachlandschaft der südlich gelegenen **Kathedraal St. Bavo** (Leidsevaart 146, Tel. 023/5533377, www.rkbavo.nl, Di–Fr 11–16, So 15–16 Uhr). Die große Kreuzbasilika wurde ab 1890 von Petrus J.H. Cuypers erbaut und vereint mit ihren Türmchen und Kapellenanbauten gotische und arabische Stilelemente. Kostbares liturgisches Gerät wird in der *Schatzkammer* gezeigt.

In Haarlem gibt es noch etwa zwei Dutzend **Hofjes**, Wohnhöfe, die seit dem Mittelalter oft von mildtätigen Stiftungen betrieben wurden. Sie dienten als kostenfreie Altenwohnungen oder Herbergen für alleinstehende Frauen, die hier ein zurückgezogenes frommes Leben führten. Besonders schöne Beispiele der heute noch durchweg bewohnten Hofjes sind *Teylershofje* am Koudenhorn 64, *Frans Loenen Hofje* in der Witte Herenstraat 24 und *Hofje van Loo* in der Barrevoetstraat 7. Die älteste Anlage Haarlems ist das 1395 gestiftete *Hofje de Bakenesserkamer* am Wijde Appelaarsteeg 11.

### TOP TIPP Zandvoort

Nur wenige Kilometer westlich von Haarlem liegt Zandvoort, das nach Scheveningen zweitgrößte niederländische Seebad. Der 15 km lange Sandstrand mit seinen vielfältigen Sportmöglichkeiten und die strandnahen Cafés und Bars bieten reichlich Abwechslung. Darüber hinaus sorgt ein Kasino für Nervenkitzel. Der Ort ist auch für seine Rennstrecke, den Circuit Park Zandvoort, bekannt, auf dem regelmäßig Auto- und Motorradrennen ausgetragen werden.

Eine Naturidylle am Meer ist das Dünengebiet **Nationaal Park Zuid-Kennemerland** (Tel. 023/5411123, www.npzk.nl), dessen zahlreiche markierte Pfade zum Wandern und Radeln einladen.

## Praktische Hinweise

### Information

**VVV Haarlem**, Verwulft 11, Haarlem, Tel. 0900/6161600, www.vvvhaarlem.nl

**VVV Zandvoort**, Bakkerstraat 2/B, Zandvoort, Tel. 023/5717947, www.zandvoort.nl

### Schiff

**Post Verkade Cruises**, Spaarne 11a, Haarlem, Tel. 023/5357723, www.postverkadegroep.nl. Grachtenrundfahrten.

### Einkaufen

**Candlelight**, Kleine Houtstraat 4, Haarlem, Tel. 023/5326445, www.candlenet.nl. Kerzen-Kunststücke in einer der größten Kerzengießereien der Niederlande (Mi–Sa 10–17, Dez. tgl. 10–17 Uhr).

*Kurze Wege für Badende – Erfrischungen und Snacks gibt's am Strandkiosk*

### Nachtleben

**Patronaat**, Zijlsingel 2, Haarlem, Tel. 023/517 58 58, www.patronaat.nl. DJ- und Livemusik unterschiedlicher Stilrichtungen für ein tanzfreudiges Publikum.

### Hotels

***__Ambassador City Centre Hotel__, Oude Groenmarkt 20–22, Haarlem, Tel. 023/512 53 00, www.joopshotel.nl. Stilvolles Haus mit Restaurant und der Dependance Joops Hotel.

*__Stayokay__, Jan Gijzenpad 3, Haarlem, Tel. 023/537 37 93, www.stayokay.com. Hostel mit 2- bis 8-Bett-Zimmern 3 km vom Zentrum.

### Restaurants

**De Rijsttafel**, Kruisweg 70 d, Haarlem, Tel. 023/534 34 56. Köstliche indonesische Gerichte, gehobenes Preisniveau (nur abends, Mo/Di geschl.).

**De Smikkel Pannekoekhuis**, Kruisweg 57, Haarlem, Tel. 023/532 06 31. Pfannkuchen in 44 Varianten (Mo geschl.).

**Restaurant Fris**, Twijnderslaan 7-9, Haarlem, Tel. 023/531 07 17, www.restaurantfris.nl. Zeitgemäße holländisch-internationale Küche und freundliche Atmosphäre (nur abends, So/Mo geschl.).

## 15 Alkmaar

*Sommerliches Käsespektakel in der romantischen Altstadt.*

Von Anfang April bis Anfang September findet in Alkmaar der beliebte **Kaasmarkt** (www.kaasmarkt.nl, Fr 10–12.30 Uhr) statt. Schon seit 600 Jahren verkaufen die Bauern der Umgebung auf dem *Waagplein*, in der von Singelgracht und Noordhollandse Kanaal umflossenen pittoresken **Altstadt**, ihre Käsekugeln und Käselaiber. Hierbei tragen die traditionell weiß gewandeten Mitglieder verschiedener Gilden, an den Farben ihrer Hutbänder zu unterscheiden, die Partien verkauften Käses in die historische **Waag**, die mit ihren Türmchen und Spitzen an ihre frühere Bestimmung als Kapelle zum Heiligen Geist (1341) erinnert. Das Käsespektakel lockt Scharen von Urlaubern an, die das Geschehen dicht gedrängt hinter der Absperrung verfolgen. In der Waag erfahren Besucher des hier eingerichteten **Het Hollands Kaasmuseum** (Waagplein 2, Tel. 072/515 55 16, www.kaasmuseum.nl, April–Okt. Mo–Sa 10–16, Fr 9–16 Uhr, Nov.–März Sa 10–16 Uhr) viel Interessantes rund um das beliebte Milchprodukt.

Bei dem ganzen Käse sollte man aber nicht vergessen, durch die von Grachten durchzogene malerische Altstadt zu

*Von Alkmaar aus erreicht man schnell den gepflegten Strand von Egmond aan Zee*

schlendern, die noch viele historische Gebäude vor allem aus dem 17. Jh. aufweist. Die spätgotische St. Laurenskerk am Kerkplein birgt eine prächtige *Barockorgel*, gleichfalls aus dem 17. Jh.

### Ausflüge

Nur 7 km westlich von Alkmaar liegen nahe beieinander zwei hübsche Badeorte: das Seebad **Bergen aan Zee**, in dem sich zahlreiche Künstler niedergelassen haben, und südlich davon **Egmond aan Zee**. In den Sommermonaten treffen sich viele, vorwiegend holländische Urlauber an den schönen, von Dünen und Wäldern gesäumten Stränden.

## Praktische Hinweise

### Information

**VVV Alkmaar**, Waagplein 2, Alkmaar, Tel. 072/5114284, www.vvvalkmaar.nl

### Camping

**De Woudhoeve**, Driehuizerweg 8, Alkmaar, Egmond a. d. Hoef, Tel. 072/5069555, www.woudhoeve.nl. Von Kanälen durchzogenes Gelände an einem See etwa 2,5 km vom Meer.

### Restaurant

**Het Hof van Alkmaar**, Hof van Sonoy 1, Alkmaar, Tel. 072/5121222, www.hofvanalkmaar.nl. Moderne Küche in hübschem Ambiente mit begrüntem Hof.

### Bar

**Café Lindeboom**, Verdronkenoord 114, Alkmaar, Tel. 072/5121743, www.lindeboom-alkmaar.nl. Bier und Jenever in geselliger Atmosphäre.

*Im Laufschritt wird der Käse auf dem Markt von Alkmaar zur Stadtwaage transportiert*

# 16 Hoorn

*Seefahrerhafen mit dem Duft der großen weiten Welt.*

Die Stadt am Ijsselmeer blickt auf eine große Seefahrer-Vergangenheit zurück. Kapitän *Willem Schouten* brach 1616 von Hoorn auf, um mit seinem Segler als Erster die Südspitze Südamerikas zu umrunden, die er Kap Hoorn taufte, um den Pazifik zu erreichen. Die Fahrten von *Abel Tasman*, der 1642 Neuseeland und Tasmanien entdeckte, nahmen ebenfalls hier ihren Ausgangspunkt. Und dann gab es da noch *Jan Pietersz. Coen*, den Begründer der Kolonie Niederländisch-Ostindien, des heutigen Indonesien. An ihn erinnert ein Standbild auf dem **Rode Steen**, dem Marktplatz von Hoorn. Hier steht auch die 1609 nach Plänen von Hendrik de Keyser errichtete öffentliche Waage. In einem reich verzierten Giebelhaus von 1632 erläutert das **Westfries Museum** (Rode Steen 1, Tel. 0229/28 00 22, www.wfm.nl, Mo–Fr 11–17, Sa/So 13–17 Uhr) die Geschichte der Stadt, deren Patrizier-, Speicher- und Kontorhäuser heute noch von der vergangenen Größe künden, und beschäftigt sich mit den kolonialen Eroberungen, die von Hoorn ihren Ausgang nahmen. Im Hafengelände zeugt der stattliche, 1542 als Wehrturm erbaute **Hoofdtoren** von kriegerischen Zeiten.

*Auch bei einer Grachtenrundfahrt kann man einen Blick auf die historische Waag werfen*

## Enkhuizen

Rund 10 km nordöstlich von Hoorn gelegen, war Enkhuizen einst Zentrum des Pfefferhandels der Verenigde Oost-Indischen Compagnie. Damals lagen stets mehrere Fernsegler im Hafen, heute steuern Freizeitkapitäne die Marina an. Ein Spaziergang durch den zauberhaften Ortskern der Hafenstadt sollte das TOP TIPP **Zuiderzee Museum** (Wierdijk 12–22, Tel. 0228/35 11 11, www.zuiderzeemuseum.nl, tgl. 10–17 Uhr) einschließen. In dem einstigen Lagerhaus (17. Jh.) der Oost-Indischen Compagnie sind zahlreiche Exponate zur Schifffahrt und zum Fischereiwesen in der Zuiderzee, dem heutigen Ijsselmeer, zusammengetragen. Zum Museum gehört auch der 500 m weiter nördlich gelegene *Museumspark* mit alten Bauernhäusern, öffentlichen Gebäuden, einer Kirche und Handwerksbetrieben aus der Region. Das ansprechende Ensemble veranschaulicht Lebens- und Arbeitswelt des alten Holland.

## Medemblik

Die Hafenstadt Medemblik nördlich von Hoorn wurde im Jahre 334 erstmals in Dokumenten erwähnt. Hauptattraktion des ältesten Orts von Westfriesland ist das **Kasteel Radbout** (Oudevaartsgat 8,

www.kasteelradboud.nl, Tel. 0227/54 19 60, Mai–Mitte Sept. Mo–Sa 11–17, So 14–17 Uhr, sonst nur So 14–17 Uhr), die aus dem 7. Jh. stammende Burg des Friesenfürsten Radbout. Sie wurde im 13. Jh. zur Zwingburg der Grafen von Holland ausgebaut. Die pittoreske, von einem Wassergraben umgebene Burg, im 19. Jh. wieder hergestellt, ist heute auch Schauplatz von Konzerten und Kinderprogrammen.

## Praktische Hinweise

### Information

**VVV Hoorn**, Veemarkt 44, Hoorn, Tel. 0229/21 83 43, www.vvvhoorn.nl

**VVV Enkhuizen**, Tussen Twee Havens 1, Enkhuizen, Tel. 0228/31 31 64, www.vvvenkhuizen.nl

### Hotel

*****Die Port Van Cleve**, Dijk 76, Enkhuizen, Tel. 0228/31 25 10, www.dieportvancleveenkhuizen.nl Gemütliche Herberge mit Restaurant nicht weit vom Wasser.

### Restaurant

**De Waag**, Rode Steen 8, Hoorn, Tel. 0229/21 51 95, www.dewaaghoorn.nl Zeitgenössische internationale Küche in der alten Waage (tgl. ab 11 Uhr geöffnet).

**Oben:** *Beschaulich wirkt der Hafen von Hoorn heute, die großen Entdeckungsfahrten sind schon längst Geschichte.* **Unten:** *Der Hoofdtoren empfängt schon seit Jahrhunderten die Schiffe im Hafen von Hoorn*

**Hendrickje-Stoffels**, Oude-Doelenkade 3–5, Hoorn, Tel. 0229/21 04 17, www.hendrickje-stoffels.nl. Holländische und internationale Gerichte in gepflegtem Ambiente (Mi/Do geschl.)

## Präsent auf allen Weltmeeren – als Holland Großmacht war

1602 gründeten holländische Kaufleute die **Verenigde Oost-Indische Compagnie** als erste Aktiengesellschaft für den Handel mit Produkten aus Indien, Indonesien und dem fernen Osten. 1621 folgte die **Verenigde West-Indische Compagnie**, die schon bald Niederlassungen in der Neuen Welt hatte, an der Ostküste von Nord- und Südamerika sowie in der Karibik. Nur wenig später kamen noch Stützpunkte im diamantenreichen Südafrika hinzu. 1605 gaben holländische Seefahrer dem heute als Australien bekannten Kontinent den Namen Neu-Holland. Der Kapitän **Willem Schouten** aus der Hafenstadt Hoorn umsegelte 1616 als Erster die heute Kap Hoorn genannte Südspitze Südamerikas. Der Friese **Pieter Minuit** kaufte 1626 im Auftrag der West-Indischen Compagnie Indianern an der Ostküste Nordamerikas die bei der Mündung des Hudson River in den Atlantik gelegene Halbinsel Manhattan ab. Dort gründete er eine Niederlassung namens Nieuw Amsterdam. Sie wurde später von den Engländern zu Ehren des Herzogs von York in **New York** umgetauft. 1642 entdeckte der Holländer **Abel Tasman** im Südpazifik die Inseln des heutigen Neuseeland.

Nach der Vertreibung der Spanier aus den Niederlanden erlebte das Land im 17. Jh., seinem Goldenen Zeitalter, einen ungeheuren wirtschaftlichen Aufschwung. Die Randlage im Nordwesten des europäischen Kontinents geriet zum strategischen Vorteil. Holländische Schiffsbauer entwickelten schnelle und wehrhafte Segler, mit denen Admirale und Kaufleute den Interessen des Landes weltweit Respekt verschaffen konnten. In den **Kolonien**, z.B. in Niederländisch-Ostindien, dem heutigen Indonesien, bauten einheimische Zwangsarbeiter und Sklaven die in Europa begehrten Waren wie Muskat, Pfeffer, Palm- und Kokosöl, Kaffee, Tee, Kakao oder Tabak an, mit denen die Aktionäre der Kolonialgesellschaften ein Vermögen verdienten. Auch beim Handel mit **Arbeitssklaven** fuhren holländische Händler und Kapitäne märchenhafte Gewinne ein. Bereits 1609 landete ein holländischer Segler mit den ersten für Nordamerika bestimmten afrikanischen Sklaven in Jamestown, der neu gegründeten britischen Kolonie Virginia.

Erst die Auseinandersetzungen mit der gleichfalls aufstrebenden Seefahrernation **England** ab der zweiten Hälfte des 17. Jh. setzten dem Drang nach weltweiter Präsenz und Herrschaft Grenzen. Die Niederlande mussten sich auf die Ausbeutung weniger Kolonialgebiete konzentrieren, deren Ausdehnung jedoch die des Mutterlandes immer noch um ein Vielfaches übertraf.

*Historische Stadtansicht der 1619 von der Verenigde Oost-Indische Compagnie gegründeten indonesischen Stadt Batavia, des heutigen Jakarta*

*Elegant postiert: Das Standbild des Jan Pietersz. Coen auf dem Rode Steen vor dem Westfries Museum*

## 17 Den Helder

*Marinestützpunkt und Fährhafen zu den Inseln im Wattenmeer.*

Die militärisch-maritime Tradition des einstigen Fischerortes Den Helder reicht bis 1811 zurück, als Napoleon den Hafen gegen die Briten zum *Gibraltar des Nordens* befestigen ließ. Heute fungiert er als Hauptstützpunkt der Niederländischen Kriegsmarine. Hier liegen Schnellboote, Zerstörer und U-Boote vor Anker. Besucher des *Cape Holland Attractiepark* können im **Marinemuseum** (Hoofdgracht 3, Tel. 0223/657534, www.marinemuseum.nl, Mo–Fr 10–17, Sa/So 12–17, Nov.–April Mo geschl.) die niederländische Seefahrtsgeschichte Revue passieren lassen. Interessante Ausstellungsstücke sind z.B. zwei ausgemusterte Kriegsschiffe und der Minensucher *Abraham Crijnssen*, der 1942 – als tropische Insel getarnt – den Japanern in Niederländisch-Ostindien durch die Netze ging.

Im **Nationaal Reddingmuseum Dorus Rijkers** (Willemsoord 60 G, Tel. 0223/618320, www.reddingmuseum.nl, Mitte März–Anfang Nov. Mo–Fr 10–17, Sa/So 12–17 Uhr, sonst nur So) wird die Arbeit der holländischer Seenotrettung dokumentiert. Im Museumshafen liegen einige der Schiffe und Motoryachten vertäut. Während der wärmeren Jahreszeit kann man auch eine Fahrt mit einem Rettungsboot (tgl. 13–16 Uhr) unternehmen.

In dem zu Den Helder gehörenden Ort *Huisduinen* ragt der 1887 aus Gusseisen errichtete signalrote Leuchtturm **De Lange Jaap** 57 m hoch in den holländischen Himmel.

### i Praktische Hinweise

#### Information

**VVV Den Helder**, Bernhardplein 14, Den Helder, Tel. 0223/625544, www.vvvdenhelder.nl

#### Schiff

**Teso Bootdienst**, Havenplein 3, Den Helder, Tel. 0222/369600, www.teso.nl. Autofähre von Den Helder nach Texel.

#### Camping

**De Donkere Duinen**, Jan Verfailleweg 616, Den Helder, Tel. 0223/614731, www.donkereduinen.nl. Schöner baumbestandener Platz etwa 800 m vom Meer mit vielfältigen Sportmöglichkeiten, Dünenwald und Streichelzoo.

AMSTEL BIER
DE GRIË
geopend
vanaf
dinsdag
gesloten
Zomer Zotheid
Roomijs met
aardbeien, kersen
slagroom
9,50

# Westfriesische Inseln, Friesland und der Norden – Urlaubsperlen im Wattenmeer und fruchtbare Marschen

Friesische Bauernhäuser stemmen sich mit ihren tief heruntergezogenen Dächern gegen den Wind. Viele von ihnen stehen auf *Terpen*. Diese künstlichen Erdhügel sollten in der Vergangenheit den Menschen Schutz bieten, wenn Sturmfluten das flache Land unter Wasser setzten. Heute ist das Land durch Deiche geschützt. Die Marschen entlang der Küste werden für Viehzucht und Ackerbau genutzt. Im Hinterland zieht sich die **Friesische Seenplatte** bis an die Küste des Ijsselmeers. Gemütliche Dörfer und die beiden größeren Städte **Leeuwarden** und **Groningen** lohnen mit ihren schönen historischen Zentren und interessanten Museen einen Besuch. Das gilt genauso für die Kette vorgelagerter Inseln, die **Waddeneilanden** genannt werden. Bei Ebbe fallen große Teile des Meeresbodens zwischen den Inseln und dem Festland trocken. Auf dem von Wasserläufen, den Prielen, durchzogenen schlickigen Grund kann man wandern – jedenfalls sofern man sich auskennt und die genaue Zeit der nächsten Flut beachtet. Bis auf das nordholländische **Texel** und einige kleine Eilande im Nordosten, die zur Provinz Groningen zählen, gehören die Wattinseln zu Friesland. Mit ihren breiten Sandstränden, den bis zu 30 m hohen Dünen und den kleinen Kiefernwäldchen sind die Inseln beliebte Ziele für Sommerurlauber.

## 18 Texel

*Wasservögel, Schafe und Sommerurlauber auf Hollands Wattinsel.*

Von Den Helder aus setzt man per Autofähre nach Texel über. Das 25 km lange und 8 km breite Eiland, die größte der niederländischen Wattinseln, gehört noch zur Provinz Noord-Holland. In den Sommermonaten kommen zu den 13 000 ständigen Bewohnern über 30 000 Urlaubsgäste hinzu, die von den endlos scheinenden *Stränden* entlang der Westküste angezogen werden. Das flache Eiland eignet sich aber auch hervorragend für erholsame Spaziergänge. Zu Fuß oder mit dem Rad lassen sich Texels Naturreservate und Vogelschutzgebiete erkunden.

**Oben:** *In Harlingen an der Waddenzee liegen sog. Plattbodenschiffe vor Anker*
**Unten:** *Putzige Kneipen wie ›De Grië‹ laden auf Terschelling zum Einkehren ein*

**Den Burg** ist der zentral gelegene Hauptort der Insel mit Einkaufszentrum, Kino und einem kleinen Heimatmuseum. Im Umland werden Deichwiesenlämmer gezüchtet, deren zartes Fleisch zu den Delikatessen in den Gourmetrestaurants in ganz Holland gehört.

Bei **Den Hoorn** im Südwesten der Insel erhebt sich der schlanke weiße *Turm* der reformierten Kirche, der schon im 16. Jh. vorbeifahrenden Schiffen als Landmarke diente. Das an der Westküste gelegene Dorf **De Koog** zieht in den Sommermonaten die Urlauber scharenweise an, denn hier erstreckt sich das schönste Strandgebiet der Insel. Wassersport wird an der Küste natürlich groß geschrieben: Parachuting, Katamaran-Segeln, Seekajak, Windsurfen – alles ist im Angebot. Das naturhistorische Museum **EcoMare** (Ruijslaan 92, Tel. 0222/317741, www.ecomare.nl, tgl. 9–17 Uhr) beleuchtet den Naturraum Meer in all seinen Facetten. In der zugehörigen Aufzuchtstation küm-

**Oben:** *In Den Hoorn auf Texel lassen sich Kühe das Gras vor der kleinen Kirche schmecken*
**Rechts:** *Der feinsandige Strand von Terschelling begeistert große und kleine Badeurlauber*

mert man sich um verwaiste oder verletzte Seehunde. Die Mitarbeiter veranstalten außerdem Führungen durch einen geschützten *Dünenpark* sowie durch die artenreichen Natur- und Vogelschutzgebiete von *Schorren*, *Dijkmanshuizen* und *Bol*.

Beim alten Hafen **Oudeschild** auf der Wattenmeerseite, in dem sich heute Freizeitboote ein Stelldichein geben, lohnt das originelle **Maritiem en Jutters Museum** (Barentszstraat 21, Tel. 02 22/31 49 56, www.texelsmaritiem.nl, Di–Sa 10–17, So 12–17 Uhr, Juli/Aug. auch Mo 10–17 Uhr) mit einer interessanten *Jutterij*-(Strandgut) Sammlung und alten Schiffsmodellen einen Besuch.

## Praktische Hinweise

### Information

**VVV Texel**, Emmalaan 66, Den Burg, Tel. 02 22/31 47 41, www.texel.net

### Öffentliche Verkehrsmittel

Busse fahre regelmäßig alle sieben Dörfer der Insel an.

### Schiff

**Rederij Teso**, Havenplein 3, Den Helder, Tel. 02 22/36 96 00, www.teso.nl. Autofähre von Den Helder nach Texel.

**Garnalenkotter**, TX 10 Emmie, Tel. 06/51 49 86 14, und TX 35 De Zeester, Tel. 06/51 52 81 74. Ausfahrten zum Krabbenfang und zum Angeln (Ostern bis Nov.).

### Camping

**De Krim**, Roggeslootweg 6, De Cocksdorp, Tel. 02 22/39 01 12, www.krim.nl. Schönes Dünen- und Wiesengelände im Norden der Insel, auch Bungalows, angrenzend ein Golfplatz.

### Hotels

******Opduin**, Rujslaan 22, De Koog, Tel. 02 22/31 74 45, www.opduin.nl. Gepflegte Anlage am Dünenrand mit geräumigen Zimmern mit überwiegend prächtigen Panoramablicken über Strand und Meer. Drei Restaurants befinden sich im Haus.

**Pension Brinkvis, Brink 12, De Koog, Tel. 02 22/3175 45, www.brinkvistexel.nl. Gemütliche Herberge mit freundlichen Gastgebern. Fahrradverleih im Haus.

### Restaurants

**De Taveerne**, Dorpsstraat 119–121, De Koog, Tel. 02 22/3175 85, www.taveerne texel.nl. Köstlich sind die Lamm- und Fischgerichte (Mo/Di geschl.).

**'t Vierspan**, Gravenstraat 3, Den Burg, Tel. 02 22/31 31 76. Spitzenrestaurant der Insel, besonders empfehlenswert ist das zarte Deichwiesenlamm.

## 19 Terschelling

TOP TIPP *Idyllisches Urlauberparadies vor der friesischen Küste.*

Die 30 km lange und bis zu 5 km breite Insel, die zweitgrößte des Wattenmeers, ist mit einer Fähre vom Festlandhafen Harlingen aus zu erreichen. Im Sommer lockt Terschelling nicht nur Menschen, sondern auch Zugvögel in Scharen an. Die Urlauber kommen nach West-Terschelling und Midsland und genießen den feinen, von Dünen gesäumten **Sandstrand** entlang der Nordsee, während die Vögel den Osten bevorzugen. Sie brüten im **Reservaat Boschplaat**, das man nach der Brutperiode bei einer Planwagentour (Tel. 05 62/44 88 37) erkunden kann.

Wer einmal Pause vom Strandleben machen möchte, kann sich im Hafenort West-Terschelling umsehen. Hier ist in einem ehem. Kapitänshaus aus dem 17. Jh. das **'t Behouden Huys** (Commandeursstraat 30–32, Tel. 05 62/44 23 89, www.behouden-huys.nl, April–Okt. Mo–Fr 10–17, Sa 13–17, 15. Juni–1. Okt. auch So 13–17 Uhr) untergebracht, das die Geschichte der Insel illustriert. Das **Centrum Voor Natuur en Landschap** (Burgemeester Reedekerstraat 11, Tel. 05 62/44 23 90, www.natuurmuseumterschelling.nl, April–Okt. Mo–Fr 9–17, Sa/So 14–17 Uhr, ansonsten nur Sa/So 14–17 Uhr) stellt Pflanzen und Tiere der Insel vor. Herzstück der Ausstellung ist ein großes Aquarium.

## Praktische Hinweise

### Information

**VVV Terschelling**, Willem Barentszkade 19 a, West-Terschelling, Tel. 05 62/44 30 00, www.vvvterschelling.nl

### Schiff

**Rederij Doeksen**, Willem Barentszkade 21, West-Terschelling, Tel. 05 62/44 20 02, www.rederij-doeksen.nl. Verbindung zwischen Terschelling und Harlingen.

### Camping

**Kampeerterrein Nieuw Formerum**, Duinweg Formerum 13, Terschelling, Tel. 05 62/44 89 77, www.nieuwformerum.nl. Durch Büsche und Bäume unterteiltes Wiesengelände etwa 1,5 km vom Strand entfernt.

### Hotel

****Sandton Paal 8 Hotel aan Zee**, Badweg 4, West-Terschelling, Tel. 05 62/44 90 90, www.sandton.eu. Modernistische Architektur in den Dünen, hell und freundlich.

### Restaurant

**De Grië**, Oosterend 43, West-Terschelling, Tel. 05 62/44 84 99, www.grie.nl. Erlesene Küche in einem umgebauten Bauernhaus mit Blick auf die Dünen.

# 20 Vlieland

*Schmale Wattinsel mit abwechslungsreicher Dünenlandschaft.*

Besucher müssen ihr Auto am Festlandhafen Harlingen stehen lassen, sie können die 20 km lange und bis zu 2 km breite, von Kiefernwald und Dünen bedeckte Insel westlich von Terschelling zu Fuß, per Fahrrad oder per Inselbus erkunden. Nur wenige Hundert Insulaner bewohnen heute Vlieland. Im Sommer jedoch vervielfacht sich die Zahl durch die Urlauber, die der rund 12 km lange Sandstrand an der Westseite anlockt.

Eine ungeheure Sturmflut spülte 1746 Teile der Insel mit der Ansiedlung West-Vlieland ins Meer und riss 1600 Menschen in den Tod. Dem verbliebenen Eiland mit dem Ort **Oost-Vlieland**, kurz Vlieland genannt, der heute rund 1000 Einwohner zählt, verleihen einige Giebelhäuser des 17. Jh. seinen typischen idyllisch-nostalgischen Charme.

Das 1575 erbaute **Tromp's Huys** (Dorpsstraat 99, Okt.–April Di–Sa 14–17, Mai–Sept. Di–Fr 11–17, Sa 14–17 Uhr) bewahrt als Museum zur Lokalgeschichte Gemälde, Geschirr und Gläser sowie die Kunstsammlung der aus Norwegen stammenden Malerin Betzy Akersloot-Berg (1850–1922), die das Haus einst bewohnte.

## Praktische Hinweise

### Information

**VVV Vlieland**, Havenweg 10, Vlieland, Tel. 05 62/45 11 11, www.vvvvlieland.nl

**Informatiecentrum De Noordwester**, Dorpstraat 150, Tel. 05 62/45 17 00, www.denoordwester.nl, Juni–Sept. Mo–Fr 10–12 und 13–17, Sa 14–17, So 13–16 Uhr, sonst eingeschränkt. Informationen zur Flora und Fauna der Insel, zudem werden geführte Inseltouren mit Vogelbeobachtung angeboten.

### Schiff

**Rederij Doeksen**, Havenweg 8, Vlieland, Tel. 05 62/44 20 02, www.rederij-doeksen.nl. Verbindet Vlieland und Harlingen.

### Hotel

*****Badhotel Bruin**, Dorpsstraat 88, Vlieland, Tel. 05 62/45 28 28, www.badhotelbruin.com. Schön gestyltes Haus mit Bar und mediterraner Küche.

*Attraktiver Anblick: ein Ferienhäuschen auf der Insel Vlieland*

*Die Kommandeurshäuschen auf Ameland bewohnten einst die Kapitäne der Walfängerflotte*

## 21 Ameland

*Die Schönheitskönigin der Wattinseln lockt mit Strand und Dünen.*

Mit seinen Dünen, Wäldern und Vogelschutzgebieten gehört Ameland zu den Naturschönheiten der Wattinseln. Die vier kleinen Dörfer Hollum, Ballum, Buren und der Fährort Nes mit den alten Kommandeurshäuschen haben viel von der Atmosphäre der Walfängerzeit im 18./19. Jh. bewahren können. Ein echter ›Hingucker‹ ist der Eingang der Schule in Nes, der aus meterhohen Walknochen gestaltet wurde. Heute lebt die kleine Insel mit ihrem kilometerlangen Strand vorwiegend vom Tourismus.

### i Praktische Hinweise

Information **VVV Ameland**, Bureweg 2, Nes
Ameland, Tel. 05 19/54 65 46, www.vvvameland.nl

#### Schiff

**Wagenborg Passagiersdiensten**, Ameland, Tel. 05 19/54 61 11, Lauwersoog, Tel. 05 19/34 90 50, www.wpd.nl. Von Holwerd benötigt die alle 2 Std. verkehrende Fähre 45 Min. bis nach Ameland.

#### Camping

**Duinoord**, Jan van Eijckweg 4, bei Nes, Tel. 05 19/54 20 70, www.campingduinoord.eu. Naturbelassenes Dünenareal gleich am Dünenkamm mit vielfältigem Freizeitangebot.

#### Hotel

******Resort Hotel Amelander Kaap**, Oosterhiemweg 1, Hollum, Tel. 0347/ 75 04 17, www.hotelamelanderkaap.nl. Komfortable Ferienanlage mit geräumigen Zimmern und Apartments, dazu Restaurant, Bistro, Sauna, Pools und Tennisplätze.

## 22 Schiermonnikoog

TOP TIPP *Einer der schönsten Strände Europas lockt zahlreiche Badeurlauber an.*

Die 1982 zum Nationalpark erklärte autofreie Insel Schiermonnikoog hat heute knapp 1000 Einwohner. Bis zur Reformation lebten hier nur die Mönche eines Zisterzienserklosters. Im Ort Schiermonnikoog informiert das **Bezoekerscentrum** (Torenstreek 20, Tel. 05 19/53 16 41, www.activiteitenopschiermonnikoog.nl, Juli/August tgl. 10–17 Uhr, ansonsten Mo–Sa 10–12 und 13.30–17, So 10–14 Uhr) über die Insel und ihre Vogelschutzgebiete Kapeglob, Westerduinen und Kobbeduinen. Der feine **Sandstrand** an der Nordküste gehört zu den schönsten in Europa. Ob Sonnenanbeter, Surfer oder Schwimmer, hier sind alle in ihrem Element.

*Pittoresk: Ein üppiger Teerosenbusch ziert ein Häuschen auf der Insel Schiermonnikoog*

## Praktische Hinweise

### Information

**VVV Schiermonnikoog**, Reeweg 5, Schiermonnikoog, Tel. 05 19/53 12 33, www.vvvschiermonnikoog.nl

### Schiff

**Wagenborg Passagiersdiensten**, Ameland, Tel. 05 19/54 61 11, Lauwersoog, Tel. 05 19/34 90 50, www.wpd.nl. Von Lauwersoog benötigt die mehrmals täglich verkehrende Fähre 45 Min. bis nach Schiermonnikoog.

### Hotel

****Graaf Bernstorff Hotel Appartementen**, Reeweg 1, Schiermonnikoog, Tel. 05 19/53 20 00, www.bernstorff.nl. Moderne Anlage mit Hotelzimmern und Apartments. Das Restaurant besitzt eine schöne Terrasse.

### Restaurant

**Van der Werff**, Reeweg 2, Schiermonnikoog, Tel. 05 19/53 12 03. Charmantes Restaurant im Traditionshotel der Insel.

# 23 Harlingen

*Schmucke Hafenstadt mit schönem Ensemble alter Patrizierhäuser.*

In Harlingen (friesisch *Harns*), dem Fährort an der Waddenzee, kann man Plattbodenschiffe für Rundfahrten mieten, auch komplett mit Kapitän. Die traditionellen Segler mit einem fast ebenen Boden fallen bei Ebbe auf dem Watt trocken ohne umzukippen. Im früheren Importhafen für Weine aus Spanien und Portugal liegt heute der größte Teil der niederländischen Krabbenkutterflotte.

Dem Jungen, der einer Legende nach eine Überflutung der Stadt verhinderte, indem er ein Loch im Deich mit seinem Finger verstopfte, ist in der denkmalgeschützten Altstadt das *Jonkje-Monument* (1962) von Johan Jorna gewidmet.

In einem der stattlichen Patrizierhäuser des Zentrums ist das **Hannemahuis Centrum voor Harlinger Cultuur en Historie** (Voorstraat 56, Tel. 05 17/41 36 58, www.hannemahuis.nl, Di–Fr 11–17, Sa/So 13.30–17 Uhr) untergebracht. Die Ausstellung macht die Geschichte des Ortes und die Gefahren der Seefahrt lebendig. Gezeigt werden kostbare Interieurs, Kunsthandwerk, Gemälde, alte Karten, Stadt- und Schiffsmodelle.

Besonders im Westen Frieslands, nördlich und südlich der Linie Harlingen–Leeuwarden, fallen rund 12 m hohe Erdhügel mit abgeflachter Kuppe ins Auge. Meist befindet sich ein Gebäude auf ihnen, ein friesischer Bauernhof oder die Dorfkirche. Im schleswig-holsteinischen Nordfriesland nennt man sie Warften, hier heißen die schon seit 2000 Jahren als Schutz vor der Flut errichteten Hügel **Terpen**. Nicht selten zogen die Friesen später Deiche zwischen einzelnen Terpen und versuchten so, ihre Felder vor dem regelmäßigen Ansturm der Nordsee zu schützen.

## Praktische Hinweise

### Information

**Tip Info Harlingen** , Grote Bredeplaats 17 B, Harlingen, Tel. 05 17/43 02 07, www.harlingen-friesland.nl

### Schiff

**Rederij Doeksen**, Waddenpromenade 5, Harlingen, Tel. 09 00 36 35 736, www.rederij-doeksen.nl. Fähren nach Terschelling und Vlieland.

### Hotel

**Anna Casparii**, Noorderhaven 69, Harlingen, Tel. 05 17/41 20 65, www.annacasparii.nl. Komfortable

### Friesisch herb – Volksstamm mit Selbstbewusstsein

Wer den Nordosten der Niederlande bereist, kann es nicht übersehen: Die Region ist **zweisprachig**. Die Orte Sneek und Sloten werden gleichzeitig als Snits und Sleat angekündigt. Die Provinz Friesland heißt Fryslân. Und ihre Hauptstadt Ljouwert kennen die meisten besser als Leeuwarden. Dabei ist das **Friesische** nicht etwa ein holländischer Dialekt, sondern eine eigene, wenn auch verwandte Sprache. Die überwiegende Mehrheit in Friesland versteht Frysk, drei Viertel der etwa 600 000 Friesen unterhalten sich in der friesischen Mundart – nicht nur privat, sondern sogar in Regionalparlamenten und Gemeindevertretungen. Vorbei sind die Zeiten, in denen man vom Friesischen abfällig als ›Dünenplatt‹ sprach. Es gibt eine Akademie für die friesische Kultur in Leeuwarden und es bestehen Verbindungen zu Ost- und Nordfriesen bis hinauf an die süddänische Nordseeküste.

Schon im ersten vorchristlichen Jahrhundert berichteten die Römer von den Friesen als einem Volk, das in den unwirtlichen Küstenmarschen lebte. **Bonifatius**, der Bekehrer der Heiden, wurde vermutlich 754 bei Dokkum von Friesen erschlagen. Erst im 14. Jh. gelang es den **Grafen von Holland**, das kampflustige Volk zu unterwerfen.

Heute pochen die Friesen in den Niederlanden erfolgreich auf ihre Rechte. Großer Wert wird vor allem auf den Sprachunterricht an Schulen und damit auf die Bewahrung der friesischen Kultur gelegt. Vom Stolz der Friesen zeugt auch das schräg blau-weiß gestreifte **friesische Banner** mit den sieben roten Seerosenblättern, das man zwischen Dokkum und Harlingen recht häufig sehen kann.

*In der Provinz Friesland flattert allenthalben das Seerosen-Banner im Wind*

*Wer braucht schon ein Hotel? Gesellige Hausboot-Tour auf der Friesischen Seenplatte*

### Über Seen und Flüsse – mit dem Sportboot unterwegs

Von Leeuwarden nach Südwesten bis zum Ijsselmeer erstreckt sich die **Friesische Seenplatte**, ein fruchtbares Gebiet mit einer mehr als 60 km langen Kette von Seen, die durch Kanäle, Bäche und kleine Flüsse miteinander verbunden sind. Freizeitkapitäne schätzen das ›Friese Merengebied‹ als eines der größten zusammenhängenden **Erholungs- und Wassersportgebiete** in Westeuropa. Mit dem Sneeker Meer, dem Tjeukemeer, dem Slotermeer und dem Heegermeer reihen sich die vier größten friesischen Binnenseen südöstlich von **Sneek** aneinander. Kein Wunder, dass die größte Marina Hollands gerade in dieser Stadt zu finden ist, und die **Sneekweek** (www.sneekweek.nl) im August zu den wichtigsten Segelwettbewerben des Landes zählt. Höhepunkt sind die Rennen der Skûtjes, flacher Frachtensegler mit geringem Tiefgang, die an der deutschen Nordseeküste Plattbodenschiffe heißen.

Zimmer in Hafennähe. Im Restaurant wird fangfrischer Fisch zubereitet.

## 24 Franeker

*Mittelalterliche Friesenstadt mit Privatplanetarium aus dem 18. Jh.*

Einige historische Professorenhäuser in der Voorstraat erinnern noch daran, dass Franeker von 1585 bis zu ihrer Schließung durch Napoleon 1811 Sitz der renommierten Friesenuniversität war. Der französische Philosoph René Descartes und Pieter Stuyvesant, der später zum Gouverneur der nordamerikanischen Kolonie Nieuw Amsterdam ernannt wurde, waren zwei ihrer berühmtesten Studenten.

Die **Martinikerk**, eine dreischiffige Basilika von 1421, und das dekorative, im Stil der niederländischen Renaissance erbaute **Stadhuis** von 1591 dominieren das Zentrum der Altstadt.

In einem unscheinbaren Bürgerhaus gegenüber vom Rathaus ist das älteste Planetarium der Welt beheimatet, das **Koninklijk Eise Eisinga Planetarium** (Eise Eisingastraat 3, Tel. 0517/39 30 70, www.planetarium-friesland.nl, Di–Sa 10–17, So 13–17 Uhr, April–Okt. auch Mo 13–17 Uhr). Mittels einer komplizierten Mechanik aus Eichenholzrädern, an der er 1774–81 baute und die bis heute präzise funktioniert, versuchte der Wollkämmer *Eise Eisinga*, seinen Mitbürgern den Lauf der Planeten zu erläutern und ihnen damit die damals grassierende Furcht vor einem Zusammenstoß der Himmelskörper zu nehmen. Es hieß, bei dieser Kollision würde die Erde aus ihrer Bahn geschleudert und anschließend in der Sonne verglühen.

### i Praktische Hinweise

#### Information

**VVV Franeker**, Dijkstraat 26, Franeker, Tel. 09 00/540 00 01, www.friesekust.nl

## 25 Workum und Makkum

*Geschichtsträchtige Städtchen am Bade- und Surferdorado Ijsselmeer.*

Auch im *Ijsselmeer*, dem Binnensee zwischen den Provinzen Noord-Holland, Flevoland und Friesland, wird gebadet, gesegelt und gesurft. Workum und Makkum sind historische Friesenstädtchen.

*Imposante Anlage: Das doppeltürmige Waterpoort (1613) der alten Stadtbefestigung in Sneek*

**Workum** wurde bereits 1255 gegründet. Alte friesische Giebelhäuser, überwiegend aus dem 17. Jh., rahmen das Rathaus mit seiner schönen Rokokofassade. Die alte Waage (1650) auf dem Marktplatz beherbergt heute das *Museum Warkums Erfskip* (Merk 4, Tel. 05 15/54 12 31, www.warkumserfskip.nl, Di–Sa 11–17, So/Mo 13.30–17 Uhr) zur Stadtgeschichte.

In **Makkum** wird seit dem 16. Jh. getöpfert. Seit mehr als 300 Jahren in Familienbesitz, fertigt *Tichelaars Koninklijke Aardewerken* (Turfmarkt 65, Tel. 05 15/23 13 41, www.tichelaar.nl, Führungen nur in holländischer Sprache, Verkaufsraum Di–Fr 9–17.30, Mo ab 13 Uhr, Sa 10–17 Uhr) exquisites Porzellan mit friesischen Dekors, die auch beim königlichen Hof großen Anklang und Absatz finden.

### i Praktische Hinweise

#### Information

**VVV Workum**, Merk 4, Workum, Tel. 05 15/54 10 45, www.vvvworkum.nl

#### Hotel

***__Beach Resort Makkum__, Langezand 2, Makkum, Tel. 05 15/23 22 85, www.makkumbeach.nl. Anlage mit Zimmern, Apartements und Villen.

## 26 Sneek

*Tor zur Friesischen Seenplatte und größter Yachthafen des Landes.*

Die Stadt Sneek liegt am Rande der *Friesischen Seenplatte*, einem beliebten Wassersportrevier, und verfügt über die größten Marinas des Landes. Das malerische **Waterpoort** von 1613 am südlichen Innenstadtrand, ein monumentales Brückentor über das Flüsschen Geeuw mit zwei spitzen, achteckigen Türmen, ist das letzte Überbleibsel der zu Beginn des 18. Jh. zerstörten Stadtmauer. Das Zentrum von Sneek präsentiert sich als kleinstädtisches Idyll mit hübschen backsteinernen Giebelhäuschen. Die gotische **Martinikerk** (Oud Kerkhof, Tel. 05 15/41 27 73, www.pknsneek.nl) aus dem 15. Jh. hat heute nur noch einen Turm. Innen fällt eine schöne Arp-Schnitger-Orgel von 1711 auf. Das nahe frühere **Stadhuis** lohnt wegen seiner eindrucksvollen Rokokofassade aus dem 18. Jh. einen Blick.

Etwas weiter östlich, im **Fries Scheepvaart Museum** (Kleinzand 14, Tel. 05 15/41 40 57, www.friesscheepvaartmuseum.nl, Mo–Sa 10–17, So 12–17 Uhr), sind vielfältige maritime Exponate, darunter diverse Schiffsmodelle, zu sehen.

*Auf dem Slotermeer, einem großen Binnensee östlich von Sneek, blähen sich während der Sneekweek die Segel der Plattbodenschiffe bei der Skûtjes-Regatta im Wind*

## Praktische Hinweise

### Information

**VVV Sneek**, Marktstraat 18, Sneek, Tel. 05 15/41 40 96, www.vvvsneekzuiwestfriesland.nl

### Wassersport

**Holiday Boatin**, Eeltjebaasweg 3, Sneek, Tel. 05 15/41 37 81, www.holidayboatin.nl. Vermietung unterschiedlicher Bootstypen für Touren und Ausflüge.

**Zeilschool de Friese Meren**, Eeltjebaasweg 7, Sneek, Tel. 05 15/41 21 41, www.zeilschoolsneek.nl. Segelkurse.

### Camping

**Recreatiecentrum de Potten**, Paviljoenwei, Offingawier, 5 km von Sneek, Tel. 05 15/41 52 05, www.rcn.nl. Durch viel Grün aufgelockertes Gelände am Sneeker Meer mit diversen Wassersportmöglichkeiten.

### Hotel

****De Wijnberg**, Marktstraat 23, Sneek, Tel. 05 15/41 24 21, www.hoteldewijnberg.nl. Familiäre Unterkunft mit gutem Restaurant mit regionalen Spezialitäten.

### Bar

**Kafé de Draai**, Wijde Noorderhorne 13, Sneek, Tel. 05 15/42 28 66, www.kafededraai.nl. Frisch gezapfte Biere und kleine Speisen in gemütlichem Ambiente.

## 27 Leeuwarden

*Attraktive Friesenhauptstadt und Geburtsort von Mata Hari.*

Leeuwarden, das wirtschaftliche, kulturelle und politische Zentrum Frieslands, entstand 1435 aus mehreren kleineren Siedlungen. Vom 16. bis 18. Jh. residierten hier die Grafen von Nassau als Statthalter Frieslands. Die **Altstadt** von Leeuwarden wird von zwei Wasserläufen durchzogen und sternförmig von einem Grachtengürtel umgeben. Ein Spaziergang entlang der Kanäle führt an zahlreichen backsteinernen, im Stil der friesischen Renaissance errichteten Giebelhäusern vorbei. Unweit südlich des zentralen Rathausplatzes liegt der *Waagplein* mit der historischen **Waag** (1595–98). Heute werden hier jedoch nicht mehr Butter und Käse gewogen, sondern Bankgeschäfte erledigt. Etwas weiter nordwestlich, an der Korfmakerspijp-Brücke, erinnert eine Statue an die in Leeuwarden geborene Tänzerin *Margaretha Geertruida Zelle* (1876–1917), die in ganz Europa als exotische Tänzerin *Mata Hari* berühmt war und gegen Ende des Ersten Weltkrieges im französischen Vincennes unter dem Vorwurf der Spionage für die Deutschen hingerichtet wurde. Im **Fries Museum** (Turfmarkt 11, Tel. 058/255 55 00, www.friesmuseum.nl, Di–So 11–17 Uhr, wegen des Neubaus am Wilhelminaplein bis 2013 sind einige Abteilungen zeitweise geschl.) östlich des Rathausplatzes wird die Lebensgeschichte dieser ungewöhnlichen Frau anhand von Dokumenten und Fotos erläutert. Außerdem gibt die qualitätvolle Sammlung einen ausgezeichneten Einblick in Geschichte und Kunst der Friesen. Nahebei steht das wohl schönste Gebäude der Stadt, die **Kanselarij** (Turfmarkt 13), die einstige Stadtkanzlei von 1566. Der wunderbare spätgotische Giebelbau prunkt mit einer prächtigen Renaissancefassade.

Wer sich für Keramik und Porzellan interessiert, sollte das westlich des Rathausplatzes gelegene **Keramiekmuseum Princessehof** (Grote Kerkstraat 11, Tel. 058/294 89 58, www.princessehof.nl, Di–So 11–17 Uhr) aufsuchen, das einen sehr guten Ruf genießt. Insbesondere die Sammlung asiatischer Stücke sucht ihresgleichen. In diesem Gebäude wurde übrigens der berühmte Grafiker Maurits Cornelis Escher (1898–1972) geboren.

In eisigen Wintern ist Leeuwarden Ausgangs- und Endpunkt der legendären **Elfstedentocht** (Tel. 058/215 50 20, www.elfstedentocht.nl), eines 200-km-Eislaufmarathons über elf friesische Städte.

Im **Aqua Zoo Friesland** (De Groene Ster 2, 4 km Richtung Dokkum, Tel. 05 11/43 12 14, www.frieslandzoo.nl, Mai–Sept. tgl. 9.30–18, Okt.–April tgl. 10–17 Uhr) kann man inmitten eines Erholungs- und Freizeitgebietes Biber, Otter, Ozelots, Flamingos und Seehunde beobachten.

## i Praktische Hinweise

### Information

**VVV Leeuwarden**, Sophialaan 4, Leeuwarden, Tel. 058/234 75 50, www.vvvleeuwarden.nl

### Hotel

*****Eden Oranje Hotel**, Stationsweg 4, Leeuwarden, Tel. 058/212 62 41, www.edenoranjehotel.com. Zentrales Hotel mit freundlichem Service und geräumigen Zimmern.

### Restaurant

**Eindeloos**, Korfmakerstraat 17, Leeuwarden, Tel. 058/213 08 35, www.restaurant eindeloos.nl. Mediterrane Köstlichkeiten mit friesischem Akzent.

*Die Waag von Leeuwarden wurde Ende des 16. Jh. im Renaissancestil erbaut*

# 28 Groningen

*Muntere Universitätsstadt mit avantgardistischem Museumsbau.*

Groningen, die Hauptstadt der gleichnamigen Provinz, gehört mit 183 000 Einwohnern, davon etwa 42 000 Studenten, zu den größeren Städten des Landes. Das von einem Grachtenring eingefasste Zentrum gehört mit seiner Kombination aus alter und neuer Architektur, mit seinen Cafés, Galerien und Musikbühnen zu den beliebtesten Städten der Niederlande.

In spannendem Kontrast zur imposanten neogotischen **Centraal Station** von 1896 steht das **Groninger Museum** (Museumeiland 1, Tel. 050/366 65 55, www.groninger-museum.nl, Di–Sa 10–18 Uhr) schräg gegenüber. Der italienische Architekt und Designer *Alessandro Mendini* setzte das Museumsgebäude 1994 im Stil des Dekonstruktivismus mit ungewöhnlichen Formen und lebhaften Farben auf eine Insel in den Zuiderhaven Verbindingskanaal. Im Jahr 2010 kam eine Restaurierung zum Abschluss, bei der das Gebäude und die ständige Ausstellung neu gestaltet wurden. Schwerpunkte der Kollektion sind die expressionistischen Werke der Groninger Künstlergruppe *De Ploeg*, darunter das ›Intérieur bohémien‹ (1925) von Jan Wieger. Zudem werden archäologische Funde sowie Kunsthandwerk und Kunst von 1500 bis heute präsentiert. Zu den Highlights zählen Malereien von Rubens, Rembrandt, Corot, Kirchner und Warhol. Als Ergänzung zum Kunstgenuss bietet das *Restaurant Mendini* italienische Spezialitäten in schickem Ambiente mit grün-gelben Clay-Möbeln des Designers Maarten Baas.

Das **Noordelijk Scheepvaartmuseum** (Brugstraat 24, Tel. 050/312 22 02, www.noordelijkscheepvaartmuseum.nl, Di–Sa 10–17, So 13–17 Uhr) ist in zwei der ältesten, mittelalterlichen Gebäude der Stadt untergebracht. Die Entdeckungsfahrten zu fernen Kontinenten und die Tradition Groningens als Hansestadt sind hier die Schwerpunkte. Zum alten *Vismarkt* öffnet sich das neoklassizistische Gebäude der

*Rasante Läufer beim friesischen Schlittschuhmarathon Elfstedentocht*

## Nationalsport Eisschnelllauf – Weltcup in Heerenveen und Elfstedentocht

Wer Winterbilder holländischer Maler des 16./17. Jh. betrachtet, mag vermuten, dass Kanäle und Grachten in der kalten Jahreszeit stets zufrieren und von einer munteren Schar Schlittschuhläufer bevölkert werden. Doch das passiert beileibe nicht jedes Jahr. Sobald aber die Temperaturen unter den Gefrierpunkt sinken und die Einbruchgefahr signalisierende Rote Fahne eingerollt wird, gleiten Tausende von Holländern elegant über das Eis, als ob sie mit Schlittschuhen auf die Welt gekommen wären. Eisschnelllauf ist **Nationalsport** und die Thialf-Halle im friesischen Ort Heerenveen gilt mit ihren 13 000 Sitzplätzen als Kathedrale des Eisschnelllaufs. Der Gewinn des hier im Frühjahr ausgetragenen **Weltcups** bedeutet Spitzensportlern fast so viel wie eine olympische Medaille.

In der Mehrzweckhalle können Schlittschuhläufer das ganze Jahr über für die **Elfstedentocht** trainieren, die seit 1909 ausgetragene, 200 km lange Schlittschuhtour über elf friesische Städte, u.a. Leeuwarden, Sneek, Hindeloopen und Workum. Unter dem Jubel Hunderttausender beteiligen sich alljährlich bis zu 16 000 Läufer an dem Marathon – immer vorausgesetzt, es wird kalt genug und eine dicke Eisdecke überzieht die Wasserwege.

Im **Eerste Friese Schaatsmuseum** (Kleine Weide 1, www.schaatsmuseum.nl, Mo–Sa 10–18, So 13–17 Uhr) in Hindeloopen sind Pokale aller Wettkämpfe aufgereiht, hinzu kommt die größte Schlittschuhsammlung der Welt.

*Vor einem hohen goldfarbenen Turm gruppieren sich die leuchtend bunten, unterschiedlich geformten Architekturteile des Groninger Museums*

alten Getreidebörse, **Korenbeurs**, deren Fassade u.a. ein Standbild Merkurs, des römischen Gottes des Handels, ziert.

Am *Grote Markt* steht der moderne Anbau des neoklassizistischen Stadhuis, der **Waagstraatkomplex** von *Adolfo Natalini*, im spannenden Dialog mit der prunkvoll ziselierten Renaissancefassade des **Goudkantoor** (1635).

Auf der anderen Marktseite ragt die **Martinikerk** (Tel. 050/3111277, www.martinikerk.nl, Turm Mo–Sa 11–17, Juli/Aug. auch So 11–16 Uhr) mit ihrem 97 m hohen *Turm* in den Groninger Himmel. Seit der Gründung im 13. Jh. wurde das Gotteshaus mehrfach verändert. Heute präsentiert es sich überwiegend im spätgotischen Stil. Bei Restaurierungsarbeiten zu Beginn des 20. Jh. wurden im Chor Wandmalereien aus dem 13. Jh. freigelegt. Die gigantische Orgel aus dem 15. Jh. stammt von Rudolf Agricola.

Der großzugige Backsteinbau des **Prinsenhof** (Martinikerkhof 23, nicht öffentlich zugänglich), ein Kloster aus dem 15. Jh., diente ab 1594 einem Prinzen als Wohnquartier und war danach Residenz der friesischen Statthalter. Der dazugehörige *Prinsenhoftuin* (April–Mitte Okt. tgl. 10 bis Sonennuntergang), ein schöner Renaissancegarten, lädt zum Verweilen ein.

## i Praktische Hinweise

### Information

**VVV Groningen**, Grote Markt 25, Groningen, Tel. 0 50/313 97 41, www.toerisme.groningen.nl

### Schiff

**Rondvaartbedrijf Kool**, Stationsweg 1012, Groningen, Tel. 050/312 83 79, www.rondvaartbedrijfkool.nl. Veranstaltet ganzjährig Kanalrundfahrten.

### Hotels

***__NH Hotel de Ville__, Oude Boteringestraat 43, Groningen, Tel. 050/314 54 37, www.deville.nl. Das Stadthotel bietet sachlich-moderne Zimmer und eine stilvolle Lobby.

**__Auberge Corps De Garde__, Oude Boteringestraat 74, Groningen, Tel. 050/314 54 37, www.corpsdegarde.nl. Nette Zimmer mit großen Fenstern in einem alten Stadtpalais.

### Restaurants

**Herberg Onder de Linden**, Burg. van Barneveldweg 3, Aduard, Tel. 050/403 14 06, www.slenema.nl. Einfallsreiches Spitzenrestaurant im Nordwesten von Groningen mit köstlichen Fischspezialitäten (nur abends, So/Mo geschl.). Außerdem gibt es fünf Gästezimmer.

**Muller**, Grote Kromme Elleboog 13, Groningen, Tel. 050/318 32 08, www.restaurantmuller.nl. Elsässische Kochkunst (nur abends, So/Mo geschl.).

**Schathoes Verhildersum**, Wierde 42, Leens, Tel. 05 95/57 22 04, www.schathoes.nl. Die köstliche Landesküche mit Inspirationen vom Mittelmeer lohnt den kleinen Umweg (nur abends, Mo/Di geschl.).

# Ijsselmeer, Flevoland und Utrecht – Neuland aus dem Binnenmeer und eine romantische Schlösserroute

Mit der Fertigstellung des 32 km langen und 90 m breiten *Afsluitdijk* am 28. Mai 1932, der die Provinzen Friesland und Noord-Holland durch eine Dammstraße miteinander verbindet, wurde die Zuiderzee von einer offenen Meeresbucht zu einem Binnengewässer und hieß fortan **Ijsselmeer** – wobei im Niederländischen *Zee* Meer bedeutet und *Meer* dem deutschen See entspricht. Bald nach Vollendung des Abschlussdeiches begann man im Ijsselmeer Polder mit Deichen abzugrenzen und trockenzulegen. Mit dem Noordoostpolder und Flevoland wurden bislang 2200 km² Neuland gewonnen, das überwiegend landwirtschaftlich genutzt wird. Südlich an diese jüngste, 1986 gegründete niederländische Provinz **Flevoland**, zu der auch der Noordoostpolder gehört, schließt sich die Provinz **Utrecht** mit ihrer gleichnamigen, rund 2000 Jahre alten Hauptstadt an. Viele Schlösser, wie z.B. das **Kasteel De Haar**, finden sich in der Umgebung der alten Bischofsstadt. Ausgesprochen reizvoll ist eine Fahrt auf der sanft geschwungenen *Vecht* nördlich von Utrecht, deren Ufer malerische Dörfer, prächtige Landhäuser und Herrensitze säumen.

## 29 Houtribdijk

*Die Trockenlegung der Zuiderzee als größtes Landgewinnungsprojekt der Menschheit.*

Seit vielen Jahrhunderten befinden sich die Bewohner der Niederlande in einem Kampf mit der Natur – und versuchen der Nordsee jeden Tag aufs Neue riesige Gebiete zur Landgewinnung abzuringen. Noch vor etwa 2000 Jahren zeigte die Landschaft rund um das heutige Ijsselmeer ein ganz anderes Gesicht. Die Römer fanden statt der Zuiderzee ein überschaubares, weit im Landesinneren gelegenes Gewässer vor, das sie *Flevo lactus* nannten. Erst im 13. Jh. und viele Sturmfluten später hatte die Nordsee von der Küste her eine Verbindung geschaffen und verschiedene kleinere Seen und Teiche zu einer ausgedehnten Meeresbucht verbunden.

Der Houtribdijk teilt das südliche Markermeer vom Ijsselmeer ab. Eigentlich sollte das Markermeer wie Flevoland als Polder trockengelegt und besiedelt werden. Doch Befürchtungen der Bevölkerung in den Hafenorten, dass eine weitere eingedeichte Landfläche von 40 000 ha Klima und Lebensraum verändern würden, führten zur Zurückstellung des Projekts. So verbindet heute der Houtribdijk als Dammstraße die alte Hafenstadt **Enkhuizen** in Noord-Holland mit dem am Ostufer des Ijsselmeers auf Flevoland gelegenen, modernen **Lelystad** [Nr. 34].

*Das wehrhafte Äußere des in der Umgebung von Utrecht gelegenen Kasteel De Haar täuscht, umkämpft wurde es nie, da es erst Ende des 19. Jh. entstand*

## 30 Urk

*Alter Inselort auf jungem Polderland.*

Die frühere Insel Urk liegt in Folge der Eindeichung des Ijsselmeers am Rande des Noordoostpolder. In den engen Stra-

*Malerisch reihen sich die bunten Fischkutter im Hafen des alten Inselorts Urk im Abendlicht aneinander*

ßen des 966 erstmals urkundlich erwähnten gleichnamigen Inselortes reihen sich schmucke Backsteinhäuser aneinander. Am munteren *Fischereihafen* wird wie eh und je der frische Fang direkt vom Kutter verkauft. Außerdem hat sich Urk zu einem der wichtigsten Umschlagsplätze für Fisch in Europa entwickelt. Gleichwohl stehen am Hafen noch heute die Fischer in ihrer dunklen, wetterfesten Kluft, die schwarzen Holzschuhe an den Füßen. Viele Bewohner tragen, zumindest an Feiertagen, noch traditionelle Kleidung. Und die Regeln der Kirche scheinen hier mehr zu gelten als anderswo: Sonntags mit dem Boot oder dem Auto auszufahren ist verpönt. Im Alten Rathaus stellt das lokalgeschichtliche **Museum Het Oude Raadhuis** (Wijk 2/2, Tel. 0527/683262, www.museum.opurk.nl, April–Okt. Mo–Fr 10–17, Sa 10–16, Nov.–März Mo–Sa 10–16 Uhr) alte Trachten aus und dokumentiert die Lebenswelten der Vergangenheit.

*Im Museum Het Oude Raadhuis wurde eine traditionelle Urker Stube rekonstruiert*

## Schokland

16 km südöstlich von Urk befindet sich die kleine Ansiedlung Schokland, bis zur Eindeichung des noordoostpolders (1937–42) auf einer Insel im Ijselmeer gelegen, wurde 1995 zum UNESCO Weltkulturerbe ernannt. Highlights des in alten Kirchenräumen eingerichteten **Schokland Museum** (Middelbuurt 3, Tel. 0527/251396, www.schokland.nl, April–Okt. Di–So 11–17, Nov.–März Fr–So 11–17 Uhr) sind Fundstücke, die bei der Trockenlegung des Polders am einstigen Meeresgrund ans Tageslicht kamen: Mammutknochen, Werkzeuge aus der Bronzezeit sowie 1000 Jahre alte Steinsärge und Töpferarbeiten.

## Praktische Hinweise

### Information

**Tourist Info Urk**, Wijk 2/2, Urk, Tel. 05 27/68 40 40, www.touristinfourk.nl

### Einkaufen

Die Spezialität von Urk sind geräucherte Aale, die im Ort angeboten werden.

### Camping

**Rekreatiepark Hazevreugd**, Vormtweg 9, Urk, Tel. 05 27/68 77 75, www.hazevreugd.nl. Waldumgebenes ebenes Wiesengelände mit vielfältigen Freizeitangeboten, insbesondere für Pferdefreunde.

### Restaurant

**Mes Amis**, Wijk 1/65, Urk, Tel. 05 27/68 87 36, www.mes-amis.nl. Feine Küche in gemütlicher Atmosphäre, im Sommer mit Terrasse (So geschl., Sa nur abends).

# 31 Giethoorn

*Malerische Reetdachhäuser am niederländischen Canal Grande.*

Ausgerechnet eine Sekte von Geißlern aus dem Mittelmeerraum soll den Ort 1280 gegründet haben. Sein Name geht auf Geißenhörner zurück, die man in größerer Zahl im Moor fand. Jahrhundertelang wurde hier Torf als Brennstoff gestochen. Dabei füllte bald Grundwasser die Gruben, so entstanden Binnenseen und Verbindungskanäle. Anstelle von Straßen durchziehen Kanäle den pittoresken Ort, der inmitten eines seenreichen Gebiets liegt. Die *Punter* genannten, gestakten oder per Motor angetriebenen Kähne transportieren alles: Güter, Kühe, den Postboten und auch die zahlreichen Touristen. Die mit Reet gedeckten Häuschen liegen auf kleinen Inseln, die durch Brücken miteinander verbunden sind.

## Praktische Hinweise

### Information

**VVV Giethoorn**, Eendrachtsplein 1, Giethoorn, Tel. 09 00/567 46 37, www.vvvgiethoorn.nl

### Bootsverleih

Punter- und Kanuverleih bei mehreren Anbietern im Ort.

### Restaurants

TOP TIPP **De Lindenhof**, Beulakerweg 77, Giethoorn, Tel. 05 21/36 14 44. Niederländisch-französische Spitzenküche. Sieben Zimmer laden zum Verweilen (Mo geschl.).

**De Witte Hoeve**, Zuiderpad 32, Giethoorn, Tel. 05 21/36 14 28, www.dewittehoeve.nl. Im Sommer werden die 60 Pfannkuchensorten auch auf der Terrasse am Wasser serviert.

*Einst auf einer Insel, liegt Schokland heute auf einer Anhöhe, umgeben von Kornfeldern*

*Der 1932 fertig gestellte Abschlussdeich riegelte die ›wilde‹ Zuiderzee vom offenen Meer ab*

### Holland in Not – die große Flut

Die Provinz Zeeland im Mündungsgebiet von Schelde, Maas und Rhein wurde im Laufe der Jahrhunderte mehr als 600-mal überschwemmt. An die gewaltige **St.-Elisabeth-Flut** von 1421 erinnern noch heute Gedenktafeln in manchen Kirchen. Zehntausende kamen um, große Teile Südhollands und Flanderns waren von den Wassermassen bedeckt. Allein um Dordrecht wurden 72 Dörfer von den Fluten fortgespült.

In den Jahren 1828 bis 1916 trat die **Zuiderzee**, durch Wind und Flut unterstützt, mehr als ein Dutzend Mal großflächig über die Ufer und verwüstete das umliegende Land.

Ein Orkan, der am 31. Januar 1953 auflaufende Wasser zusätzlich an die Küsten trieb, brachte das gesamte Flutschutzsystem des Landes ins Wanken. Überall brachen die Deiche. Fast 2000 Menschen und mehr als 200 000 Tiere fanden den Tod, mehr als 200 000 ha Land waren vom Salzwasser der Nordsee bedeckt.

Im Zuge des Projekts **Deltaplan** wurden Deiche verbreitert, erhöht und ein gewaltiges Sturmflutsperrwerk im Mündungsgebiet der drei großen Flüsse errichtet. Doch Klimawandel und der Anstieg des Meeresspiegels fordern weitere Maßnahmen heraus, um die ›niederen Lande‹ vor der Nordsee zu schützen.

# 32 Kampen

*Alte Hansestadt an der IJssel mit Zugang zur Nordsee.*

Die im 12. Jh. gegründete Stadt Kampen (30 000 Einw.) besticht durch ihre **Altstadt** mit 500 historischen Gebäuden. Sie zeugen vom einstigen Reichtum der Handelsstadt an der damals schiffbaren IJssel, die mit England, Deutschland und dem Baltikum Wirtschaftsbeziehungen unterhielt. 1441 schloss sich Kampen dem mächtigen Städtebund der Hanse an und wurde 50 Jahre später zur kaiserlichen, freien Reichsstadt ernannt. Von den einst 21 **Stadttoren** sind noch drei besonders eindrucksvolle erhalten: das *Koornmarktspoort*, das *Cellebroederpoort* und das *Broederpoort*. Sie wurden im 15. Jh. errichtet und im 17. Jh. umgestaltet.

Das **Oude Raadhuis** (Oudestraat 133) aus der 1. Hälfte des 14. Jh. wurde nach einem Brand Mitte des 16. Jh. komplett wieder aufgebaut. Besonders beachtenswert ist der reiche Fassadenschmuck mit Figuren Alexanders des Großen und Karls des Großen sowie Allegorien der Tugenden.

Im *Inneren* beeindruckt der eichengetäfelte *Schepenzaal*, in dem die Schöffen der Stadt tagten, mit geschnitztem Eichengestühl und einem steinernen Renaissancekamin von 1545. Hier logiert auch das **Stedelijk Museum Kampen** (Tel. 038/331 73 61, www.stedelijkemuseakampen.nl, Di–Sa 10–17, So 13–17 Uhr) mit seiner umfangreichen Sammlung zur Stadtgeschichte. Die Themen kreisen vor allem um Rechtspflege, Wasserkraft und Religion. Zu sehen sind u. a. Münzen und Silberstücke sowie bemerkenswerte Zeichnungen und Drucke.

Weiter im Süden, beim Koornmarktspoort, erhebt sich die zwischen dem 14. und 16. Jh. errichtete **Bovenkerk** (Eingang: Koornmarkt 28, Tel. 038/331 36 08, www.debovenkerk.nl, Mai–Mitte Sept. Mo/Di 13–16, Mi–Fr 10–16 Uhr). Im Inneren der fünfschiffigen Kreuzbasilika beeindrucken ein gotischer Chor mit Kapellenkranz, die steinerne gotische Kanzel sowie eine prachtvolle Barockorgel, auf der im Sommer Konzerte gegeben werden.

## i Praktische Hinweise

### Information

**VVV Kampen**, Oudestraat 151, Kampen, Tel. 038/331 35 00, www.vvvkampen.nl

*Kampen begrüßt schon von der Ferne seine Besucher mit einer malerischen Stadtsilhouette*

### Restaurant

**De Ijssel**, Ijsselkade 59, Kampen, Tel. 038/332 10 01. Großzügiges Grand Café mit gepflegter holländischer Speisekarte, IJssel-Blick inklusive.

## 33 Zwolle

*Innerhalb des sternförmigen Grachtenrings warten zahlreiche historische Gebäude auf Entdeckung.*

Das 14 km östlich von Kampen gelegene Zwolle ist Haupt- und mit 120 000 Einwohnern nach Enschede zweitgrößte Stadt der Provinz Overijssel. In der von Stadsgracht und Achtergracht sternförmig eingefassten Altstadt sind viele historische Gebäude erhalten. Besonders eindrucksvoll präsentiert sich der zentrale *Grote Kerkplein* mit seinen alten Patrizierhäusern und dem Rathaus aus dem 15. Jh. In seiner Mitte erhebt sich die gotische, 1406–46 errichtete **Grote** oder **St. Michaelskerk** (Tel. 06/18 11 30 71, www.grotekerkzwolle.nl, Mai–Okt. Di–Fr 11–16.30, Sa 13.30–16.30 Uhr). Im *Inneren* zieht eine mit drastischen Figuren reich verzierte Kanzel von 1622 die Blicke auf sich. Berühmt ist die mächtige Arp-Schnitger-Orgel von 1721 mit 4000 Pfeifen und vier Manualen.

Das wuchtige, fünftürmige **Sassenpoort** (Tel. 038/421 66 26, Sa 10–17 Uhr) von 1406 an der Sassenstraat südöstlich des Hauptplatzes ist Teil der früheren Stadtbefestigung und gehört heute zu den Wahrzeichen Zwolles.

In den südlichen Außenbezirken der Stadt lockt das **Ecodrome Zwolle** (Willemsvaart 19, Tel. 038/423 70 30, www.ecodrome.nl, April–Okt. tgl. 10–17, Nov.–März Mi, Sa/So 10–17 Uhr) mit spannenden Ausstellungen zu Geologie und Biologie.

## i Praktische Hinweise

### Information

**VVV Zwolle**, Hoofdwacht, Grote Markt 20, Tel. 038/421 61 98, www.vvvzwolle.nl

### Bootsverleih

**Vadesto**, Parkeerplaats De Bleek, Hattem, Tel. 038/444 54 28, www.vadesto.nl. Verleih von Kanus und anderen Booten für reizvolle Kanalausflüge.

### Hotel

*****Hotel Mercure**, Hertsenbergweg 1, Zwolle, Tel. 038/726 08 01 , www.mercure.com/zwolle. Komfortables, modernes Hotel nahe dem Prins Klaus Park.

### Restaurant

TOP TIPP **De Librije**, Broerenkerkplein 13, Zwolle, Tel. 038/421 20 83, www.librije.com. Köstliche Fischgerichte in den altehrwürdigen Räumen einer früheren Klosterbibliothek und Luxushotel in einer Spinnerei von 1739.

# 34 Lelystad

*Junge Provinzhauptstadt auf dem Grund der einstigen Zuiderzee.*

Die zu Ehren des Ingenieurs Dr. Cornelius Lely (1854–1929), dem Initiator des Abschlussdamm-Projekts, Lelystad genannte Stadt ist gleichzeitig Verwaltungssitz von Flevoland, der erst 1986 von Königin Beatrix ausgerufenen jüngsten niederländischen Provinz. Die Polder östlich der Stadt werden landwirtschaftlich intensiv genutzt, Gemüse- und Blumenfelder wechseln sich ab. Dazwischen sieht man immer wieder große Rotorblätter, die den stetigen Wind in elektrische Energie umwandeln. Sie decken einen zweistelligen Prozentsatz des Strombedarfs der Provinz ab. Lelystad und die anderen jungen Polderstädte wurden gegründet, um die dicht besiedelte Region der Randstad zu entlasten. Das Zentrum des 75 000 Einwohner zählenden Lelystad und sein futuristischer Bahnhof aus dem Jahr 1988 entsprechen naturgemäß nicht dem typischen Bild einer traditionsreichen holländischen Stadt.

Zu den viel besuchten Museen gehört die **Bataviawerf** (Oostvaardersdijk 1/9, Tel. 0320/26 14 09, www.bat aviawerf.nl, tgl. 10–17 Uhr) mit dem rekonstruierten Dreimaster *Batavia* (Baujahr 1628), einem der Schiffe der Verenigde Oost-Indische Compagnie, die auf weltweite Entdeckungsfahrten gingen und im Handel mit den Gewürzinseln des Fernen Ostens reich beladen heimkehrten. Auf dem Gelände sind auch einige der Schiffswracks ausgestellt, die, nachdem das Wasser des Ijsselmeeres abgepumpt worden war, auf dem Grund des heutigen Polders gefunden wurden.

*Der Dreimaster Batavia ist das Paradestück des Museums Batavia Werf in Lelystad*

Nebenan zeigt das interaktive **Nieuw Land Erfgoedcentrum** (Oostvaardersdijk 1/13, Tel. 0320/22 59 00, www.nieuwlanderfgoed.nl, Di–Fr 10–17, Sa/So 11.30–17, Juli/Aug. auch Mo 10–17 Uhr) mit Filmen, Fotos und Modellen sehr anschaulich, wie die Polderlandgewinnung vonstatten geht.

Das **Aviodrome** (Luchthaven Lelystad, Pelikaanweg 50, Tel. 0320/28 98 42, www.aviodrome.nl, Di–So 10–17 Uhr) am Flughafen stellt in einem Erlebnis- und Themenpark u.a. historische Flugzeuge und Modelle aus. Flugveranstaltungen runden das Angebot ab.

Das große von Weiden und Schilf bewachsene Feuchtgebiet **Oostvaardersplassen** am Rande des Ijsselmeers zwischen Almere und Lelystad ist eine Vogelschutzzone und bietet Löffelreihern, Kormoranen sowie Tausenden von Zugvögeln auf ihrem Weg von Skandinavien nach Afrika Lebensraum. Beim **Bezoekerscentrum Oostvaardersplassen** (Kitsweg 1, Tel. 0320/25 45 85, www.staatsbosbeheer.nl, April–Okt. Di–So 10–17, Nov.–März Di–So 10–16 Uhr) beginnen zahlreiche Wanderrouten und Radwege, die die öffentlich zugänglichen Bereiche des Schutzgebiets erschließen.

Östlich von Lelystad, ebenfalls in Zuider Flevoland, liegt der mit Achterbahnen und Wildwasserrutschen ausgestattete Vergnügungspark **Walibi World** (Spijkweg 30, Biddinghuizen, Tel. 0321/32 99 99, www.walibi.nl, März–Okt. ab 10 Uhr, Schlusszeiten variieren saisonal zwischen 17 und 22 Uhr).

## i Praktische Hinweise

### Information

**Tourist Info**, Stadhuisplein 2, Lelystad, Tel. 0320/27 82 22, www.lelystad.nl

### Restaurant

**'t Dijkhuysje**, Oostvaardersdijk 57, Lelystad, Tel. 0320/26 20 22, www.dijkhuise.nl. Gut zubereitete holländische und mediterrane Küche.

*Architektur und Thematik entsprechen sich – das untere Bauteil des Nieuw Land Erfgoedcentrum in Lelystad stellt den stilisierten Querschnitt eines Deiches dar*

## Land aus dem Meer – die Polderwirtschaft

In den Niederlanden, so sagt man, sei die Schöpfungsgeschichte etwas anders abgelaufen. Hier schuf Gott zunächst den Menschen. Der erledigte dann für ihn die Trennung von Land und Meer mit Deichen und Poldern und erschuf damit selbst das Land für Äcker und Siedlungen.

Ein Landgebiet, das komplett vor dem höher gelegenen Wasser eingedeicht ist, wird in den Niederlanden **Polder** genannt. Es gibt sie in vielen Größen und Formen. Etwa 2800 Polder kann man zwischen Friesland und Zeeland zählen, einstige Meeresbuchten oder Seen, die längst zu fruchtbarem Ackerboden geworden sind. **Flevoland** ist mit einer Fläche von 48000 ha der größte Polder. Und beim Überqueren der Brücke zwischen Noordoostpolder und Flevoland kann man erkennen, dass das Wasser deutlich höher liegt als das vom Deich geschützte Land.

Die Menschen im Polder leben und arbeiten in einer besonderen Gemeinschaft, die Kooperation und die strikte Einhaltung vereinbarter Regeln erfordert. Ein Deich ist immer nur so stark wie seine schwächste Stelle und ein kleiner Fehler kann furchtbare Folgen für alle nach sich ziehen. Die Geschichte der Niederlande ist gleichzeitig eine unablässige Auseinandersetzung mit dem Wasser. Keine einzige Steilküste bietet zuverlässigen Schutz vor Sturmfluten. Wenn alle Deiche und Schleusen auf einmal ihre Funktion aufgeben würden, hätten sieben von zehn Niederländern ihr Haus in den Fluten der Nordsee verloren. Das Meer würde nicht nur Flevoland, sondern auch die Städte Amsterdam, Rotterdam, Haarlem, Den Haag, Delft, Leiden und Gouda ganz oder zumindest in wesentlichen Teilen bedecken.

Der Begriff **Poldermodell** hat in den Niederlanden eine doppelte Bedeutung bekommen. Er beschreibt sowohl das gemeinsame Leben hinter dem Deich als auch den Prozess der Meinungsbildung in einer demokratischen Gesellschaft, die nur dann stark ist, wenn sich am Ende einer Auseinandersetzung über strittige Fragen alle an die mehrheitlich vereinbarten Regeln und Gesetze halten.

*Extravagantes Wohnhaus der Siedlung De Fantasie in Almere*

## 35 Almere

*Experimentierfeld der Stadtplaner.*

Beiderseits der Autobahn A6, die Lelystad und Almere mit Amsterdam verbindet, sieht man Pappeln und Birken, die vor etwa 30 Jahren gepflanzt wurden. Und so alt ist auch Flevoland, das durch Eindeichung und Trockenlegung dem IJsselmeer abgetrotzt wurde. Überall moderne, bisweilen futuristisch anmutende Architektur. Und es wird weiter gebaut. Almere, die mit rund 190 000 Einwohnern größte Stadt von Flevoland, soll einmal 400 000 Menschen beherbergen. Gebäude in ungewöhnlichen Formen und knalligen Farben fallen ins Auge. Statt gemütlicher holländischer Kleinstadtidylle gibt es avantgardistische Wohnviertel, die z.B. *De Fantasie* oder *De Realiteit* heißen.

Am Pampushavenweg nordwestlich des Zentrums gibt es Land Art des berühmten Architekten *Daniel Libeskind* zu erforschen. **›Polderland Garden of Love and Fire‹** (1997) ist eine Landschaftsskulptur aus sich kreuzenden Kanälen, einem Kiesweg mit Brücken und einer Betonpiste, die mit Aluminium-Skulpturen bestückt ist. Im Süden wiederum gibt es die **›Groene Kathedraal‹** (Tureluurweg 48) von *Marinus Boezem* zu besichtigen, eine ganz und gar grüne Kathedrale, deren Umrisse und Säulenstellungen aus Reihen von 178 Pappeln bestehen.

### i Praktische Hinweise

#### Information

**VVV Almere**, Stadhuispromenade 1, Tel. 036/548 50 41, www.vvvalmere.nl

## 36 Amersfoort

*Mittelalterliche Atmosphäre im Zentrum der Niederlande.*

Tuchhandel und Bierbrauerei haben die Hansestadt im Mittelalter reich gemacht Zeugnis von diese Blüte legt die gut erhaltene, von einem doppelten Grachtengürtel umgebene **Altstadt** ab. Heute gehört Amersfoort (145 000 Einw.) dank seiner chemischen und Metall verarbeitenden Betriebe mit dem nahen Utrecht zu den wirtschaftlich aufstrebenden Regionen.

Als Amersfoort im 14./15. Jh. immer weiter anwuchs, begann man die alte Stadtmauer niederzureißen, um weiter außerhalb eine neue zu errichten. Auf dem Fundament der ausgedienten Befestigung wurden nun Wohnhäuser errichtet. Diese *Muurhuizen* stehen eng aneinander geschmiegt in einer Straße gleichen Namens. In drei dieser Mauerhäuser ist das **Flehite Museum** (Westsingel 50, Tel. 033/247 11 00, www.museumflehite.nl, Di–Fr 11–17, Sa/So 12–17 Uhr) untergebracht, das 1880 von der *Oudheidkundige Vereniging Flehite* (Archäologischer Verein Flehite) gegründet wurde und über die Geschichte der Stadt informiert. Die Sammlung umfasst rund 20 000 Gegenstände des 14.–20. Jh., darunter 2500 Karten, Gemälde, Skulpturen, Zeichnungen, Drucke ebenso wie einen Stempel von 1367, der das Stadtwappen zeigt.

Im Zentrum der Altstadt, am *Grote Markt*, erhebt sich die **Grote** oder **St. Joriskerk** mit einem Turm aus dem 13. Jh. Die dreischiffige Hallenkirche wurde durch einen Brand im 14. Jh. beschädigt und erfuhr mehrere Umbauten. Das heutige Gebäude stammt vornehmlich aus dem 15./16. Jh. Im *Inneren* ist der aus Sandstein gearbeitete Lettner (1480) mit seinem filigranen Maßwerk beachtenswert.

Der annähernd 100 m hohe spätgotische **Onze Lieve Vrouwe Toren** (Tel. 09 00/112 23 64, Führungen Juli/Aug. Di–So 11–18 jede Std., sonst auf Voranmeldung) südwestlich vom Markt ist ein Wahrzeichen der Stadt. Die dazugehörige Kirche flog 1787 bei einer Pulverexplosion in die Luft. Der Liebfrauenturm, der genau im geographischen Zentrum der Niederlande steht, bietet bei gutem Wetter einen weiten Blick über Amersfoort.

Von den alten Stadttoren sind noch drei erhalten: das zweitürmige Wassertor **Monnikendamsepoort** aus dem 15. Jh.

im Südosten der Stadt, das östlich des Markts gelegene **Kamperbinnenpoort** aus dem 13. Jh. und das über der Eem erbaute, kombinierte Wasser- und Landtor **Koppelpoort** (15. Jh.) im Nordwesten.

Doch Amersfoort ist nicht nur Mittelalter. Hier wurde der Maler *Piet Mondrian* (nl. Mondriaan, 1872–1944), einer der Wegbereiter der abstrakten Kunst, geboren. Im heutigen **Mondriaanhuis – Museum voor Constructive en Concrete Kunst** (Kortegracht 11, Tel. 033/460 01 70, www.mondriaanhuis.nl, Di–Fr 10–17, Sa/So 12–17 Uhr) verbrachte Mondrian seine ersten acht Lebensjahre. Neben Exponaten zu Leben und Werk des Künstlers ist eine Nachbildung seines Pariser Ateliers (1926) zu sehen.

In der **Bierbrouwerij De Drie Ringen** (Kleine Spui 18, Tel. 033/465 65 75, www.dedrieringen.nl, Fr–So 13–19 Uhr, Führungen ab 10 Pers.) erfährt man alles über die Kunst des Bierbrauens.

## i Praktische Hinweise

### Information

**VVV Amersfoort**, Stationsplein 9–11, Amersfoort, Tel. 09 00/112 23 64, www.amersfoortyourway.nl

### Hotels

******De Klepperman**, Oosterdorpsstraat 11, Hoevelaken, Tel. 033/253 41 20, www.bilderberg.nl. Östlich von Amersfoort mit gutem Restaurant.

****Logies de Tabaksplant**, Coninckstraat 3, 15, 17, 19, Amersfoort, Tel. 033/472 97 97, www.tabaksplant.nl. B & B in Ensemble von drei Stadtpalais aus dem 17. Jh.

**Stayokay**, Bosstraat 16, Soest, 12 km nordwestlich von Amersfoort, Tel. 035/601 22 96, www.stayokay.com. Jugendherberge.

### Restaurants

**In den kleinen Hap**, Langestraat 95, Amersfoort, Tel. 033/462 13 65, www.indenkleinenhap.nl. Pfannkuchen, Apfelkuchen, Erbsensuppe und andere holländische Klassiker (So geschl.).

**Tollius**, Utrechtseweg 42, Amersfoort, Tel. 033/465 17 93, www.tollius.nl. Französisch-niederländische Gerichte und gute Weine (Sa nur abends, So/Mo geschl.).

### Café

**Theater Café Borra**, Hof 25, Amersfoort, Tel. 033/455 49 29. Mini-Theater (50 Plätze), Livemusik und Café.

# 37 Utrecht

*Mittelalterlicher Bischofssitz und dynamische Provinzhauptstadt.*

Utrrecht (296 000 Einw.), die viertgrößte Stadt der Niederlande, ist ein wichtiger Gewerbestandort mit einer renommierten **Universität** und blickt auf eine fast 2000 Jahre alte Geschichte zurück. Römer errichteten 48 n. Chr. am heutigen Domplatz das befestigte Lager *Traiectum ad Rhenum*, um eine Furt über den Rhein zu schützen. Später siedelten hier Franken und Friesen. Seit dem frühen Mittelalter ist Utrecht *Bischofssitz* und bis heute das Zentrum der katholischen Kirche in den Niederlanden. Die stimmungsvolle **Altstadt**, die im Osten von dem Singel genannten Wallgraben eingefasst wird, lässt sich wunderbar zu Fuß erkunden. Im Sommer laden zahlreiche Cafés an den Ufern der *Oude* und *Nieuwe Gracht*, recht tief liegenden Kanälen, die die Innenstadt queren, zu einer Erfrischung ein.

Die **Domkerk** ❶ (Tel. 030/231 04 03, www.domkerk.nl, So 14–16, Mai–Sept. Mo–Fr 10–17, Sa 10–15.30, Okt.–April Mo–Fr 11–16, Sa 11–15.30 Uhr) liegt nicht nur im Zentrum der Altstadt, sondern bildet auch den Mittelpunkt des *Utrechter Kerkenkruis*, eines Kreuzes aus vier weiteren

*Das trutzige viergeschossige Huis Oudaen erhebt sich an der Utrechter Oudegracht*

mittelalterlichen Kirchen, der Janskerk (Norden), der Pieterskerk (Osten), der Nicolaaskerk (Süden) und der Buurkerk (Westen, heute Museum). Der mächtige gotische Dom, der 1254 auf den Fundamenten einer romanischen Kirche errichtet und erst 1517 fertig gestellt wurde, besteht heute nur noch aus dem Chor und dem Querschiff mit Seitenkapellen. Das fünfschiffige Langhaus fiel 1674 einem Wirbelsturm zum Opfer und wurde nicht wieder aufgebaut. Die Bilderstürmer der Reformation sind für das recht nüchterne *Innere* des Gotteshauses verantwortlich. Seit dieser turbulenten Zeit Ende des 16. Jh. fehlen z.B. die Statuen der Apostel an den zwölf Säulen. Neben mehreren Bischöfen sind hier auch die beiden in Utrecht verstorbenen deutschen *Kaiser Konrad II.* und *Heinrich IV.* bestattet – allerdings nur ihre Eingeweide, ihre Gebeine wurden in den Dom zu Speyer überführt. Zur Domkerk von Utrecht gehören auch ein sehenswerter Klostergarten und der alte Kreuzgang aus dem 14./15. Jh. Auf dem **Domplein** (Domplatz) sind die Umrisse des zerstörten Langhauses mit dunklen Steinen markiert. Sie führen bis zum frei stehenden, 112 m aufragenden **Domtoren** (Domplein 9–10, Tel. 030/236 00 10, www.domtoren.nl, Infos und geführte Turmbesteigungen, die man vorab reservieren sollte), der den Aufstieg mit einer prächtigen Aussicht auf die Stadt belohnt. Übrigens ist er der höchste Kirchturm der Niederlande.

Ganz in der Nähe, auf der anderen Seite der Oude Gracht, zeigt in der ältesten Kirche der Stadt, der *Buurkerk* aus dem 13. Jh., das **Nationaal Museum van Speelklok tot Pierement** 2 (Steenweg 6, Tel. 030/231 27 89, www.museumspeelklok.nl, Di–So 10–17 Uhr) eine Vielzahl kostbarer bis kurioser Spieluhren und mechanischer Musikinstrumente des 15.–20. Jh.

Weiter westlich erstreckt sich bis zum Hauptbahnhof das gigantische Einkaufszentrum **Hoog Catharijne** 3 (Tel. 030/231 76 20, www.hoogcatharijne.nl) mit etwa 200 Geschäften, Kinos, einem Theater und Konzertsälen. Nahebei, an der Oudegracht 99, steht das wehrhafte **Stadskasteel Oudaen** 4 (Tel. 030/231 18 64, www.oudaen.nl) aus dem 13. Jh., in dem 1713 der *Frieden von Utrecht* unterzeichnet wurde, welcher den Spanischen Erbfolgekrieg beendete. Heute befinden sich hier die traditionsreiche *Stoombierbrowerij*, ein Theater und ein Restaurant mit französischer Küche.

Am *Janskerkhof*, nahe der Nieuwe Gracht, steht die um 1040 als romanische Säulenbasilika erbaute, im 16./17. Jh. umgestaltete **Janskerk** 5 (Di–Fr 9–17 Uhr)

Plan S. 98

*Hoch ragt der mächtige gotische Domturm über den Dächern und Grachten der idyllischen Altstadt von Utrecht auf*

mit einem schönen hölzernen Tonnengewölbe aus dem 13. Jh. Unweit südöstlich schmiegt sich die **Pieterskerk** 6 (Tel. 030/231 14 85, www.pieterskerk-utrecht.nl, Juli–Mitte Sept. Di–Sa 11–17 Uhr, ansonsten 1. und 3. Sa des Monats 12–16 Uhr) in eine Biegung der Nieuwe Gracht. Der 1039–48 errichtete Bau wurde durch einen Hochchor und ein Querschiff im gotischen Stil ergänzt. Die beiden romanischen Türme fielen dem Sturm von 1674 zum Opfer. In der romanischen Säulenkrypta steht der Sarkophag des Bischofs Bernold († 1054). Auf ihn geht das Utrechter Kerkenkruis [s. S. 95] zurück.

Die in Richtung Süden verlaufende Nieuwe Gracht führt bald zum Johanniterkloster, dem heutigen **Museum Catharijneconvent** 7 (Lange Nieuwstraat 38, Tel. 030/231 38 35, www.catharijneconvent.nl, Di–Fr 10–17, Sa/So 11–17 Uhr), das mit einer qualitätvollen Sammlung zur christlichen Kultur- und Kunstgeschichte begeistert. Sie umfasst alle Epochen vom frühen Mittelalter bis ins 21. Jh. und zeigt Buchmalerei, Altarblätter und kostbares liturgisches Gerät. Zu den Meisterwerken zählen Gemälde des 17. Jh. von Rembrandt, Frans Hals und Pieter Saenredam.

Ein Highlight für Eisenbahnfans ist **Het Spoorwegmuseum** 8 (Tel. 030/230 62 06, www.spoorwegmuseum.nl, Di–So 10–17 Uhr, in den Schulferien tgl. 10–17 Uhr). In dem schönen 1874 errichteten Bahnhof Maliebaanstation erfährt man anhand von Originalen und Modellen alles über niederländische Schienenfahrzeuge.

Ein früheres Kloster weiter südlich beherbergt heute das **Centraal Museum** 9 (Nicolaaskerkhof 10, Tel. 030/236 23 62, www.centraalmuseum.nl, Di–So 10–17 Uhr), welches neben einer Kostümsammlung, Silberarbeiten, Skulpturen sowie Gemälde überwiegend von Utrechter Malern präsentiert. Zu ihnen gehört auch *Jan van Scorel* (1495–1562), der unter dem ebenfalls aus Utrecht stammenden Papst Hadrian VI. ab 1522 Konservator im Vatikan war.

Das Centraal Museum besitzt zudem die größte Sammlung zum Leben und Werk des in Utrecht geborenen Möbeldesigners und Architekten *Gerrit Rietveld* (1888–1964), der sein ganzes Arbeitsleben in seiner Heimatstadt verbrachte. Einige seiner Bauten können im Rahmen von Führungen zu den Rietveld-Häusern (Do–So per Shuttlebus ab Museum, Voranmeldung dringend empfohlen, Tel. 030/236 23 10) besichtigt werden.

Das **Rietveld Schröder Huis** 10 (Prins Hendrik Laan 50, www.rietveldschroderhuis.nl, Führungen s.o.) am Ostrand der Innenstadt gestaltete Rietveld 1924. Heute ist der Bau UNESCO Weltkulturerbe. Mit seinen weißen und grauen Rechteckformen, die von roten, gelben und schwarzen Linien akzentuiert werden, verkörpert er unverkennbar die Prinzipien der niederländischen Kunstbewegung *De Stijl*, der auch Mondrian angehörte. Entsprechend gestaltete Rietveld auch das Innere des Hauses. Im Rahmen der Tour geht es anschließend ein Stück weiter zur **Modelwoning** (1931) in der Erasmuslaan 9. Die Wohnung und ihre Innenausstattung führen ein konträres, puristisches Bau- und Designkonzept Rietvelds vor, wie es den funktionalistischen Prinzipien des Neuen Bauens in den 1930er-Jahren entsprach.

## Ausflüge

Wer die Umgebung von Utrecht erkundet, findet in malerisch gestalteten Parklandschaften einige der schönsten Schlösser und Landsitze Hollands. Allen voran **Kasteel De Haar** (Kas-

TOP TIPP

teellaan 1, Haarzuilens, Tel. 030/677 85 15, www.kasteeldehaar.nl, Park und Gärten tgl. 10–17 Uhr, Schloss nur bei Führungen, Kernzeiten etwa Di–So 12–16 Uhr, saisonale Abweichungen) einige Kilometer westlich der Stadt. Das romantische Bilderbuchschloss mit Wassergraben und Schlosspark wurde Ende des 19. Jh. von *Petrus J. H. Cuypers* auf den Fundamenten einer mittelalterlichen Anlage errichtet. Interessant im *Inneren* ist die reiche Sammlung von Möbeln, Gobelins, Gemälden und chinesischen Vasen.

An den Ufern der nach Norden fließenden *Vecht* reihen sich einige prächtige *Herrenhäuser* des 16. und 17. Jh. aneinander. Neben Adligen – selbst der preußische Soldatenkönig Friedrich Wilhelm I. besaß hier einen Landsitz – ließen zu Reichtum gekommene Kaufleute aus Amsterdam oder Utrecht ihre Palais an den kurvigen Ufern des Flüsschens errichten. Ebenfalls an der Vecht, in der Nähe der beschaulichen Gemeinde **Breukelen** (www.breukelen.nl), liegen mehrere schöne Anwesen wie *Kasteel Gunterstein* oder *Kasteel Nijenrode*.

Das östlich von Utrecht gelegene **Doorn** ist vor allem als Exil für den deutschen Kaiser Wilhelm II. bekannt, der nach seiner Flucht aus der Heimat von 1920 bis zu seinem Tod 1941 im *Huis Doorn* lebte (Langbroekerweg 10, Tel. 03 43/42 10 20, www.huisdoorn.nl, April–Okt. Di–Sa 10–17 Uhr, So 13–17 Uhr, Nov.–März Mi, Sa/So 13–17 Uhr). Das Ende des 18. Jh. klassizistisch umgestaltete Gebäude präsentiert neben Porträts von Adeligen, Porzellan und Stilmöbeln auch des Kaisers Sammlung von Schnupftabakdosen.

## i Praktische Hinweise

### Information

**VVV Utrecht**, Domplein 9–10, Utrecht, Tel. 09 00/128 87 32, www.utrechtyourway.nl

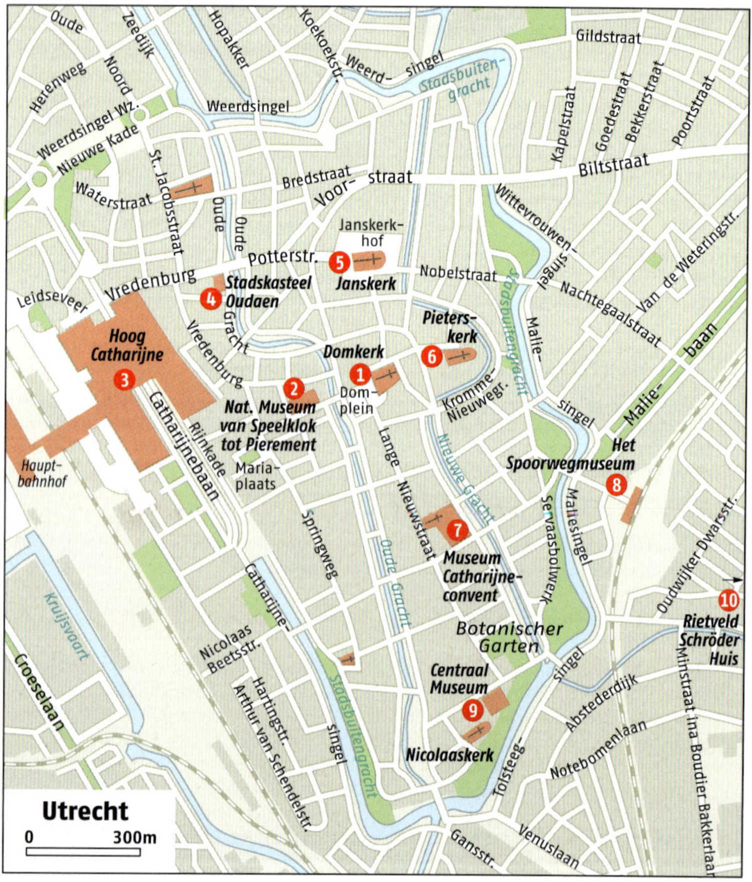

## Schiff

**Rederij Schuttevaer**, Lange Viestraat/ Oudegracht, Utrecht, Tel. 030/272 01 11, www.schuttevaer.com. Bootsfahrten auf den Grachten und der Vecht bis Loenen.

## Fahrrad- und Kanuverleih

**Eerste Aanleg**, Scheendijk 7, Breukelen, Tel. 03 46/26 18 13, Kanuverleih.

**Verkuil**, Eendrachtlaan 81, Breukelen, Tel. 03 46/26 12 48. Fahrradverleih.

## Hotels

*****Malie Hotel**, Maliestraat 2, Utrecht, Tel. 030/231 64 24, www.sandton.eu. Schönes Stadtpalais mit Charme und modernen Annehmlichkeiten.

*****NH Centre Utrecht**, Janskerkhof 10, Utrecht, Tel. 030/231 31 69, www.nh-hotels.com. Zentrales Hotel mit ansprechenden Zimmern.

***Hostel Strowis**, Boothstraat 8, Utrecht, Tel. 030/238 02 80, www.strowis.nl Einfache Unterkunft.

## Restaurants

**De Hoefslag**, Vossenlaan 28, Bosch en Duin, Tel. 030/225 10 51, www.hoefslag.nl. Elegantes Lokal in einem Hotel nordöstlich von Utrecht. Geboten werden köstliche Fisch- und Wildspezialitäten.

**Winkel van Sinkel**, Oudegracht 158, Utrecht, Tel. 030/230 30 30, www.dewinkelvansinkel.nl. Restaurant, Café und Club auf mehreren Ebenen in einem neoklassizistischen Gebäude.

*Schöner wohnen im Grünen – gediegene Landvilla bei Breukelen*

## Bar

**Kafe Belgie**, Oudegracht 196, Utrecht, Tel. 030/231 26 66. 40 gezapfte Biere und 200 Sorten Flaschenbier sorgen stets für gute Stimmung.

*Das nahegelegene Kasteel De Haar ist ein beliebtes Ziel für Fahrradausflüge*

# Drenthe, Overijssel und Gelderland – die ländlichen Ostprovinzen

Die deutlich über dem Meeresspiegel liegenden östlichen Provinzen der Niederlande entsprechen mit ihren ausgedehnten Wäldern und Heideflächen, mit trockengelegten Mooren, Parks und Landsitzen sowie beschaulichen Städten nicht dem typischen Bild der Niederlande. Als Landschaftsgestalter wirkten die letzten Eiszeiten, die im Osten von Gelderland, in Drenthe und in Overijssel Hügelketten bis zu einer Höhe von 100 m zusammengeschoben haben. Seit jeher spielt die *Landwirtschaft* eine wichtige Rolle, es werden verschiedene Gemüse angebaut und, vor allem im *Gelderschen Rivierengebied*, viele unterschiedliche Obstsorten kultiviert.

Durch den Twentekanaal war die von der Textilindustrie geprägte Region um **Enschede** mit der IJssel und folglich mit dem Fernhandel verbunden. Heute finden sich Metall verarbeitende Industrie sowie chemische Betriebe vor allem entlang der Maas und dem Rhein, der bei dem hübschen Universitätsstädtchen **Nijmegen** den Namen Waal annimmt.

Bei **Apeldoorn** mit seinem königlichen Lustschloss **Het Loo** erstreckt sich der ausgedehnte **Nationale Park De Hoge Veluwe**, der mit Wildschweinen, Rotwild sowie zahlreichen schützenswerten Pflanzenarten und dem exzellenten Kröller-Möller Museum aufwartet, das hochkarätige Werke *Vincent van Goghs* zeigt.

## 38 Emmen

*Ein interessanter Tierpark und jede Menge Hünengräber.*

Mit 109 000 Einwohnern ist Emmen die größte Stadt der Provinz Drenthe. Der Ort ist heute vor allem wegen seines Zoos bekannt, dem **Dierenpark Emmen** (Hoofdstraat 18, Tel. 05 91/85 08 55, www.dierenpark-emmen.nl, März–Mai und Okt. tgl. 10–17, Juni–Aug. tg. 10–18, Sept. tgl. 10–17.30, Febr. tgl. 10–16.30 Uhr), der nicht nur Tierstars von Elefanten über Gürteltiere und Flusspferde bis zu Pinguinen und Piranhas bietet, sondern vor allem für seine über 1500 farbenprächtigen tropischen Schmetterlinge berühmt ist.

Interessantes zur Frühgeschichte ist in der Umgebung zu entdecken: Mehr als 50 Hünengräber sind rund um Emmen, Borger und Assen noch erhalten. Das **Hunebedcentrum** (Bronnegerstraat 12, Borger, Tel. 05 99/23 63 74, www.hunebedcentrum.nl, Mo–Fr 10–17, Sa/So 11–17 Uhr) 17 km nordwestlich von Emmen hält nützliche Informationen sowie Karten der Region mit den wichtigsten Fundstätten der etwa 5000 Jahre alten Steinzeitgräber bereit. Auch das **Drents Museum** (Brink 1, Assen, Tel. 05 92/37 77 73, www.drentsmuseum.nl, Di–So 11–17 Uhr) etwa 35 km nordwestlich von Emmen informiert über die *Hunebedden* und darüber hinaus werden Funde aus römischer Zeit sowie keltische und fränkische Waffen, Keramik und Schmuck gezeigt.

Der nur wenige Kilometer von Emmen entfernte **Veenpark** (Berkenrode 4, Barger-Compascuum, Tel. 05 91/32 44 44, www.veenpark.nl, Mitte April–Okt. tgl. 10–17, Juli/Aug. 10–18 Uhr) ist ein Freilichtmuseum, in dem das Leben im Moor in einer Torfstecherkolonie gegen Ende des 19. Jh. beleuchtet wird.

### Praktische Hinweise

#### Information

**Tourist Info**, Hoofdstraat 22, Emmen, Tel. 05 91/ 64 97 12, www.touristemmen.nl

### Hotel

****Boerland**, Hoofdstraat 57, Emmen, Tel. 05 91/61 37 46, www.stads-hotel boerland.nl. Komfortabel ausgestattete Zimmer in nostalgischem Gebäude.

### Restaurant

**De Kamer**, Marktplein 7, Emmen, Tel. 05 91/61 81 80, www.restaurantdekamer.nl. Moderne, internationale Küche und Galerie mit Werken lokaler Künstler.

## 39 Enschede

*Moderne Kunst in der größten Stadt von Overijssel.*

Die einstige Textilmetropole Enschede mit heute knapp 158 000 Einwohnern liegt dicht an der deutschen Grenze und ist beliebtes Einkaufsziel des Umlandes.

Historische Gebäude sind in Enschede nicht erhalten, dafür präsentiert sich die Stadt als Kunstliebhaberin mit diversen, über das autofreie Zentrum verteilten Skulpturen zeitgenössischer Künstler. Der alten wie der modernen Kunst verschrieben hat sich das **Rijksmuseum Twenthe** (Lasondersingel 129–131, Tel. 053/435 86 75, www.rijksmuseumtwenthe.nl, Di–So 11–17 Uhr). Unbedingt sehenswert sind die mittelalterlichen Manuskripte und Skulpturen sowie Gemälde von Lucas Cranach, Hans Holbein oder Jan van Goyen. Vertreten sind auch Maler des 19. und 20. Jh. wie Courbet, Monet, Sisley, Künstler der Gruppen De Stijl und CoBrA sowie große Namen des 21. Jh. wie Tony Cragg und Francesco Clemente.

### Oldenzaal

Besondere Attraktion des 15 km weiter nördlich gelegenen Oldenzaal ist die um 1150 aus Bentheimer Sandstein errichtete **St. Plechelmusbasiliek** (Tel. 05 41/62 65 25, www.plechelmusbasiliek.nl, April–Mai und Sept./Okt. Mo–Sa 13–16, Juni–Aug. Mo 13–16.30, Di–Sa 10–16.30 Uhr). Die romanische Basilika wurde vermutlich auf den Fundamenten einer bereits um 950 entstandenen Kirche erbaut. Der imposante, 63 m hohe Turm (13. Jh.) verfügt über 48 (!) Glocken.

### i Praktische Hinweise

### Information

**VVV Enschede**, Stationsplein, Enschede, Tel. 053/432 32 00, www.uitinenschede.nl

*Originelle Gestalten bevölkern das Dach des Theaters von Enschede*

### Hotel

TOP TIPP *******De Wiemsel**, Winhofflaan 2, Ootmarsum, Tel. 05 41/29 21 55, www.wiemsel.nl. Nördlich von Enschede gelegenes Wellness-Landgut für die totale Entspannung. Das fantastische Restaurant De Wanne bietet mediterrane Speisen.

### Restaurant

**The Saloon**, Korte Haaksbergerstraat 9, Enschede, Tel. 053/431 22 74, www.the-saloon.nl. Steaks, Cocktails und tropische Menus aus Argentinien und Mexiko (Di–So 16.30–22.30 Uhr).

## 40 Apeldoorn

*Eine alte königliche Residenz.*

Besonders reizvoll ist die Lage Apeldoorns (156 000 Einw.) am Rande des großen Landschaftsschutzgebietes *Veluwe*. Das Zentrum des gelderländischen Gewerbestandortes ist von Funktionalität geprägt, doch Parkanlagen und Villenviertel machen die Stadt auch als Wohnsitz für wohlhabende Senioren beliebt.

Ziel der zahlreichen Besucher ist das im Norden der Stadt gelegene TOP TIPP **Paleis Het Loo** (Koninklijk Park 1, Eingang via Amersfoortseweg, Tel. 055/577 24 00, www.paleishetloo.nl, Di–So

*Streng symmetrisch und schlicht ist die einstige königliche Residenz Paleis Het Loo gestaltet, deren Ehrenhoffassade ein Mittelrisalit mit Treppe und Dreiecksgiebel gliedert*

10–17 Uhr). Bis 1975 nutzte die Königliche Familie das unter Wilhelm III. Ende des 17. Jh. errichtete Lustschloss als Residenz. Heute sind der imposante Bau und die kunstvollen, in französischem Stil gestalteten Gärten der Öffentlichkeit zugänglich. Die Münz- und Gemäldesammlung, ein Museum für Orden und Ehrenzeichen sowie die Kollektion historischer Pferde- und Motorkutschen der Königlichen Familie bilden die Hauptanziehungspunkte.

### Ausflug

Das nur 12 km nordöstlich von Apeldoorn an der IJssel gelegene **Deventer** (www.vvvdeventer.nl) einst blühende Handelsstadt und Mitglied der Hanse (15. Jh.), lohnt wegen seiner malerischen Altstadt mit Bauwerken des 16. und 17. Jh. einen Abstecher.

## i Praktische Hinweise

### Information

**VVV Apeldoorn**, Deventerstraat 18, Apeldoorn, Tel. 055/526 02 00, www.vvvapeldoorn.nl

### Camping

**De Pampel**, Woeste Hofweg 35, Hoenderloo, Tel. 055/378 17 60, www.pampel.nl. Naturbelassene Wiesen- und Waldstellplätze.

### Hotels

****__De Keizerskroon__, Koningstraat 7, Apeldoorn, Tel. 055/521 77 44, www.bilderberg.nl. Noble Herberge vis-à-vis vom Paleis Het Loo.

**__Sandton Gilde Hotel__, Nieuwstraat 41, Deventer, Tel. 0570/64 18 46, www.sandton.eu. Moderne, einfache Zimmer in einem gotischen Gebäude.

### Restaurant

**De Leest**, Kerkweg 1, Vaassen, 5 km nördlich von Apeldoorn, Tel. 0578/57 13 82, www.restaurantdeleest.nl. Kulinarisches Spitzenprogramm.

## 41 Nationale Park De Hoge Veluwe

*Nationalpark mit großartiger Kunstsammlung.*

Ein 5500 ha großes Areal von Wald-, Heide- und Wasserflächen, in dem sich zahlreiche Tiere (u.a. Mufflons) tummeln, bildet das Naturschutzgebiet des zwischen Apeldoorn und Arnhem gelegenen, **Nationale Park De Hoge Veluwe** (Zugänge in Hoenderloo, Otterlo und Schaarsbergen, Tel. 055/378 81 00, www.hogeveluwe.nl, saisonal wechselnde Öffnungszeiten, Kernzeiten tgl. 9–18 Uhr).

Eine Stiftung, in die das Industriellenehepaar Kröller-Müller nicht nur seine Gemäldesammlung einbrachte, sondern auch sein weitläufiges Jagdrevier nebst **Jachthuis St. Hubertus** (1914–20, am nördlichen Parkrand, Besichtigung im Rahmen von Führungen mehrmals täglich, Karten an den Eingängen oder im Bezoekerscentrum) bildet die Basis der Anlage. Das TOP TIPP **Kröller-Müller Museum** (Houtkampweg 6, Tel. 03 18/59 12 41, www.kmm.nl, Di–So 10–17 Uhr) wartet mit einer der bedeutendsten Kunstsammlungen der Welt auf, allein 278 Werke von *Vincent van Gogh* können hier bewundert werden. Der dazugehörige Skulpturengarten (Di–So 10–16.30) birgt rund 100 Plastiken namhafter Künstler wie Henry Moore und Claes Oldenburg.

Im *Bezoekers-centrum*, das sich auf halbem Weg zwischen den Zugängen Hoenderloo und Otterlo befindet, erhält man nützliche Informationen. Hier stehen auch 800 gebührenfreie *witte fietsen* (weiße Fahrräder) bereit, mit denen man den weitläufigen Park erkunden kann.

## i Praktische Hinweise

### Restaurant

**'t Pannekoekhuis Hoenderloo**, Krimweg 93-95, Hoendeloo, Tel. 055/378 12 05, www.pannenkoekhuis.nl. Pfannkuchen-Eldorado in reizvoller Landschaft (Di–So 12–20 Uhr).

## 42 Arnhem

*Beliebtes Einkaufszentrum mit einer einst schwer umkämpften Brücke und einem ›Schaukasten‹ der bäuerlichen Niederlande.*

Wenngleich *Arnheym* bereits gegen Ende des 9. Jh. erstmals urkundlich erwähnt

*Schöne Aussicht auf das Jagdschloss St. Hubertus (1920) im Nationale Park de Hoge Veluwe*

*Das ›Selbstbildnis an der Staffelei‹ von 1888 ist im Besitz des Van Gogh Museums*

## Vincent van Gogh – Zauberer der Farbe

Der 1853 als Sohn eines Landpfarrers in Zundert bei Breda (Noord-Brabant) geborene Vincent van Gogh wollte ebenfalls Geistlicher werden, wandte sich nach einem abgebrochenen Theologiestudium jedoch der Malerei zu. In meist schweren, **dunklen Farbtönen** stellte er die Bauern und Arbeiter seiner Heimat dar (z. B. ›Kartoffelesser‹, 1885). Die beiden frühen Jahre in Nuenen bei Eindhoven (1883–85) gehörten zu den produktivsten seines Schaffens. In den winzigen Atelierräumen, die er bei seiner Abreise nach Antwerpen zurückließ, fand man 185 Bilder und 250 Zeichnungen – ein Viertel seiner gesamten Produktion.

Schließlich zog er, unterstützt von seinem Bruder Theo, nach Frankreich, lebte in **Paris** und später in der **Provence**. Unter dem Einfluss der Impressionisten und der südlichen Sonne hellte sich seine Palette auf. Mit dynamischen Pinselstrichen setzte Van Gogh nun die ungemischten **reinen Farben** so auf die Leinwand, dass sie sich zu einer magischen, oft dramatischen Komposition entwickelten, die seine Stimmungen und seine oft labile psychische Verfassung widerspiegelten. Selbst während seiner Aufenthalte in verschiedenen Hospitälern für geistig Verwirrte malte er in lichten Momenten weiter. Im Mai 1890 jedoch setzte der erst 37-Jährige seinem Leben mit einer Pistolenkugel ein Ende.

Zurück blieb das Werk eines zu Lebzeiten verkannten Genies, eines der wichtigsten Vorläufer der modernen Kunst. Im Amsterdamer **Van Gogh Museum** [s. S. 30] und im **Kröller-Müller Museum** [s. S. 103] im Park De Hoge Veluwe kann man seine weltberühmten Gemälde mit ihrer faszinierenden Farbenpracht und dem unvergleichlichen Pinselduktus auf sich wirken lassen.

wurde, um 1233 Stadtrechte erhielt und im 15. Jh. zur Hansestadt aufstieg, sind doch in Gelderlands Provinzkapitale Arnhem (dt. Arnheim) mit ihren rund 144 000 Einwohnern gerade mal eine Hand voll historische Gebäude erhalten. Grund sind vor allem die schweren Zerstörungen während des Zweiten Weltkrieges, die nur 150 Häuser unversehrt ließen. Heute gilt das Herz der Stadt dank zahlreicher schicker Boutiquen und Kaufhäuser als eine der besten Shopping Adressen der Niederlande.

Zu den Sehenswürdgkeiten Arnhems gehört vor allem die den *Kerkplein* dominierende spätgotische **Grote** oder **St. Eusebiuskerk** (Tel. 026/443 50 68, www.eusebius.nl, April–Okt. Di–Sa 10–17, So 12–17, Nov.–März Di–Sa 11–16, So 12–16 Uhr) von 1450–1540, deren Kirchenschiff nach dem Zweiten Weltkrieg wieder originalgetreu hergestellt wurde. Im Inneren birgt der Chor den Marmorsarkophag des Grafen Egmont (1538). Wer vom *Turm* (93 m) – mit dem größten Glockenspiel Europas – eine schöne Panoramasicht über Stadt und Umland genießen möchte, fährt mit einem gläsernen Fahrstuhl komfortabel auf 73 m Höhe hinauf. Ab 2011 wird mit einer umfassenden Restaurierung der Kirche begonnen, welche die nächsten 20 Jahre andauern soll.

An der Chorseite der Basilika schließt sich das **Oude Stadhuis** an, das um 1540 als Stadtpalais des Heerführers *Maarten van Rossum* erbaut wurde. Wegen der drei Teufelsfratzen an der Fassade wird es auch *Duivelshuis* genannt.

Im Süden führt ›Die Brücke von Arnheim‹ (so der deutsche Titel des GB/US-Films von 1977) über den Rhein. Heute heißt sie **John Frostbrug**, in Gedenken an den britischen Lieutenant Colonel Frost, dessen Fallschirmjäger die strategisch wichtige Brücke im September 1944 vier Tage lang besetzt hielten. Die Aktion war Teil der Luft-Boden-Offensive der Alliierten, die unter dem Codenamen Operation Market Garden lief. Dokumentiert wird diese im **Airborne Museum Hartenstein** (Utrechtseweg 232, Oosterbeek, 7 km westlich von Arnhem, Tel. 026/3337710, www.airbornemuseum.nl, April–Okt. Mo–Sa 10–17, So 12–17, Nov.–März Mo–Sa 11–17, So 12–17 Uhr).

TOP TIPP Einer ganz anderen Thematik widmet sich das 33 ha große **Nederlands Openluchtmuseum** (Schelmseweg 89, Tel. 026/3576111, www.openluchtmuseum.nl, Ende März–Okt. tgl. 10–17 Uhr, im Winter kürzer). Hier wurden 80 alte Bauernhäuser, Scheunen und Ställe, Wind- und Wassermühlen sowie Werkstätten aus dem ganzen Land ›zusammengetragen‹, um sie der Nachwelt zu erhalten. Der benachbarte **Burgers' Zoo** (Anton van Hooffplein 1, Tel. 026/4424534, www.burgerszoo.nl, April–Okt. tgl. 9–19, Nov.–März tgl. 9–17 Uhr) ist mit seinem Safari-Park, einem (überdachten) tropischen Regenwald und einem tropischen Riff bei Groß und Klein beliebt.

*Jahrhunderte trennen die Grote Kerk vom benachbarten Arnhemer Stadhuis von 1968*

## i Praktische Hinweise

### Information

**VVV NL Shop Arnhem**, Stationsplein 13, Arnhem, Tel. 0900 190 40 22, www.vvvarnhem.nl

### Schiff

**Rederij Eureka**, Waterstraat 26, Deventer, Tel. 0570/615914 oder Düsseldorf, Tel. 0211/2007115, www.rederij-eureka.de. Tagesfahrten ab Arnhem oder Nijmegen auf dem Rhein und der IJssel.

### Hotel

****Hotel Blanc**, Coehoornstraat 4–8, Arnhem, Tel. 026/4428072, www.hotel-blanc.nl. Schicke Zimmer in einem Stadtpalais unweit vom Bahnhof.

### Restaurant

**Memories of Asia**, Velperplein 16, Arnhem, Tel. 026/4452651, www.memoriesofasia.nl. Hervorragende kantonesische Küche in stilvollem Ambiente.

*In alten Werkstätten und Bauernhäusern stellt das Nederlands Openluchtmuseum Alltag und Arbeit der letzten 350 Jahre nach*

# 43 Nijmegen

*Älteste Siedlung der Niederlande und lebendige Universitätsstadt.*

Um 70 n.Chr. eroberten die Römer eine heute nicht mehr namentlich bekannte Siedlung und errichteten hier den Stützpunkt *Noviomagus*. Karl der Große ließ 768 auf einer Anhöhe über der *Waal*, so heißt der südliche Rheinarm, eine Kaiserpfalz errichten, von der im Park **Valkhof** noch die karolingische Kapelle *St. Nikolaus* (799 geweiht) mit einem achteckigen Turm erhalten ist. Im Laufe der Geschichte unterstand die Stadt verschiedenen Herrschern. Bereits 1591 konnte *Moritz von Oranien* die Spanier aus Nijmegen vertreiben. Später besetzten die Franzosen die strategisch wichtige Stadt. Nachdem die Befestigungen Ende des 19. Jh. geschleift und Industrieanlagen angesiedelt wurden, begann der wirtschaftliche Aufstieg der Stadt. Im Zweiten Weltkrieg wurde das Zentrum stark zerstört. Heute leben etwa 161 000 Einwohner in Nijmegen (dt. Nimwegen), darunter 13 000 Studenten. Hier kann man nicht nur schön shoppen, sondern auch in zahlreichen gemütlichen Straßencafés und Bars einkehren.

Zwischen Valkhof und Hunnerpark liegt seit 1999 der lichtdurchflutete Bau des **Museum Het Valkhof** (Kelfkensbos 59, Tel. 024/360 88 05, www.museumhetvalkhof.nl, Di–Fr 10–17, Sa/So 11–17 Uhr), ein Werk von *Ben van Berkel*. Mit Blick ins Grüne wird hier eine der bedeutendsten archäologischen Sammlungen der Niederlande präsentiert, mit herrlichem Schmuck und Glas, mit Bronzeskulpturen, Reliefs und Vasen. Hinzu kommen Gemälde Alter Meister wie Jan van Goyen, kostbares Kunsthandwerk und aus der Moderne Plastiken von Tony Cragg sowie Werke des niederländischen Surrealismus und Expressionismus.

Im Norden des Valkhof, unweit der Waalbrug, dokumentiert das **Nationaal Fietsmuseum Velorama** (Waalkade 107, Tel. 024/322 58 51, www.velorama.nl, Mo–Sa 10–17, So 11–17 Uhr) mit mehr als 250 Fahrrädern die Entwicklung des in Holland viel geliebten Fortbewegungsmittels vom ersten Laufrad bis heute.

Im Zentrum der Altstadt weiter westlich erhebt sich die **Grote** oder **St. Stevenskerk** (Tel. 024/360 47 10, www.stevenskerk.nl, Mo–Sa 11–17, So 12–17 Uhr). Der Bau wurde bereits um 1260 im romanischen Stil begonnen, aber erst etwa 300 Jahre später im gotischen Stil abgeschlossen. Die Kirche und der viereckige *Renaissance-Turm* (um 1600) mit seinem achteckigen Glockengeschoss wurden nach dem Zweiten Weltkrieg wieder hergestellt. Im Chorumgang und in der Grabkapelle sind Reste von Wandmalereien des 16. Jh. erhalten. Im Chor selbst befindet sich das prächtige *Grabmal* der 1469 verstorbenen Catharina van Bourbon, Herzogin von Geldern. Es steht auf einem breiten Sockel und trägt eine Marmorplatte, auf der ein Flachrelief mit der ganzfigurigen Darstellung der Verstorbenen zu sehen ist. Bemerkenswert ist ferner die von Joost Jacobs geschaffene *Renaissance-Kanzel* (1639) mit mächtigem, sechseckigen Baldachin.

Im St. Stevenskerkhof zieht die 1545 errichtete **Latijnse School** die Blicke auf sich. Ihre prachtvolle figurengeschmückte Fassade weist Stilelemente von Gotik und Renaissance auf.

Ein Bogengang öffnet sich auf den **Grote Markt** mit dem imposanten Backsteinbau der Stadtwaage, **De Waagh** (heute Restaurant, www.de-waagh.nl) von 1612, ein typisches Beispiel der niederländischen Renaissance mit einer doppelläufigen Freitreppe, hohen verzierten Dachgauben und schwarz-roten Fensterläden. Nahebei steht auch die Bronzefigur der *Mariken van Nieumeghen*, die der Legende nach des Bündnisses mit dem Teufel verdächtigt wurde und deren Eisenfesseln sich von selbst aufgebogen haben sollen.

Weiter östlich des Markts ist das **Stadhuis** (Korte Nieuwstraat 6, Tel. 024/329 90 00), das zwischen 1554 und 1555 unter der Leitung des Stadtbaumeisters Herman van Herengrave im Stil der Frührenaissance erbaut wurde. Im *Inneren* des Gebäudes werden wertvolle Wandteppiche des 17. Jh. aufbewahrt.

## Ausflüge

Zwei Sehenswürdigkeiten in der Umgebung von Nijmegen verdienen besondere Erwähnung. Südöstlich Richtung **Groesbeek** liegt der **Museumpark Orientalis** (Profetenlaan 2, Tel. 024/382 31 10, www.museumparkorientalis.nl, Wiedereröffnung für 2012 geplant), welcher der Kultur und Geschichte der drei großen Religionen Judentum, Christentum und Islam gewidmet ist. Zur Einführung gibt es eine Multimediashow in der *Heilig Hart Basiliek*. Im Parkgelände vergegen-

*Wahrlich bunt präsentiert sich die Stadtsilhouette auf dem Marktplatz Nijmegens*

wärtigen fünf Museumsdörfer Stätten des Heiligen Landes, darunter ein jüdisches Dorf, eine Karawanserei, ein Beduinenlager und die Via Orientalis mit Bauten aus spätantiker und frühchristlicher Zeit.

In **Berg en Dal** präsentiert das **Afrika Museum** (Postweg 6, Tel. 024/6847272, www.afrikamuseum.nl, April–Okt. Mo–Fr 10–17, Sa/So 11–17 Uhr) eine qualitätvolle Sammlung afrikanischer Kunst mit Holzskulpturen, Masken und Malerei, darunter auch interessante Arbeiten zeitgenössischer Künstler. Auf dem Freigelände kann man nachgebaute Dörfer aus Angola, Benin, Ghana, Kamerun, Lesotho und Mali erforschen.

## i Praktische Hinweise

### Information

**VVV NL Shop Nijmegen**, Schouwburg, Keizer Karelplein 32 h, Nijmegen, Tel. 09 00/112 23 44, www.vvvnijmegen.nl

### Schiff

**Rederij Tonissen**, Waalkade, beim Casino, Nijmegen, Tel. 024/323 32 85, www.tonissen.nl. Interessante Stadtrundfahrten per Schiff auf der Waal oder Ausflüge nach Millingen mit umfangreichem Pfannkuchen-Büffet.

### Tanz

**Tango El Corte**, Graafseweg 108, Nijmegen, Tel. 024/323 30 63, www.elcorte.com. Tanzschule des ›Tango-Königs‹ Europas. Von Sept. bis Juni jeden Fr 22–1 Uhr Tanzsalon, auch für Anfänger.

### Camping

**Heumens Bos**, Vosseneindseweg 46, Heumen, Tel. 024/358 14 81, www.heumensbos.nl. Wiesen mit Hecken und Bäumen. Viele Freizeitaktivitäten, insbesondere für Kinder.

### Hotel

******Amrâth Hotel Belvoir**, Graadt van Roggenstraat 101, Nijmegen, Tel. 024/323 23 44, www.amrathhotels.nl. Zentral gelegenes Haus mit reizvollem Blick über die Waal.

### Restaurant

**De Schat**, Lage Markt 79, Nijmegen, Tel. 024/322 40 60, www.deschat.nl. Internationale Küche und gute Weine (Mo, Di, Fr, Sa 18–23 Uhr).

### Café

**Weet Je Wel**, Priemstraat 13, Nijmegen, Tel. 024/322 82 02, www.eethuisweetjewel.nl. Café-Restaurant mit exzellentem *Appelgebak* (Apfelkuchen).

# Limburg, Brabant und Zeeland – südliches Flair an der Grenze zu Belgien

Nachdem 1830 der unabhängige Staat Belgien gegründet worden war, wurden die einst zusammengehörenden Provinzen Limburg und Brabant zwischen dem belgischen Königreich und den Niederlanden aufgeteilt. Das hügelige und bewaldete *Limburg* wird wegen seiner guten Küche geschätzt, u.a. steht der Spargel aus **Venlo** bei Feinschmeckern hoch im Kurs. Die Gegend um die Provinzhauptstadt **Maastricht** und das romantische **Valkenburg** gehören mit erholsamen Thermen, zahlreichen Gourmetrestaurants und spannenden Sehenswürdigkeiten wie den Mergelhöhlen zu den beliebtesten Urlaubszielen der Niederlande.

»In *Brabant* sind die Mönche fett und die Bauern mager«, lautet eine niederländische Redensart, die durchaus zutreffend ist. Während des 14./15. Jh., als die Region Herzogtum und Teil des burgundischen Reiches war, entstanden hier gotische Kirchen und Kathedralen wie in **Breda** oder **'s-Hertogenbosch**. In den folgenden Jahrhunderten wiederum galt der Landstrich als arm und zurückgeblieben, was Van Goghs ›Kartoffelesser‹ und andere Darstellungen aus seiner Zeit im brabantischen Nuenen eindrucksvoll unterstreichen.

Ganz im Südwesten der Niederlande liegt *Zeeland* mit der Inselwelt des Mündungsdeltas von Rhein, Maas und Schelde. Verlockend sind die ausgedehnten Strände dieser Provinz, aber auch hübsche Städtchen wie das mittelalterlich anmutende **Zierikzee** und **Middelburg** mit einer uralten Abtei sowie die beeindruckende Technikschau **Deltapark Neeltje Jans** auf dem *Oosterscheldedam* lohnen einen Besuch.

## 44 Venlo und Roermond

*Venlo ist das Wirtschaftszentrum von Nordlimburg, Roermond besitzt eine schöne Altstadt mit zwei sehenswerten Kirchen.*

Das wirtschaftliche, administrative und kulturelle Zentrum des nördlichen Limburg, **Venlo**, präsentiert sich heute – nach schweren Verwüstungen im Zweiten Weltkrieg – als moderne Stadt. Eines der wenigen erhaltenen, historischen Monumente ist die gotische **Grote** oder **St. Martinuskerk** (Grote Kerkstraat, tgl. 14–16, Di–Fr 10.30–12.30, Sa 10–16 Uhr). Im Krieg stark beschädigt, baute man sie nach alten Plänen wieder auf. Im *Inneren* sind ein Taufbecken von 1621 sowie ein neogotischer Schnitzaltar (1898–1901) mit biblischen Szenen zu sehen. Westlich der Kirche liegt das **Stadhuis** (Rathaus) von 1596 mit seiner markanten Backsteinfassade, Portikus und den beiden Türmen. Die Umgebung der Stadt ist bekannt für ihre landwirtschaftlichen Produkte, allen voran der Spargel, der im Mai und Juni gestochen wird. Im **Nationaal Asperge- en Champignonmuseum** (Koppertweg 5, Horst-Melderslo, Tel. 077/3987320, www.delocht.nl, April–Okt. tgl. 11–17 Uhr, Nov.–März Sa/So 11–17 Uhr) nordwestlich von Venlo erfährt der Besucher alles über das ›königliche Gemüse‹.

Gut 30 km südlich von Venlo gelegen, lohnt **Roermond** mit seiner von zwei historischen Kirchen überragten Altstadt einen Ausflug. Mit dem Bau der **Onze Lieve Vrouwe Munsterkerk** (Munsterplein, April–Sept. tgl. 14–17, Okt.–März Sa 14–16 Uhr) im Zentrum wurde bereits 1218 im spätromanischen Stil begonnen. Ende des 19. Jh. wurde sie von Petrus J.H. Cuypers restauriert. Aus dieser Zeit stammen die zahlreichen neogotischen Bauelemen-

*Venlo kann mit einem prächtigen Rathaus im Renaissancestil aufwarten*

te. Die *Grabtomba* von Graf Gerard III. und seiner Frau Margaretha von Brabant (13. Jh.) unter der Vierungskuppel und ein geschnitzter, farbig gefasster *Brabanter Altar* (16. Jh.) gehören zu den hochrangigen Ausstattungsstücken der Kirche. In der im 15. Jh. errichteten **St. Christoffel Kathedraal** (Grote Kerkstraat, www.kathedraal-roermond.nl, April–Okt. tgl. 14–17, Nov.–März Sa 14–17 Uhr) sind Chorgestühl und Altar aus dem 16. Jh. sowie mehrere kostbare Gemälde, u.a. ein Christuskopf von Rubens, sehenswert.

## i Praktische Hinweise

### Information

**VVV Venlo**, Nieuwstraat 40-42, Venlo, Tel. 077/354 38 00, www.venlo.nl

**VVV Roermond**, Kraanpoort 1, Roermond, Tel. 0475/ 38 63 03, www.vvvmiddenlimburg.nl

### Camping

**DroomPark Maasduinen**, Maalbekerweg 25, Belfeld, 8 km südwestlich von Venlo, Tel. 077/475 13 26, www.parkmaasduinen.nl
Naturplatz auf waldreichem Hügel mit Strandbad an einem Baggersee.

### Hotel

******Château Holtmühle**, Kasteellan 10, Tegelen, 4 km westlich von Venlo, Tel. 077/373 88 00, www.bilderberg.nl. Behagliches Hotel im Landhausstil in ausgedehntem Park. Gutes Restaurant ›Die Alde‹ im Haus.

### Restaurant

**Valuas**, St. Urbanusweg 11, Venlo, Tel. 077/354 11 41, www.valuas-hr.nl. Überzeugende Kochkunst mit Mittelmeeranleihen und umfangreicher Weinkarte (So geschl.).

# 45 Maastricht

*Lebhafte Kulturmetropole mit reicher Vergangenheit.*

Maastricht, die Kapitale (120 000 Einw.) der Provinz Limburg, präsentiert sich Besuchern als äußerst lebendige Stadt mit kulturvoller Atmosphäre. Vor allem im Sommer sind die Straßencafés gut gefüllt und zwischen den ehrwürdigen Bauten im Zentrum herrscht munteres Treiben.

Bereits um 50 v.Chr. legten die Römer an einer Furt über die Maas die befestigte *Garnison Traiectum ad Mosam* an. Die Maasbrücke galt im Reich Karls des Großen, bei den späteren Herzögen von Brabant und auch im Befreiungskampf der Niederlande gegen Spanien als strategisch bedeutsam. Die Gründung des belgischen Königreiches 1831 beraubte die Stadt jedoch ihres Hinterlandes. Erst im Rahmen der Europäischen Union und der offenen Grenzen hat Maastricht nun erneut an Bedeutung gewonnen. Der **Maastrichter Vertrag** von 1992, der den Startschuss für die Einführung des Euro gab, machte die Provinzhauptstadt schließlich europaweit bekannt.

Das historische Zentrum erstreckt sich links der Maas. Seine düstere mittelalterliche Vergangenheit als Friedhof und Hinrichtungsort sieht man dem von Geschäften und Restaurants gesäumten, weiträumigen **Vrijthof** heute nicht mehr an. Rings um den Platz finden sich einige der bedeutendsten Sehenswürdigkeiten der Stadt. Im Februar bzw. März feiert hier der größte *Carnaval* der Niederlande Triumphe und Ende August versammeln sich Feinschmecker zum dreitägigen Gourmetfestival *Preuvenemint* (www.preuvenemint.nl, s. S. 129).

*Der Chor der St. Servaasbasiliek schließt den Vrijthof nach Osten hin ab*

TOP TIPP

Die im 11. Jh. über der Grabkapelle des Bischofs Servatius aus dem 6. Jh. erbaute katholische **St. Servaasbasiliek** (Mo–Fr 10–16, Mi 10–12.30 Uhr) dominiert mit ihrer von zwei Türmen flankierten Choranlage den Vrijthof. Sehr kunstvoll gearbeitet ist das *Bergportal* (13. Jh.) an der Kirchensüdseite mit üppigem Figurenschmuck in den Spitzbogen und einem dreigeteilten Tympanonrelief, das Tod, Auferstehung und Krönung Mariens zeigt. Das *Innere* der romanischen Basilika mit dreischiffigem Langhaus, Querhaus, Chor und Kreuzgang besitzt eine reiche Ausstattung. Besonderes Prunkstück der Schatzkammer ist ein spätromanischer, aus Eiche, Kupfer und Gold gearbeiteter *Reliquienschrein* von 1160 mit den Gebeinen des hl. Servatius († 384). Die Krypten beherbergen neben dem Grab des Kirchenpatrons das Grabmal Karls von Lothringen sowie die Sarkophage verschiedener Bischöfe.

Bei der benachbarten gotischen **St. Janskerk** (Mo–Sa 11–17 Uhr) aus dem 14./15. Jh. fällt ihr 70 m aufragender Turm ins Auge. Das *Innere* zeigt sich bis auf eine Kanzel im Louis-XVI-Stil protestantisch schlicht.

Im heutigen **Museum aan het Frijthof** (Vrijthof 18, Tel. 043/3211327, www.museumaanhetvrijthof.nl, Mi–So 13–17 Uhr), einem Bau von 1545, residierten einst die spanischen Gouverneure und Herzöge von Brabant. Allenthalben sieht man Embleme habsburgischer Macht. Die üppig dekorierten Säle beherbergen eine kostbare Sammlung von Möbeln, Gobelins, Porzellan, Kunsthandwerk und Gemälden vorwiegend aus dem 17. und 18. Jh.

Das **Stadhuis** auf dem Marktplatz weiter nördlich wurde um 1660 von Pieter Post zunächst als Tuchhalle errichtet, in der ersten Hälfte des 19. Jh. erhält es eine klassizistischen Fassade. Die Treppe zum Portal ist doppelläufig, damit der Herzog von Brabant als weltliches und der Bischof von Lüttich als geistliches Stadtoberhaupt gleichzeitig eintreten konnten. Vom Markt erreicht man direkt die *Wilhelminabrug* oder etwas weiter flussaufwärts die auf eine ältere Brücke des 13. Jh. zurückgehende *St. Servaasbrug*. Beide Maasbrücken ermöglichen einen malerischen Blick auf die Altstadt. Die St. Ser-

**TARIEVEN** Prijzen voor overnachtingen in ons hotel zijn afhankelijk van o.a. het tijdstip en de duur van uw verblijf. Neem een kijkje op onze website voor een overzicht van de actuele tarieven en arrangementen.

chambres d'hôtes **Rekko**

Kleine Looiersstraat 8 / 6211 JL Maastricht
**T** +31 (0)43 325 18 41 / **F** +31 (0)43 325 61 28
**E** info@chambre-rekko.nl / **I** www.chambre-rekko.nl

chambres d'hôtes **Rekko**

WELKOM IN MAASTRICHT, WELKOM BIJ CHAMBRES D'HÔTES REKKO!

*Wie eine silberne Rakete wirkt Aldo Rossis zinkverkleideter Turm des Bonnefanten Museums*

vaasbrug leitet über zum verwinkelten Stokstraatviertel und dem *Onze Lieve Vrouweplein*, der im Sommer mit zahlreichen Cafés und Restaurants mediterranes Flair verbreitet. Imposanter Blickfang ist hier das steil aufragende, festungsartige Westwerk der **Onze Lieve Vrouwekerk Sterre der Zee** (tgl. 11–17 Uhr), der Liebfrauenkirche Stern des Meeres, mit deren Bau um das Jahr 1000 begonnen wurde. Im von schmalen Lichtschlitzen erhellten *Innenraum* kann man an den dunklen Säulen des Chorumgangs reich skulptierte Kapitelle (12. Jh.) ausmachen. Die Kirche betritt man durch die nördliche Seitenkapelle, in der sich auch eine gotische Skulptur der Madonna ›Unserer Lieben Frau‹ (ca. 1410) befindet, von der sich bis heute viele Gläubige wundersame Hilfe versprechen.

Durch das mittelalterliche **Helpoort**, das Höllentor genannte Stadttor aus dem frühen 13. Jh., erreicht man den Stadtpark, der Teil der früheren Schanzanlagen ist. Das **Natuurhistorisch Museum** (De Bosquetplein 7, Tel. 043/350 54 90, www.nhmmaastricht.nl, Di–Fr 11–17, Sa/So 13–17 Uhr) etwas weiter im Westen erläutert die Entstehung der Landschaft Südlimburg sowie ihre Flora und Fauna anhand von in der Region gefundenen Fossilien und anderen Exponaten.

Das **Bonnefanten Museum** (Avenue Céramique 250, Tel. 043/329 01 90, www.bonnefanten.nl, Di–So 11–17 Uhr) liegt am rechten Maasufer, im Stadtteil Wijk. Das 1995 vom italienischen Stararchitekten *Aldo Rossi* konzipierte Backsteinensemble auf dem Gelände einer früheren Fabrik schließt eine denkmalgeschützte Werkshalle mit ein. Glanzstück der Anlage ist ein silberfarbener Kuppelbau, der an eine Rakete erinnert. Der Bogen der Exponate spannt sich von archäologischen Funden der Region über mittelalterliche Skulpturen und Gemälde des 14.–17. Jh., darunter solche von Pieter Brueghel d. Ä. und Peter Paul Rubens. Einen weiteren Sammlungsschwerpunkt bildet die Kunst des 20./21. Jh., vor allem Meisterwerke der arte povera, Konzeptkunst und Minimalismus, zu denen auch diejenigen von Beuys, Sol LeWitt oder Imi Knoebel gehören.

Westlich des Bonnefantenmuseums zieht im Stadtteil Ceramique das **Centre Ceramique** (Avenue Céramique 50, Tel. 043/350 56 00, www.centreceramique.nl, Kernöffnungszeit Di–Fr 10.30–17 Uhr) die Blicke auf sich. Das von Jo Coenen entworfene Bauwerk verbindet bewusst Altes mit Neuem. So harmoniert die moderne, offene Architektur mit mittelalterlichen Überresten einer Stadtmauer. Das

Centre dient als Informations- und Begegnungszentrum und beherbergt u.a. Ausstellungsräume, Bibliothek, Theater und das Café-Restaurant Ipanema.

Unterhalb des **St. Pietersbergs** im Süden der Stadt erstreckt sich ein Labyrinth von Höhlen und Gängen (Höhlenführungen z.B. im Rahmen einer Bootstour, s.u.). Seit römischer Zeit wurde hier Mergelstein als Baumaterial abgebaut. Während der deutschen Besatzung im Zweiten Weltkrieg dienten die Mergelgrotten als Versteck für Kunstschätze.

## i Praktische Hinweise

### Information

**VVV Maastricht**, Dinghuis, Kleine Staat 1, Maastricht, Tel. 043/325 21 21, www.vvv-maastricht.eu

### Schiff

**Rederij Stiphout**, Maaspromenade 58, Maastricht, Tel. 043/351 53 00, www.stiphout.nl. Bootstouren auf der Maas und Busrundfahrten durch die Stadt.

### Einkaufen

**Olivier Bonbons**, Glacisweg 30 H, Maastricht, Tel. 043/326 17 12, www.olivierbonbons.nl. Bunte Bonbons und köstliche Pralinen aus eigener Herstellung.

### Nachtleben

**Theater aan Het Vrijthof**, Vrijthof 47, Maastricht, Tel. 043/350 55 55, www.theateraanhetvrijthof.nl. Beliebte Bühne für Oper, Musiktheater und Kabarett.

**Ipanema,** Avenue Ceramique 250, Tel. 043/329 01 57, www.ipanema.nl. Das Café-Restaurant des Bonnefanten Museums lockt mit kulturellen Veranstaltungen sowie verschiedenen Partyreihen.

### Hotels

*****__Kruisheren__, Kruisherengang 19-23, Maastricht, Tel. 043/329 20 20, www.chateauhotels.nl. Extravagantes Hotel mit modernem Interieur in gotischem Ambiente einer ursprünglichen Klosteranlage.

****__Botticelli__, Papenstraat 11, Maastricht, Tel. 043/352 63 00, www.botticellihotel.com. Stilvolles Haus im Zentrum mit modernem Interieur und verführerischem Frühstücksbüffet.

**__De Poshoorn__, Stationsstraat 47, Maastricht, Tel. 043/321 73 34, www.poshoorn.nl. Zentral gelegenes kleines Hotel mit gemütlichem Café-Restaurant.

### Restaurants

TOP TIPP **Beluga**, Centre Céramique, Plein 1992/12, Maastricht, Tel. 043/321 33 64, www.rest-beluga.com. Designerambiente und kulinarische Kreationen höchster Qualität. Reservierung unerlässlich (Sa nur abends, So/Mo geschl.).

**'t Plenkske**, Plankstraat 6, Maastricht, Tel. 043/321 84 56, www.hetplenkske.nl. Nettes Bistro-Ambiente und leckere Limburger Küche (So geschl.).

**Toine Hermsen**, St. Bernardusstraat 2–4, Maastricht, Tel. 043/325 84 00, www.toinehermsen.com. Ambitioniertes Spitzenrestaurant mit superben Weinen (Mo, Sa nur abends, So geschl.).

### Bar

**Take One**, Rechtstraat 28, Maastricht, Tel. 043/321 64 23, www.takeonebiercafe.nl. Bar mit vielen regionalen Zapfbieren (Di/Mi geschl.).

# 46 Valkenburg

*Höhlen, Burgen und heilende Bäder.*

Das von Hügeln umgebene Städtchen Valkenburg aan de Geul (17 000 Einw.), über dem malerisch eine Burgruine aus dem 12. Jh. thront, ist im Sommer Ziel zahlreicher, überwiegend holländischer Touristen. Die meisten Hausfassaden sind aus heimischem Mergel gestaltet, weshalb die Stadt auch ›Mergelstad‹ genannt wird. Wie in Maastricht wurde auch hier bereits in römischer Zeit mit dem Abbau des Kalksandsteins aus Höhlen begonnen. Einige, wie die weit verzweigte **Gemeentegrot** (Cauberg 4, Tel. 043/601 22 71, www.gemeentegrot.nl, Führungen stündlich, Kernzeiten tgl. 11–16 Uhr, saisonal eingeschränkt, s. Internetseite), können zu Fuß oder per Grubenbahn besichtigt werden. Manche Höhlen sind mit Fresken, Reliefs und Skulpturen verschiedener Epochen geschmückt, andere bergen fossile Schätze. Weitere Attraktionen des idyllischen Städtchens sind seine Thermalbäder im *Kuurpark*, z.B. die moderne **Thermae 2000** (Cauberg 25–27, Tel. 043/609 20 00, www.thermae.nl, tgl. 9–23 Uhr, mit Restaurant und Hotel). Hier findet man Entspannung vor oder nach einem aufregenden Abend im **Holland Casino** (Cauberg 28, Tel. 043/609 96 00, www.hollandcasino.nl, tgl. 12–3 Uhr).

*Monumental und doch filigran – die gotische St. Janskathedraal in 's-Hertogenbosch*

## i Praktische Hinweise

### Information

**VVV Zuid-Limburg**, Markt 1, AH Simpelveld, Tel. 043/609 85 00, www.vvvzuidlimburg.nl

### Radverleih

**Cycle Center**, De Valkenberg 8 b, Valkenburg, Tel. 043/601 53 38, www.cyclecenter.nl. Verleih von Fahrrädern und Mopeds.

### Camping

**Stadscamping den Driesch**, Heunsbergerweg 1, Valkenburg, Tel. 043/601 20 25, www.campingdendriesch.nl. Schön gelegener Platz auf einer Anhöhe am Rand von Valkenburg.

### Hotels

TOP TIPP ****Château St. Gerlach**, Joseph-Corneli-Allée 1, Valkenburg, Tel. 043/608 88 88, www.chateauhotels.nl. Luxuriöses Landgut in einem früheren Kloster. Gemütliche, mit Antiquitäten eingerichtete Zimmer, üppiges Frühstück.

****Hotel Dupuis**, Lindenlaan 5, Valkenburg, Tel. 043/601 51 81, www.hoteldupuis.nl. Ruhiges Haus mit komfortal ausgestatteten Zimmern.

### Restaurant

**De Rijke Jansen**, Jan Deckerstraat 1 b, Valkenburg, Tel. 043/601 44 44, www.derijkejansen.nl. Französische Kochkunst mit regionalen Zutaten, gute Weinkarte (So nur mit Reservierung/Mo geschl.).

## 47 's-Hertogenbosch

*Gotische Kathedrale im ›Wald der Herzöge‹.*

Die Hauptstadt der Provinz Noord-Brabant wird von ihren rund 129 000 Bewohnern meist kurz *Den Bosch* genannt. Die Altstadt des Handels- und Gewerbezentrums am Zusammenfluss von Aa und Dommel präsentiert sich mit ihren Grachten, Giebelhäusern und Kirchen als besonderer Anziehungspunkt. Im Mittelpunkt des Besucherinteresses steht die TOP TIPP **St. Janskathedraal** (Torenstraat 16/Parade, Mo–Sa 10–11.30, 13.30–16 Uhr), eine der schönsten gotischen Kirchen des Landes – gestaltet nach dem Vorbild der Kathedrale von Amiens in Nordfrankreich. Der *Turm* der hiesigen Kirche geht noch auf einen um 1220 entstandenen romanischen Vorgängerbau zurück, ab 1380 begannen die Arbeiten für den Neubau, der gut 150 Jahre dauerte. Mit einer Länge von 115 m und einer Breite von 62 m ist St. Jan die größte Kirche der Niederlande. Mit mehr als 600 Figuren auf den Strebebogen und den szenischen Reliefs über den Fenstern weist sie eine unvergleichliche Ornamentik auf. 150 Bündelpfeiler tragen das Gewölbe des fünfschiffigen *Inneren*, das trotz des reformatorischen Bildersturms eine Fülle von Kunstschätzen bewahren konnte. Herausragend sind das wahrscheinlich aus dem 13. Jh. stammende Gnadenbild ›Zoete Lieve Vrouwe van

*Wuchtige Rundtürme und Graben wehrten einst die Feinde des Kasteel Ammersoyen ab*

Den Bosch‹ in der Marienkapelle, das wunderbar geschnitzte Chorgestühl von 1480, ein kupfernes Taufbecken (1492) von Art van Tricht, die Renaissance-Kanzel aus dem 16. Jh. sowie das Gemälde ›Jesus und Maria halten Fürbitte‹ (1656) von Abraham Bloemaert neben der Taufkapelle.

Zu Ehren des Malers *Hieronymus Bosch* (um 1450–1516), dem berühmtesten Sohn der Stadt, wurde 2007 in der freskengeschmückten *St. Jacobskerk* (1907) das **Jheronimus Bosch Art Center** (Jeroen Boschplein 2, Tel. 073/612 68 90, www.jheronimubosch-artcenter.nl, Di–Fr 11-17.30, Sa/So 12–17.30 Uhr) eingerichtet, welches sich dem Leben und Werk des großen Meisters widmet. Per Glasaufzug gelangt man in die oberen Galerien mit Fotoreproduktionen seiner berühmten Gemälde – die Originale befinden sich in verschiedenen internationalen Museen. In anderen Sälen kann man Gobelins nach Bosch-Motiven und Kopien seiner Zeichnungen studieren. Neben Dokumentationen zu Bildthemen wie ›Die Sieben Todsünden‹ oder ›Himmel und Hölle‹ zieht ein rekonstruiertes Maleratelier des 15. Jh. die Blicke auf sich. Ein Panorama seiner Heimatstadt genießt man weiter oben, genauer vom *Turm* aus in 40 m Höhe.

Wiederum am Markt von 's Hertogenbosch erinnert ein *Standbild* vor dem **Stadhuis** an den weltbekannten Maler des Fantastischen. Das spätgotische Rathaus wurde 1671 im klassizistischen Barockstil umgestaltet. Im Giebel zeigen Ritterfiguren eines Spielwerks halbstündlich ihre Kampfeskunst bei einem Reiterturnier. Gegenüber hat sich im ältesten Backsteinbau der Stadt, dem Anfang des 13. Jh. errichteten Haus **De Moriaan**, das Tourismusbüro eingerichtet.

Ein Spaziergang auf den Wallanlagen aus dem 17. Jh. führt zu mehreren kanonenbewehrten Bastionen. In der 1629 errichteten **Citadel** im Norden der Altstadt, in der heute das Reichsarchiv von Brabant untergebracht ist, sind einige der Kanonen auf die Stadt ausgerichtet – sie dienten dazu, aufmüpfige Bürger in Schach zu halten.

### TOP TIPP Kasteel Ammersoyen

Von s'-Hertogenbosch bietet sich ein Ausflug zum 11 km nordwestlich gelegenen Kasteel Ammersoyen (Kasteellaan 1, Ammerzoden, Tel. 073/599 55 06, www.kasteel-ammersoyen.nl, April–Okt. Di–Fr 11–17.30, Sa/So 12–17.30 Uhr, Nov.–März Mi 13–17 Uhr) an. Die von einem Wallgraben geschützte Burg aus dem 14. Jh. mit ihren vier bombastischen Rundtürmen macht einen uneinnehmbaren Eindruck. Zu besichtigen sind u.a. der *Ridderzaal* mit altem Mobiliar und die Turmzimmer, die man über Wendeltreppen erreicht.

### Eindhoven

Knapp 30 km südlich von 's-Hertogenbosch liegt Eindhoven, eine 215 000 Einwohner zählende Industriestadt mit riesigen Fertigungsbetrieben des Elektrokonzerns Philips, was ihr den schönen Beinamen ›Stadt des Lichts‹ eingebracht hat. In der modernen Innenstadt ziehen verschiedene Kunstwerke die Blicke auf sich, darunter *Claes Oldenburgs* knallgelbe ›Flying Pins‹ von 2000, die an der Straßenkreuzung von John F. Kennedylaan und Fellennoord zu sehen sind.

Das **Van Abbemuseum** (Bilderdijklaan 10, Tel. 040/238 10 00, www.vanabbemuseum.nl, Di–So 11–17, 1. Do im Monat 11–21 Uhr) präsentiert eine Spitzensammlung zur Malerei des 20./21. Jh. Die eindrucksvolle Werkpalette reicht von Picasso über Miró und Beuys bis zu Gerhard Richter, Baselitz und Thomas Schütte.

### i Praktische Hinweise

#### Information

**VVV 's-Hertogenbosch**, Markt 77, 's-Hertogenbosch, Tel. 09 00/112 23 34, www.vvvdenbosch.nl

**VVV Eindhoven**, Stationsplein 1, Eindhoven, Tel. 040/2979100, Tel. 09 00/112 23 63, www.vvveindhoven.nl

#### Restaurants

**Café Cordes**, Parade 4, 's-Hertogenbosch, Tel. 073/612 42 24, www.cafecordes.nl. Munteres Eetcafé, am Wochenende sorgen DJs für Partystimmung.

**De Raadskelder**, Markt 1 a, 's-Hertogenbosch, Tel. 073/613 69 19, www.raadskelder.info. Abwechslungsreiche regionale Küche im Ratskeller (So/Mo geschl.).

## 48 Tilburg

*Schickes Museum zur Geschichte der lokalen Textilindustrie.*

Wer sich für die Geschichte der Textilindustrie interessiert, sollte einen kurzen Abstecher in die moderne Industriestadt (204 000 Einw.) unternehmen, die bis heute der wichtigste Standort der niederländischen Textilproduktion ist. Die Stadt entstand wohl im 11. Jh., Ende des 16. Jh. verarbeitete man hier schon die Wolle der Schafsherden aus der Umgebung, bevor sie Mitte des 19. Jh. im Zuge der industriellen Revolution in Fabriken weiterverarbeitet wurde. Das in einer alten Textilfabrik plus Glasanbau eingerichtete **Audax Textielmuseum Tilburg** (Goirkestraat 96, Tel. 013/536 74 75, www.textielmuseum.nl, Di–Fr 10–17, Sa/So 12–17 Uhr) dokumentiert die Geschichte der Stoffherstellung. Themenbereiche sind Technik, Industriekultur, Design und Kunst. Hinzu kommen spannende Wechselausstellungen mit Projekten aus dem innovativen *TextielLab*.

Kinder zieht es vor allem in den großen Vergnügungspark **De Efteling** (Europalaan 1, bei Kaatsheuvel, 8 km nördlich von Tilburg, Tel. 04 16/28 81 11, www.efteling.nl, Ende März–Okt. tgl. 10–18, Nov.–Feb. 11–18 Uhr), einen Märchenpark mit fantastischen Attraktionen wie Spukschloss, fliegender Pagode, Fata Morgana oder zahlreichen weiteren Attraktionen.

### i Praktische Hinweise

#### Information

**VVV Tilburg**, Nieuwlandstraat 34, Tilburg, Tel. 09 00/202 08 15, www.vvvtilburg.nl

#### Restaurant

**De Pannekoekenbakker**, Heuvelstraat 40, Tilburg, Tel. 013/536 14 26, www.pannekoekenbakker-tilburg.nl. Bei 200 Variationen findet jeder seinen Lieblings-Pfannkuchen (Mo geschl.).

## 49 Breda

*Festungsstadt mit dem Stammschloss der Oranier.*

Schon im 12. Jh. entwickelte sich die Stadt Breda im Schutz einer Festung. Ihre strategisch günstige Lage am Zusammenfluss von Mark und Aa war wohl der Grund für zahlreiche Belagerungen und Eroberungen im Laufe ihrer Geschichte. Noch heute spielt Breda als Garnisonsstadt mit mehreren Kasernen und Bildungseinrichtungen des niederländischen Militärs eine wichtige Rolle.

Das von Wassergräben umgebene und von vier Ecktürmen bewachte **Kasteel van Breda** am nördlichen Grachtengürtel ist das Stammschloss des niederländischen Königshauses. Graf Heinrich III. von Oranien-Nassau, Erzieher und Berater des Kaisers Karl V., gab 1530 den Startschuss für den Umbau einer alten Burg zum Renaissanceschloss. Seit 1828 hat hier die *Koninklijke Militaire Academie (KMA)* ihren feudalen Sitz.

Die von einem Grachtengürtel eingefasste Innenstadt lädt mit schmucken

Bürgerhäusern aus dem 18./19. Jh. sowie zahlreichen Geschäften und Cafés zum Bummeln ein. Die 1410–1547 im Stil der Brabanter Gotik am Markt errichtete **Grote** oder **Onze Lieve Vrouwe Kerk** (Tel. 076/521 82 67, www.grotekerkbreda.nl, Mo–Sa 10–17, So 13–17 Uhr) mit ihren eleganten, hohen Maßwerkfenstern und ihrem 97 m hohen Turm ist das bedeutendste Bauwerk der Stadt. Im *Inneren* fasziniert vor allem das aufwendig gestaltete monumentale *Grabmal* des 1504 verstorbenen Grafen Engelbrecht II. von Nassau und seiner Gemahlin Cimburga von Baden in der Prinzenkapelle. Die Steinskulpturen zeigen das vor einer Madonna kniende Ehepaar, das von mehreren Begleitpersonen flankiert wird. Beachtenswert ist auch das Schnitzwerk des spätgotischen Chorgestühls und der Kanzel (um 1600).

Im Schatten der Kirche verdienen auch die **Vleeshal** (17. Jh.) und das **Stadhuis** (18. Jh.) einen Blick. Ein Kleinod in der Nähe ist der 1267 gestiftete **Begijnhof** mit Häuschen und Kapelle. Das in einem der Wohnungen eingerichtete *Breda's Begijnhof Museum* (Catharinastraat 29, Tel. 076/522 26 09, Di–So 12–17 Uhr), Dependance des im Chassépark ansässigen **Breda's Museum** (www.breda-museum.nl) zur Stadtgeschichte, gewährt Einblick in die Lebenswelt frommer Damen von einst.

Das **Graphic Design Museum Beyerd Breda** (Boschstraat 22, Tel. 076/529 99 00, www.graphicdesignmuseum.nl, Di–So 10–17 Uhr), widmet sich der Designkunst in allen Bereichen der öffentlichen Kommunikation.

*Das zu einem Renaissanceschloss umgebaute Kasteel van Breda mit Arkadenhof*

## Praktische Hinweise

### Information

**VVV Breda**, Willemstraat 17, Breda, Tel. 09 00 522 24 44, www.vvvbreda.nl

### Hotel

*****Mastbosch**, Burgemeester Kerstenslaan 20, Breda, Tel. 076/565 00 50, www.mastbosch.nl. Entspannter Luxus in Waldnähe am Stadtrand.

## 50 Bergen op Zoom

*Austern, Spargel und Erdbeeren in ehemaliger Festungsstadt.*

Das Delta-Sperrwerk schützt die Stadt an der Oosterschelde vor den Fluten der Nordsee. Der Schelde-Rijnkanaal führt direkt an Bergen op Zoom vorbei und verbindet den von Fischerei und Landwirtschaft geprägten Ort mit Rotterdam und dem belgischen Antwerpen. Im *Hafen* werden Austern und Muscheln angelandet und umgeschlagen, in der Umgebung Spargel und Erdbeeren angebaut.

Einen Besuch lohnt das am Markt gelegene **Stadhuis** (www.stadhuisbergenopzoom.nl, Mai–Okt. Sa–Do 13–16.30 Uhr), das auf das 14. Jh. zurückgeht. Nach dem Zusammenschluss mit zwei benachbarten Bauten erhielt der Komplex eine neue einheitliche Fassade. Im Inneren schlendert man duch die weitgehend historisch ausgestatteten Säle und sieht u.a. einen prachtvollen gotischen Kamin von 1521. Dieser stammt aus dem spätgotischen **Markiezenhof** (Steenbergsestraat 8, Tel. 01 64/27 70 77, www.markiezenhof.nl, Di–So 11–17 Uhr), dem 1475 erbauten Stadtpalais der Markgrafen. Er gilt als schönster historischer Bau der Stadt und fungiert heute als *Historisch Centrum* u.a. mit einer Sammlung zur Stadtgeschichte. Von der Vergangenheit als Festungsstadt zeugt noch das imposante **Gevangenpoort** aus dem 15. Jh. mit seinen wuchtigen Rundtürmen am Westende der Lieve Vrouwenstraat.

### Yerseke

Der gut 30 km westlich liegende Fischerort Yerseke ist das Austern- und Miesmuschelzentrum der Niederlande. Besonders während des *Mosseldag Yerseke* im August kann man Austern schlürfen sowie Muschel- und Krustentiere in den Restaurants genießen.

*Königliche Grüße: Laurentien und Constantijn, Máxima und Willem-Alexander, Königin Beatrix, Margriet der Niederlande und Pieter van Vollenhoven (v.l.)*

## Oranier – Herrschergeschlecht der Niederen Lande

Wenn holländische Fußballfans sich bei Länderspielen die Gesichter orangefarben anmalen, spielt der Stammvater des Königshauses, **Wilhelm der Schweiger** (1533–1584) aus dem Hause Nassau-Dillenburg, mit. Als gleichzeitiger Herrscher über das südfranzösische Fürstentum von **Orange (Oranien)** gab er späteren Generationen damit die Nationalfarbe vor. Wilhelm der Schweiger, zunächst vom spanischen König Philipp II. als Statthalter eingesetzt, führte schon bald den Aufstand um die Unabhängigkeit der niederländischen Provinzen an.

Die seit 1980 amtierende **Königin Beatrix** (geb. 1938) ist das fünfte Staatsoberhaupt aus dem Hause Oranien. Die Mehrheit der Niederländer schätzt das Königshaus und befürwortet die konstitutionelle Monarchie, auch wenn regelmäßig Diskussionen über deren Fortbestand geführt werden. Dabei gehört nicht jedes Mitglied der königlichen Familie gleichzeitig zum Königshaus. Diesem werden gegenwärtig nur 17 Personen mit ihren Ehepartnern zugeordnet und mit repräsentativen Aufgaben bedacht. Zu ihnen zählt die Monarchin sowie die Mitglieder der Familie bis zum dritten Grad mit Ansprüchen auf den Thron, sofern sie nicht gegen den Willen des Parlaments geheiratet haben. Das niederländische Königshaus gehört unabhängig der staatlichen Apanage von knapp 8 Mio. Euro zu den reichsten Familien Europas – besitzt aber nicht mehr den Milliardärsstatus. Die Finanzkrise verschlang 200 Mio., so dass sich die Oranje-Nassaus nur mehr auf 800 Mio. Euro ausruhen können. Der Reichtum setzt sich aus Grund- und Immobilienbesitz und Aktien am Ölkonzern Royal Dutch/Shell zusammen. Die meisten Königsschlösser gehören dem Staat.

Die **königliche Homepage** (www.koninklijkhuis.nl) präsentiert eine gut aufgemachte Familiengeschichte mit Kurzbiografien und Bildern aller Mitglieder und zur Geschichte des Hauses Oranien-Nassau.

## i Praktische Hinweise

### Information

**VVV Brabantse Wal**, Kortemeestraat 19, Bergen op Zoom, Tel. 01 64/27 74 82, www.vvvbrabantsewal.nl

### Camping

**De Heide**, Bemmelenberg 12, Bergen op Zoom, Tel. 01 64/23 56 59, www.campingdeheide.nl. Naturplatz auf einer Waldlichtung, mit abwechslungsreichem Freizeitprogramm.

### Hotel

TOP TIPP ***__De Draak__**, Grote Markt 36, Bergen op Zoom, Tel. 01 64/25 20 50, www.hoteldedraak.nl. Antiquitäten und moderner Komfort werden im ältesten Hotel der Niederlande von 1397 auf elegante Art und Weise miteinander verbunden.

*Zierikzee gibt sich malerisch mit Zugbrücke und wuchtigem Zuidhavenpoort*

# 51 Zierikzee

*Romantische Stadtansichten, Spitzenstrände und ein verhinderter babylonischer Turm.*

Ideale Bedingungen für Surfer, Segler und Badeurlauber locken im Sommer Tausende Urlauber an die herrlichen Strände der auf Schouwen-Duiveland gelegenen Badeorte Nieuw-Haamstede, Westerschouwen und vor allem TOP TIPP **Renesse**. Die Insel ist durch Brücken und Dämme mit dem Festland verbunden. Ihr Hauptort **Zierikzee** mit seinem mittelalterlichen, von einem Grachtenring eingefassten Ortskern steht fast komplett unter Denkmalschutz. Den frei stehenden **St. Lievensmonstertoren** (Balie, Mo–Fr 10–17 Uhr) kann man bereits von weitem ausmachen. Eigentlich hätte der von den flämischen Baumeistern Andries und Anthonis Keldermans 1454 entworfene Kirchturm 206 m hoch werden sollen. Doch Geldmangel ließ das heute treffend *Dikke Toren* genannte Monument bereits bei 60 m enden. Die dazugehörige Kirche brannte im 19. Jh. ab und wurde durch die kleiner dimensionierte *Nieuwe Kerk* ersetzt. Ein Rundgang durch den Ort mit seinen malerischen Gassen und Giebelhäusern sollte unbedingt auch die drei erhaltenen Stadttore einschließen, das **Noordhavenpoort** von 1559 an der Einfahrt zum Hafen und die aus dem 14. Jh. stammende zweitürmige **Nobelpoort** im Norden sowie das wuchtige **Zuidhavenpoort** mit vier spitzen Ecktürmchen und einem mittigen Glockenspielturm. Auch das 1554 errichtete **Stadhuis** (Meelstraat 6) mit einem Heiratszimmer im Stil Louis XV, dem *Schutterzaal*, in dem sich einst die Miliz des Ortes versammelte, sowie einer Sammlung zur Stadtgeschichte lohnt den Besuch.

Das **Maritiem Museum** (Mol 25, www.museaschouwenduiveland.nl, April–Okt. Mo–Sa 10–17, So 12–17 Uhr) präsentiert eine hübsche Kollektion von Schiffsmodellen und Seestücken. Doch bereits das Gebäude an sich ist eine Attraktion: ein früheres Gefängnis mit 400 Jahre alten Graffiti in den Zellen. Im malerischen **Oude Haven** liegen im Sommer einige historische Schiffe vertäut.

## i Praktische Hinweise

### Information

**VVV Zierikzee**, Nieuw Haven 7, Zierikzee, Tel. 09 00/202 02 33, www.vvvzeeland.nl

### Camping

**Julianahoeve**, Hoogenboomlaan 42, Renesse, Tel. 01 11/46 14 14, /www.ardoer.com. Platz in den Dünen mit eigenem Zugang zum 17 km langen Strand.

### Hotels

*****Schuddebeurs**, Donkereweg 35, Schuddebeurs, nördlich von Zierikzee, Tel. 0111/415651, www.schuddebeurs.nl. Angenehmes Hotel, Restaurant mit französischer Küche, in der Nachbarschaft eines Golfplatzes gelegen.

***Klaas Vaak**, Nieuwe Bogerdstraat 24, Zierikzee, Tel. 0111/414204, www.pensionklaasvaak.nl. Ruhige Pension unweit des Oude Haven.

### Restaurant

**De Zeelandbrug**, Weg naar de Val 10, Zierikzee, Tel. 0111/413208, www.dezeelandbrug.nl. Moderne niederländische Küche mit französischen Finessen, Terrasse mit Brückenblick (Mo geschl.).

## 52 Middelburg

*Mittelalterlicher Marktort auf Walcheren mit originellem Freizeitpark.*

Getreu ihrem Motto »Luctor et emergo«, »Ich ringe und komme nach oben«, hat sich Middelburg immer wieder erholt, von der Bedrohung durch Wikinger, von mittelalterlichen Kriegen und Brandkatastrophen, von den Folgen vieler Sturmfluten und den Bombenangriffen der deutschen Luftwaffe 1940, die 600 Gebäude in Schutt und Asche legten. Viele historische Bauten der 48000 Einwohner zählenden Provinzhauptstadt Zeelands sind folglich gekonnte Rekonstruktionen der stark beschädigten Originale.

Die Stadt liegt auf der Insel *Walcheren* inmitten von Kartoffeläckern und Kornfeldern. Zwei Grachtenringe umkränzen die Altstadt mit dem Kloster der Norbertiner **Onze Lieve Vrouwe Abdij**. Der ausgedehnte, um einen großen begrünten Innenhof angelegte Komplex (12.–16. Jh.) besteht aus mehreren Verwaltungsbauten, Mönchszellen, einem Kreuzgang sowie der zweischiffigen Pfarr- und der einschiffigen Abteikirche. Seit der Säkularisierung im 16. Jh. ist das Kloster Sitz der Provinzverwaltung. Vom **Lange Jan** (Tel. 0118/415400, www.langejanmiddelburg.nl, Kernzeiten tgl. 10–16 Uhr), dem fast 91 m hohen achteckigen Turm der Abteikirche, hat man einen herrlichen Blick über die Insel und bis zu den Delta-Sperrwerken. Das gleichfalls im Kloster ansässige **Zeeuws Museum** (Abdijplein, Tel. 0118/653000, www.zeeuwsmuseum.nl, Di–So 11–17 Uhr) präsentiert eine vielfältige Sammlung zur Geschichte Zeelands. Zu den Highlights gehören sechs opulente *Wandteppiche* (1593–1604) mit lebhaft gestalteten Szenen aus den Seeschlachten gegen die Spanier im Achtzigjährigen Krieg (1568–1648).

Am Marktplatz präsentiert sich eindrucksvoll das 1452–58 aus grauweißem Stein erbaute und später durch eine Fleischhalle und einen Turm erweiterte **Stadhuis** (Führungen April–Okt. Sa–Do 13, 14, 15 Uhr). Seine gotische Fassade mit den Statuen der 25 Grafen und Gräfinnen von Holland und Zeeland sind Glanzpunkte mittelalterlicher Bildhauer- und Steinmetzkunst.

Nahe dem Koepoort an den Wallanlagen zeigt der beliebte Freizeitpark **Miniatuur Walcheren** (Mini Mundi, Podium 35, Middelburg, www.minimundi.nl, April–Okt. tgl. 10–19 Uhr, sonst verkürzte Öffnungszeiten) die Insel Walcheren mit ihren Orten, Gebäuden und Landschaften im Maßstab 1:20.

### Ausflug

Auf dem *Oosterscheldedam*, der Walcheren mit der Insel Schouwen-Duiveland

*Das kunsthistorische Juwel des Marktorts Middelburg ist sein gotisches Stadhuis*

## Blick über die Grenze – Kultur pur in Flandern

Wer Noord-Brabant oder Zeeland bereist, sollte unbedingt einen Abstecher ins benachbarte **Belgien** unternehmen. Schließlich liegen mit Antwerpen, Gent und Brügge drei der reizvollsten Städte Flanderns in unmittelbarer Nachbarschaft. Einer der Publikumslieblinge ist und bleibt **Brügge**, die mittelalterliche Handelsmetropole der Hanse und Europas Kulturhauptstadt des Jahres 2002. Alt-Brügge wird vom Flüsschen Reye eiförmig umflossen und vom 83 m hohen, bereits im 13. Jh. entstandenen *Belfried* überragt. Dieser säumt zusammen mit der Tuchhalle (13. Jh.) und anderen Gebäuden den *Grote Markt*. Am benachbarten Burgplatz erheben sich das mit Türmchen und Statuen geschmückte Rathaus, der Justizpalast und die *Heiligblutkapelle*, die auf das 12. Jh. zurückgeht.

Von der *Michaelsbrücke* über die Leie bietet sich ein besonders schöner Blick auf das historische Zentrum der mittelalterlichen Tuchmacherstadt **Gent**. Mit der *Tuchmacherhalle* aus dem 15. Jh., dem benachbarten 91 m hohen *Belfried* von 1339, dem kleinen Beginenhof und der großartigen Wasserburg *'s Gravensteen* aus dem 12. Jh. liegen die Hauptsehenswürdigkeiten nahe beieinander. Auch die mächtige Kathedrale *St. Bavo* (10.–16. Jh.) mit dem weltberühmten ›Genter Altar‹ der Gebrüder *Van Eyck* und das Rathaus mit seiner wunderschönen gotischen Fassade sind nicht weit entfernt.

In **Antwerpen** lohnt sowohl eine Rundfahrt durch den umschlagstarken Seehafen an der Schelde als auch ein Gang durch die Stadt mit ihren vielen Kunstmuseen. Unübersehbar ist die *Liebfrauenkathedrale* mit ihrem 123 m hohen Turm, besonders beeindruckend der *Grote Markt* mit dem Rathaus aus dem 16. Jh. und einem Ensemble von Zunfthäusern. Im *Rubenshaus* kann man die Produktionsstätte des flämischen Malerfürsten besichtigen und in den zahlreichen Schleifereien der Diamantenhauptstadt Europas die Verarbeitung der Edelsteine verfolgen.

TOP TIPP

verbindet, dokumentiert der **Deltapark Neeltje Jans** (Faelweg 5, Tel 0111/65 56 55, www.neeltjejans.nl, April–Okt. tgl. 10–17.30, Nov.–März Mi–So 10–17 Uhr) das gigantische Flutwehrprojekt der Deltawerke im Mündungsgebiet von Rhein, Maas und Schelde. In der Ausstellung *Delta Expo* demonstriert ein großes Modell der Insel- und Flüsselandschaft samt deren Strömungsverhältnisse die Hintergründe des gigantischen Sperrwerkes. Außerdem sind die Maschinenräume eines riesigen Schleusentores zu besichtigen. Im *Deltapark* sorgen Ausstellungen zu Meeressäugern und Muscheln, ein Meeresaquarium, Bootsausflüge zum Sperrwerk und Kinder-Attraktionen wie z. B. Ballspielen mit den Seelöwen für kurzweilige Unterhaltung.

## i Praktische Hinweise

### Information

**VVV Walcheren en Noord-Beveland**, Schuitvlotstraat 32, Domburg, Tel. 0118/ 58 13 42, www.vvvzeeland.nl

### Schiff

**Rederij Dijkhuizen**, Loskade 45, gegenüber vom Hauptbahnhof, Middelburg, Tel. 0118/41 93 67, www.rederij-dijkhuizen.nl. Rundfahrten auf dem Kanaal door Walcheren bis zum Veerse Meer.

### Fahrradverleih

**NS Rijwielstalling**, Kanaalweg 22, Middelburg, Tel. 0118/61 21 78. Günstige Tarife.

### Camping

**De Witte Raaf**, Muidenweg 3, Arnemuiden, östlich von Middelburg, Tel. 0118/60 12 12, www.ardoer.com. Mit Buschreihen gegliederte Rasenfläche, eigene Badebucht am Veerse Meer und verschiedene Freizeitangebote.

### Hotel

****De Huifkar**, Markt 19, Middelburg, Tel. 0118/61 29 98, www.brasseriede huifkar.nl. Gemütliches kleines Hotel; die Terrasse des hauseigenen Restaurants liegt direkt am Marktplatz.

### Restaurant

**De Campveerse Toren**, Kaai 2, AA Veere, Tel. 0118/50 12 91, www.campveersetoren.nl. Köstliche Fischgerichte und dazu ein schöner Blick auf das Veerse Meer im Restaurant eines ausgezeichneten Hotels.

*Wer kann besser fangen? Ballspielen mit Seelöwen ist nur eine der Attraktionen, die der Deltapark Neeltje Jans für seine kleinen und großen Besucher bereithält*

## 53 Vlissingen

*Fähr- und Fischereihafen mit beliebten Stränden.*

Südlich von Middelburg, an der breiten Scheldemündung, liegt die wirtschaftlich bedeutende Hafenstadt Vlissingen (45 000 Einw.). Vom Boulevard De Ruyter kann man den regen Schiffsverkehr beobachten. An den der Promenade vorgelagerten *Stränden* tummeln sich im Sommer die Badegäste. Ein **Denkmal** an der Mole erinnert an den 1607 hier geborenen *Admiral Michiel A. de Ruyter*. Der Seeheld der Kriege gegen Spanien und England wurde 1676 vor Messina von einer französischen Kanonenkugel tödlich verwundet.

Die gotische **Grote** oder **St. Jacobskerk** am Oude Markt aus dem 14. Jh. wurde 1911 nach einem Brand originalgetreu wieder aufgebaut. Das alte Arsenal aus dem frühen 19. Jh. beherbergt heute **Het Arsenaal** (Arsenaalplein 7, www.arsenaal.com, tgl. 10–19/20 Uhr, im Winter eingeschränkt), einen Vergnügungspark mit faszinierenden Einblicken in die Unterwasserwelt, aber auch mit Geisterschiffen, Piraten und allerlei Kurzweiligem rund um Meer und Seefahrt.

In einem schönem Komplex aus nebeneinander liegenden Bauten des 16.–21. Jh. mit Blick auf den Yachthafen thematisiert das **Zeeuws maritiem muZEEum** (Nieuwendijk 11, Tel. 0118/412498, www.muzeeum.nl, Mo–Fr 10–17, Sa/So 13–17 Uhr) die Geschichte Seelands. Neben dem mit Backstein und Glas gestalteten Neubau gehört auch das *Lampsinshuis* von 1641 mit seiner zweistöckigen durchfensterten Fassade zum Museum. Dessen Besitzer, Cornelis Lampsins (1600–1664), war Reeder und Baron der Karibikinsel Tobago. Aufschlussreich sind auch Exponate, die von Tauchern aus dem 1735 vor der Scheldemündung gesunkenen VOC-Ostindienfahrer ›t Vliegent Hart‹ (Das fliegende Herz) geborgen wurden.

### i Praktische Hinweise

#### Information

**VVV Vlissingen**, Oude Markt 3, Vlissingen, Tel. 0118/422190, www.vvvzeeland.nl

#### Hotel

******Zuiderduin**, De Bucksweg 2, Westkapelle, Tel. 0347/750406, www.zuiderduinbeachhotel.nl. Hotel, auch mit Apartments, direkt hinter den Dünen.

# Niederlande aktuell A bis Z

## Vor Reiseantritt

**ADAC Info-Service:**
Tel. 018 05 10 11 12 (0,14 €/Min.)

Unter dieser Telefonnummer oder bei den ADAC Geschäftsstellen können ADAC Mitglieder auch umfangreiches *Informations- und Kartenmaterial* kostenlos anfordern.

Im ADAC Verlag ist außerdem der Reiseführer *Amsterdam* erschienen, der im Buchhandel erhältlich ist.

**ADAC im Internet:**
www.adac.de
www.adac.de/reisefuehrer

**Niederlande im Internet:**
www.niederlande.de

**Niederländisches Büro für Tourismus & Convention**, Postfach 27 05 80, 50511 Köln, Tel. 02 21/92 57 17 0, E-Mail: info@niederlande.de
Büro für Deutschland, Österreich und Schweiz. Auskünfte und Anforderung von Prospektmaterial.

**Holland Pass:** Kombiniertes Ermäßigungsticket (www.hollandpass.com) beispielsweise für Amsterdam, Den Haag, Rotterdam und Utrecht.

Hinweise zu *Ermäßigungstickets* für einzelne Städte wie Amsterdam, Delft, Den Haag und Rotterdam finden sich im Haupttext jeweils unter *Praktische Hinweise* bzw. auf den Internetseiten der örtlichen Tourismusbüros.

## Allgemeine Informationen

### Reisedokumente

Reisepass oder Personalausweis, Kinder unter 14 Jahren Kinderausweis, Reisepass oder Eintrag im Pass der Eltern.

### Kfz-Papiere

Nötig sind nationaler Führerschein und Zulassungsbescheinigung Teil 1 (vormals Fahrzeugschein), die Internationale Grüne Versicherungskarte wird empfohlen (erleichtert bei einem Unfall die Abwicklung).

### Krankenversicherung und Impfungen

Es empfiehlt sich, eine Auslandskranken- und eine Krankenrückholversicherung abzuschließen sowie den allgemeinen Impfschutz überprüfen zu lassen.

### Hund und Katze

Für Hunde und Katzen ist ein gültiger, vom Tierarzt ausgestellter EU-Heimtierausweis mit Nachweis der Tollwutimpfung (max. 1 Jahr alt, Erstimpfung mindestens 21 Tage vor Grenzübertritt) nötig, ebenso Kennzeichnung durch Mikrochip oder Tätowierung.

### Zollbestimmungen

Reisebedarf für den persönlichen Gebrauch darf innerhalb der EU abgabenfrei eingeführt werden. Richtmengen für den Privatreisenden (ab 17 Jahre): 800 Zigaretten, 400 Zigarillos oder Zigarren, 1 kg Tabak, 10 l Spirituosen, 20 l Zwischenerzeugnisse, 90 l Wein (davon maximal 60 l Schaumwein), 110 l Bier.

Bei Reisen von Drittländern (Schweiz) dürfen zollfrei 1 Stange Zigaretten, 1 l Spirituosen über 22 % oder 2 l Spirituosen unter 22 % sowie sonstige Waren/Geschenke bis zu einem Gesamtwert von 430 € (Flug- und Seereisen) bzw. 300 € (Reisen mit der Bahn/dem Auto) eingeführt werden (Kinder unter 15 Jahren generell 175 €).

Waffen sowie Feuerwaffen ähnliche Imitationen (Kinderspielzeug) dürfen nicht mitgeführt werden.

### Geld

Die gängigen *Kreditkarten* werden in den meisten Hotels, Restaurants und Geschäften akzeptiert. An zahlreichen *EC/Maestro-Geldautomaten* (*Chipknip*, *Geldautomaat*) kann man rund um die Uhr Geld abheben.

### Tourismusämter im Land

In jedem größeren und in vielen kleineren Orten des Landes befindet sich ein Tourismusbüro des **VVV (Vereniging voor Vreemdelingenverkeer)**. Die blau-weißen Hinweisschilder mit den markanten Buchstaben VVV fallen sofort auf. Die Büros halten meist umfangreiches Informationsmaterial über die Urlaubsregion sowie Ortspläne bereit. Die Adressen sind im Haupttext bei den jeweiligen Orten unter *Praktische Hinweise* aufgeführt. Über die Webseiten der **Zentrale** und der **Provinzbüros des VVV** kann man ebenfalls viele aktuelle Informationen rund um die jeweilige Region und dortige Veranstaltungen abrufen:

**VVV Niederlande**, www.vvv.nl

**VVV Brabant**, www.vvvbrabant.nl

**VVV Drenthe**, www.vvvdrenthe.nl

**VVV Friesland**, www.beleeffriesland.nl

**VVV Gelders Overijssels Bureau voor Toerisme**, www.gobt.nl

**VVV Limburg**, www.vvvlimburg.nl

**Toerisme Noord-Holland**, www.noord-holland.com

**Utrecht Toerisme en Recreatie (UTR)**, www.utrechtyourway.nl

**VVV Zeeland**, www.vvvzeeland.nl

**Zuid-Hollands Bureau voor Toerisme**, www.zuid-holland.com

### Notrufnummern

**Notruf:** Tel. 112
(EU-weit, auch mobil: Polizei, Unfallrettung, Feuerwehr)

**Pannenhilfe des ANWB (Algemene Nederlandse Wielrijderbond):**
Tel. 088/269 28 88 und 08 00 08 88 (gratis)
www.anwb.nl

**ADAC-Notruf Niederlande (Assen):**
Tel. 05 92/39 05 60 (rund um die Uhr)

**ADAC-Notrufzentrale München:**
Tel. 00 49/89/22 22 22 (rund um die Uhr)

**ADAC-Ambulanzdienst München:**
Tel. 00 49/89/76 76 76 (rund um die Uhr)

*Österreichischer Automobil-, Motorrad- und Touring Club*
**ÖAMTC Schutzbrief-Nothilfe:**
Tel. 00 43/(0)1/251 20 00, www.oeamtc.at

*Touring Club Schweiz*
**TCS Zentrale Hilfsstelle:**
Tel. 00 41/(0) 224/ 17 22 20, www.tcs.ch

### Diplomatische Vertretungen

**Botschaft der Bundesrepublik Deutschland**, Groot Hertoginnelaan 18–20, 2517 EG Den Haag, Tel. 070/342 06 00, www.den-haag.diplo.de
(Generalkonsulat in Amsterdam)

**Botschaft der Republik Österreich**, Van Alkemadelaan 342, 2597 AS Den Haag, Tel. 070/324 54 70, www.bmeia.gv.at
(Honorargeneralkonsulat in Amsterdam)

**Botschaft der Schweizerischen Eidgenossenschaft**, Lange Voorhout 42, 2514 EE Den Haag, Tel. 070/364 28 31/32, www.eda.admin.ch/denhaag

### Besondere Verkehrsbestimmungen

**Tempolimits** (in km/h): Für PKW, Motorräder und Wohnmobile bis 3,5 t innerorts 50, außerorts 80, auf Schnellstraßen 100 auf Autobahnen 120, zum Teil 130.

Die **Promillegrenze** liegt bei 0,5. Für Personen, die ihren Führerschein noch keine fünf Jahre besitzen gilt 0,2.

Straßenbahnen haben an gleichberechtigten Kreuzungen Vorfahrt. Parken an gelben Bordsteinkanten ist verboten. Vorsicht: Radklemmen (*Wielklem*) können zum Einsatz kommen. Die Bußgelder für Parkverstöße sind hoch.

Auf mit einem ›B‹ gekennzeichneten Straßen dürfen nur Fahrzeuge mit einer Breite bis zu 2,20 m verkehren.

### Drogen

Die Niederlande, vor allem Amsterdam, gelten in der Drogenpolitik (noch) als liberal. *Coffeeshops* mögen auch einen Kaffee ausschenken, eher erhält man dort aber sog. **weiche Drogen**. Bis zu 5 g Cannabis oder Haschisch für den persönlichen Gebrauch gehen ohne gesetzliche Probleme über den Tresen. Bis Anfang 2014 soll der *Wietpas* eingeführt werden, mit dem man nur noch als Mitglied im jeweiligen Coffeeshop weiche Drogen kaufen darf. Offiziell ist in Holland der Konsum der genannten Drogen verboten. Der Besitz oder Handel mit größeren Mengen oder **harten Drogen** wie Heroin oder Kokain wird strafrechtlich verfolgt.

## Anreise

### Auto

Über das europäische Autobahnnetz ist man mit dem PKW oder Camper zügig n den Niederlanden. Autobahngebühren werden nicht erhoben. Von *Norddeutschland* kann man über die E22/A28 bis Groningen und von dort auf der A7 und A6 über Flevoland nach Amsterdam gelangen. Viele Urlauber fahren auch von Groningen weiter auf der E22 nach Leeuwarden und dann über den Ijsselmeer-Abschlussdeich (A7) weiter nach Amsterdam.

Aus dem Raum *Berlin*, *Hannover* und *Osnabrück* gelangt man auf der E30/A1 vorbei an Enschede und über Apeldoorn nach Utrecht oder nach Amsterdam.

Vom *Ruhrgebiet* führt die E35 über Arnhem nach Utrecht und zu den anderen Städten Hollands. Wer über das Rheinland fährt, nutzt die schnelle Verbindung über die E31 nach Nijmegen. Alternativ geht es auf der E34 nach Eindhoven und von dort nördlich der belgischen Grenze nach Westen oder auf der A2 nach Amsterdam.

Von *Köln* erreicht man Maastricht und das schöne Limburg am besten über Aachen (A4) und weiter auf der E314. Von dort kann man die A2 nach Norden in die übrigen Niederlande nutzen.

Auch die Land- und Nebenstraßen sind in den Niederlanden gut ausgebaut. Im Ballungsraum rund um Amsterdam und bis nach Rotterdam ist das Netz der Autobahnen zwar sehr dicht, allerdings auch der Verkehr.

### Bahn

Von Frankfurt fährt ein ICE direkt nach Amsterdam. Von Köln aus kann man mit Anschlüssen aus Nord- und Süddeutschland tagsüber mehrfach mit einem ICE über Arnhem (Arnheim) und Utrecht nach Amsterdam reisen. Die meisten Züge verfügen über einen Waggon für Fahrräder (Reservierung empfohlen). Ab München und Berlin verkehren zusätzlich Nachtzüge nach Amsterdam.

**Deutsche Bahn**, Tel. 0180 5 99 66 33 (persönliche Auskunft, 0,14 €/Min. aus dem dt. Festnetz), Tel. 08 00/150 70 90 (kostenlos, sprachgesteuert), www.bahn.de

**Österreichische Bundesbahn**, Tel. 05 17 17, www.oebb.at

**Schweizerische Bundesbahnen**, Tel. 09 00 30 03 00 (gebührenpflichtig), www.sbb.ch

**Nederlandse Spoorwegen (NS)**, Tel. 09 00/92 92, Tel. 09 00/202 11 63 (Customer Service), www.ns.nl

Die Bahngesellschaften bieten auch regelmäßig lohnenswerte Sonder- und Sparangebote für Tages- oder Wochenendtrips nach Amsterdam und in andere Orte Hollands an.

### Bus

Fernbusse von Touring und Eurolines verkehren von den größeren Städten Deutschlands und von Österreich nach Amsterdam, Breda, Den Haag, Rotterdam, Utrecht und weitere Städte. Fahrpläne und Preise erhält man an Busbahnhöfen in größeren Städten oder bei:

**Deutsche Touring**, Am Römerhof 17, 60486 Frankfurt/M., Tel. 069/790 35 01, www.touring.de

**Eurolines Wien**, Erdbergstraße 200 A, 1030 Wien, Tel. 01/798 29 00, www.eurolines.at

Busreiseunternehmen bieten auch eine Reihe von Städtetrips und Reisen zur Tulpenblüte und anderen Ereignissen in die Niederlande an.

### Flugzeug

Zahlreiche europäische Airlines fliegen von vielen Städten Deutschlands, Österreichs und der Schweiz zum *Amsterdam Airport Schiphol* [s. S. 34]. Von dort verkehren alle 20 Min. Züge nach Amsterdam, Den Haag und Rotterdam. Zudem gibt es Flüge von Hamburg bzw. Innsbruck nach *Rotterdam The Hague Airport* [s. S. 49].

**Amsterdam Airport Schiphol**, 18 km südwestlich von Amsterdam, Tel. 020/794 08 00 (vom Ausland), Tel. 09 00/01 41 (in den Niederlanden), www.schiphol.nl

## Bank, Post, Telefon

### Bank

**Öffnungszeiten:** in der Regel Mo 13–16, Di–Fr 9–16 Uhr

### Post

**Öffnungszeiten:** Mo–Fr 9–17 Uhr, zentrale Postämter in großen Städten haben meist zusätzlich Sa 9–12 Uhr geöffnet.

Postkarten und Briefe (bis max. 20 g), die ins europäische Ausland verschickt werden müssen mit 0,85 € frankiert werden. Karten und Briefe ins nichteuropäische Ausland benötigen 0,95 € Porto.

*Ob altertümlich oder modern – knallrot sind die niederländischen Briefkästen*

### Telefon

**Internationale Vorwahlen**
Niederlande 00 31
Deutschland 00 49
Österreich 00 43
Schweiz 00 41

Es folgt die Vorwahl (Schweiz: Rufnummer) ohne die Null.

Telefonnummern mit der Vorwahl 09 00 können nur innerhalb der Niederlande angerufen werden und sind gebührenpflichtig.

In den Niederlanden kann man mit *Mobiltelefonen* problemlos telefonieren. Man sollte sich jedoch vor Reiseantritt über das günstigste Netz vor Ort informieren und das eigene Mobiltelefon entsprechend programmieren.

*Öffentliche Telefone* funktionieren mit Telefonkarten (*Telefoonkaart, Telecard*). Es gibt sie für 5 € und 10 € bei Postämtern, Bahnhöfen, Verkehrsvereinen oder Stationen des Automobilclubs ANWB.

Ein *Collect Gesprek*, bei dem der Empfänger zahlt, kann man anmelden über Tel. 08 00/01 01 (Niederlande), 08 00/04 01 (international).

## Einkaufen

**Öffnungszeiten:** Di–Sa 9–18 Uhr. In Amsterdam, Rotterdam und anderen größeren Städten öffnen Supermärkte häufig Mo-Sa 8–20/22 Uhr. Dort haben auch manche Geschäfte sonntags von 12-17 Uhr auf, sind dafür jedoch Montag vormittags geschlossen. In vielen Geschäften, Supermärkten und Restaurants ist es gängige Praxis, Barbeträge aufzurunden, d.h. man erhält 1- oder 2-Cent-Stücke Wechselgeld nicht zurück.

### Souvenirs

Zu den beliebten Ferienmitbringseln gehören holländischer **Bauernkäse** aus Gouda oder Alkmaar, **Blumenzwiebeln** und nicht zuletzt die **Klompen**, die in tausenderlei Varianten von der verkitschten Miniatur bis zum edlen maßgefertigten Stück zu haben sind. Raucher schätzen das umfassende Angebot von **Zigarren** und Zigarillos aus der Karibik und aus Sumatra. Wer es sich leisten kann, findet in der Diamantenstadt Amsterdam edle **Schmuckstücke**. Auch die Liebhaber von **Antiquitäten** werden in Amsterdam und anderen Orten fündig. Echte **Delfter Fayencen** sind meistens kostspielig. Die in Souvenirläden angebotenen Stücke sind in der Regel keine Originale.

## Essen und Trinken

**Hinweis:** In Restaurants, Cafés und Bars darf nicht mehr geraucht werden.

Der Tag beginnt meist mit einem herzhaften **Frühstück**, mit Kaffee oder Tee, Milch, Käse, Eiern, Joghurt, Brot. Jeder Niederländer trinkt laut Statistik 176 l Kaffee im Jahr. Rosinen- und Zuckerbrötchen mit Erdnussbutter (*Pindakaas*) oder mit Butter und Marmelade oder Schokostreuseln (*Hagelslag*) gehören zu den beliebtesten süßen Morgenleckereien.

Ein warmes **Mittagessen** ist unüblich. Den meisten reichen belegte *Broodjes* oder *Bitterballen*, gewürzte, warme Kroketten, die es auch in vielen Automatenimbissen (›Essen aus der Mauer‹) gibt. Saurer oder in der Saison Ende Mai bis Ende Juni fri-

*Mit fröhlich bunten Klompen wirbt hier ein Holzschuhmacher für seine Arbeit*

*Exotische Gerichte wie dieses indonesische Satay, eine Art Spießchen mit leckeren Beilagen, bereichern – meist leicht abgewandelt – die holländische Küche*

## Nicht nur Käse und Hering – niederländische Spezialitäten aus Küche und Keller

**Nieuwe Haring**, auf vielerlei Arten zubereitet, gehört zu den bekanntesten holländischen Spezialitäten, die auch ins benachbarte Ausland exportiert werden. Die Holländer selbst mögen ihn am liebsten vom Stand an der Straße, im Ganzen und mit einem Brötchen (*Broodje*) serviert. Weithin geschätzt werden auch viele der einheimischen Käsesorten, allen voran **Gouda** und **Edamer**, dann **Maasdamer** und **Leerdamer**, die natürlich direkt aus der Käserei noch besser schmecken.

**Stamppot Boerenkool**, ein Kartoffeleintopf mit Grünkohl und Räuchermettwurst, zählt zu den typischen niederländischen Gerichten, die einst Bauern und Fischer mit den notwendigen Kalorien für den harten Arbeitstag versorgten. Ähnlich kräftige Eintöpfe gibt es auch mit Rotkohl und mit Sauerkraut. Beim Auflauf **Balkenbrij** werden Schweinefleisch, Speck, Leberpastete und Buchweizenmehl kombiniert.

Doch es geht auch anders: Der modernen **leichten Küche** haben sich viele Restaurants in Amsterdam und anderen besuchenswerten Städten verschrieben, wobei regionale Kochtraditionen mit kulinarischen Anleihen aus der Mittelmeerküche kombiniert werden. Allenthalben, auch in ländlichen Idyllen, findet man wahre Gourmettempel, die meist der französischen Kochkunst verpflichtet sind.

Lange bevor Stilmix und Fusion-Küche zu Trendbegriffen wurden, gab es in den Niederlanden schon vielfältige Anleihen aus der **fernöstlichen Küche** der früheren Kolonien. Trendsetter unter den exotischen Gerichten ist die **Rijstafel**. Es gibt sie in diversen chinesischen und indonesischen Varianten, immer mit Reis und vielen Schälchen mit pikanten Fleisch- und Gemüsegerichten. Diese und andere asiatische Speisen sind heute fester Bestandteil der niederländischen Esskultur.

scher Hering wird meist gleich im Fischladen oder der Fischbude an der Straße verspeist. Viele leisten sich dazu ein Glas Buttermilch oder ein Bier, meist vom Brauereigiganten Heineken.

Beim **Abendessen** geht es dann zur Sache. In den Familien und vielen Restaurants stehen kräftige holländische Gerichte mit Fleisch, Gemüse und Kartoffeln auf dem Tisch. Als Vorspeise wird häufig Fisch in verschiedenen Variationen gereicht. Auch die Erbsensuppe (*Erwtensoep*), die so dick sein muss, dass der Löffel darin steht, kann man als deftiges Gericht bezeichnen. Viele Restaurants,

Bistros und Eetcafés bieten einfache Tellergerichte (*Dagschotels*) ab 8 € an. Dazu präsentiert in praktisch jedem holländischen Ort mindestens ein indonesisches oder chinesisches Lokal eher sanfte Varianten fernöstlicher Kochkunst. Meist rundet eine süße Nachspeise wie Sahnepudding oder Pfannkuchen die Mahlzeit ab. Ein *Jenever* aus Wacholder oder der friesische Kräuterschnaps *Beerenburger* werden gern vor, aber auch nach dem Essen getrunken.

## Feiertage

1. Januar (*Nieuwjaar*, Neujahr), *Goede Vrijdag* (Karfreitag), *Paaszondag* (Ostersonntag), *Paasmaandag* (Ostermontag), 30. April (*Koninginnedag*, Geburtstag der Königin, Nationalfeiertag), *Hemelvaartsdag* (Christi Himmelfahrt), 5. Mai (*Bevrijdingsdag*, Nationalfeiertag), *Pinksterzondag* (Pfingstsonntag), *Pinkstermaandag* (Pfingstmontag), 25./26. Dezember (*Kerstmis*, Weihnachten)

## Festivals und Events

*Januar/Februar*

**Rotterdam:** Das *International Film Festival Rotterdam* (www.filmfestivalrotterdam.com) zeigt Ende Januar/Anfang Februar neue holländische und internationale Produktionen.

*Februar/März*

**Maastricht, Provinz Limburg:** Der *Carnaval* (www.carnavalinmaastricht.nl) in Maastricht und in anderen südniederländischen Städten braucht mit den deutschen Karnevalsfesten am Rhein keinen Vergleich zu scheuen.

**Amsterdam:** *Februaristaking* (Februarstreik) am 25. des Monats. Am *Dokwerker-Denkmal* wird eine Feier zum Gedenken an den Streik der Hafenarbeiter 1941 gegen die Deportation der Juden abgehalten.

**Keukenhof:** Zur *Tulpenblüte* von Ende März bis Ende Mai kommen Hunderttausende zum Keukenhof bei Lisse (s. S. 60, www.keukenhof.nl).

*April*

**Noordwijk, Haarlem:** Ein *Bloemencorso* [s. S. 60] mit zahlreichen aufwendig geschmückten Wagen zieht Ende des Monats von Noordwijk nach Haarlem.

**Niederlande:** Das ganze Land feiert am 30. April den **Koninginnedag**, wobei das größte Volksfest in Amsterdam begangen wird. Eigentlich hat Königin Beatrix am 31. Jan. Geburtstag. Sie beließ den Nationalfeiertag jedoch auf dem 30. April, dem Geburtstag ihrer Vorgängerin und Mutter, Königin Juliana.

*Mai*

**Den Haag:** Die *Tong Tong Fair* (www.tongtongfair.nl) ist das größte Eurasien-Event der Welt mit riesigem Basar und einem Viertel mit Restaurants und Imbissständen. Das dazugehörige Tong Tong Festival bietet Livemusik sowie Theater- und Tanzaufführungen.

**Niederlande:** Am *Bevrijdingsdag* (5. Mai) feiern die Holländer mit Konzerten und Versammlungen die Befreiung von der deutschen Besatzung 1945.

**Niederlande:** Zum *Nationale Molen- en Gemalendag* (Tel. 020/623 87 03) am zweiten Samstag des Monats werden die historischen Windmühlen des Landes in Betrieb genommen und stehen zur Besichtigung offen (www.molendagen.nl).

*Juni*

**Provinz Friesland:** Das *Friese Elfsteden Rijwieltocht Bolsward* am Pfingstmontag (www.11steden.nl) ist ein populäres Fahrradrennen von Bolsward durch elf friesische Städte.

**Amsterdam:** Ein fantastisches Kulturprogramm bietet das *Holland Festival* mit Theater, Musik, Oper und Modern Dance sowie Multimedia, Visual Arts and Film (www.hollandfestival.nl, Karten-Reservierung Tel. 020/523 77 87).

**Rotterdam:** *Poetry International Rotterdam* (www.poetry.nl) heißt das Mitte Juni stattfindende Festival für Dichtkunst.

**Scheveningen:** Offizielle Eröffnung der Heringssaison am ersten Samstag im Juni mit dem *Hollandse Nieuwe* beim *Vlaggetjesdag* (www.vlaggetjesdag.com).

*Juli*

**Rotterdam:** Das dreitägige *North Sea Jazz Festival* (www.northseajazz.com) Mitte des Monats gilt als eines der besten Jazz Events weltweit. Auf dem Programm stehen auch Blues, Soul, Funk, R & B, Hip Hop und Latin.

**Rotterdam:** Eine wahre Augenweide sind die fantasievollen, knallbunten Kos-

*Drei Sambaprinzessinnen beim Zomercarnaval in Rotterdam*

tüme beim *Zomercarnaval* (www.zomercarnaval.nl) Ende Juli mit Straßenparade, Trommelwettbewerb und Livemusik.

*August*

**Amsterdam:** Dreitägiges Kulturfestival *Uitmarkt* (www.uitmarkt.nl) mit Theater, Oper, Kabarett, Tanz, Kunstexpo und Livemusik aller Couleur.

**Maastricht:** Ende des Monats bereiten beim viertägigen Feinschmeckerfestival *Preuvenemint* (www.preuvenemint.nl) die Köche der Gourmettempel Limburgs auf dem Vrijthof ihre Köstlichkeiten zu. Dazu gibt es ein kunterbuntes Musikprogramm.

TOP TIPP

*September*

**Den Haag:** Am *Prinsjesdag* (www.prinsjesdagdenhaag.nl), dem 3. Di im Sept., fährt die Königin mit einer goldenen Kutsche zum Parlamentsgebäude, wo sie die *Troonrede* hält und das Regierungsprogramm des Folgejahres vorstellt.

**Rotterdam:** Die *Werledhavendagen* (www.wereldhavendagen.nl) präsentieren sich Anfang Sept. als großes mehrtägiges Hafenfest mit Schiffsparaden und Schiffsbesichtigungen, spannenden Exkursionen und Vorführungen, Feuerwerk und Musikveranstaltungen.

*Dezember*

**Niederlande:** Am 5. Dez., dem Vorabend des *Sinterklaas*, des Nikolaustages, reitet der hl. Nikolaus auf einem Schimmel und in Begleitung seines Knechts, dem *Zwarte Piet*, über die Dächer der Häuser und bringt Geschenke für die Kinder.

**Gouda:** *Gouda bij Kaarslicht* (www.goudabijkunstlicht.nl) heißt es in der dritten Dezemberwoche vor Heiligabend, wenn der Marktplatz der Stadt im Schein Tausender Kerzen in stimmungsvolles Licht getaucht ist.

## Klima und Reisezeit

Im ausgeglichenen Seeklima der Niederlande hängen die Wolken häufig tief. Bei Westwinden ist mit Regen zu rechnen. Im Winter kann, muss aber kein Schnee fallen. Wenn Grachten und Kanäle zufrieren, was nicht allzu häufig geschieht, holt jeder zweite Holländer die Schlittschuhe aus dem Schrank.

Östliche Winde sind für die zahlreichen sonnigen und klaren Wintertage verantwortlich. Im wechselhaften Sommer bringen Südwinde trockene, warme Sonnentage.

**KNMI-Wetterdienst**, Tel. 030/220 69 11, www.knmi.nl.

### Klimadaten Amsterdam

| Monat | Luft (°C) min./max. | Wasser (°C) | Sonnen-std./Tag | Regen-tage |
|---|---|---|---|---|
| Januar | 1/ 5 | 4 | 2 | 14 |
| Februar | 1/ 5 | 4 | 3 | 11 |
| März | 3/ 9 | 7 | 4 | 9 |
| April | 6/ 13 | 11 | 6 | 9 |
| Mai | 9/ 17 | 14 | 7 | 9 |
| Juni | 12/20 | 17 | 7 | 9 |
| Juli | 15/22 | 18 | 6 | 11 |
| August | 12/21 | 19 | 6 | 11 |
| September | 12/19 | 17 | 5 | 12 |
| Oktober | 8/14 | 12 | 3 | 12 |
| November | 5/ 9 | 8 | 2 | 14 |
| Dezember | 2/ 6 | 5 | 1 | 13 |

(Wassertemperaturen Vlissingen)

## Museen

**Museumjaarkaart:** Museumsjahreskarte (www.museumjaarkaart.nl), mit der man ein Jahr lang freien Eintritt in über 440 Museen in Amsterdam und den gesamten Niederlanden hat, ausgenommen Sonderausstellungen, für die meist Zuschläge berechnet werden. Erhältlich ist die Karte in den größeren Museen oder online für 19,95 € (bis 24 Jahre), bzw. 39,95 € (ab 25 Jahre) zzgl. einer Gebühr von 4,95 € bei der ersten Ausstellung.

# Sport

## Angeln

Für das Angeln in der Nordsee bedarf es keiner besonderen Genehmigung. Von vielen Häfen werden Angeltouren aufs Meer angeboten, auch von einigen Piers versuchen Angler ihr Glück in der Brandung. An einigen Küstengewässern benötig man jedoch den *VISpas* oder den speziellen *ZeeVISpas*.

Für das Angeln in den fischreichen Poldergewässern, Teichen und Kanälen ist die Mitgliedschaft in einem niederländischen Angelverein erforderlich. Nur dann erhält man den *VISpas*, der ein Kalenderjahr gültig ist, sowie die *Lijst van Viswateren*, in der alle in Frage kommenden Gewässer aufgelistet sind. Dann kann man nach Herzenslust angeln. Allerdings gelten Vorschriften, welche Fische wann gefangen werden dürfen. Genaue Informationen über das Regelwerk sind erhältlich bei den VVV Büros oder bei:

**Sportvisserij Nederland**, Leyenseweg 115, 3720 AD Bilthoven, Tel. 030/605 84 00, www.sportvisserijnederland.nl

## Fahrradfahren

Holland ist das Mekka der Fahrradfahrer. Auf sie warten Radwege mit einer Länge von über 20 000 km, die kreuz und quer durch das Land führen. 3277 Fahrradgeschäfte versorgen die Bevölkerung mit den zweirädrigen Drahteseln. Es sind im Gegensatz zu anderen europäischen Ländern nur recht wenige teure Designer-Räder, Mountain- oder Citybikes unterwegs, die stabilen Holland-Räder (*Fietsen*) überwiegen auch bei jüngeren Leuten. Wer nun vermutet, dass das Fahrradfahren im meist flachen Holland keine Anstrengung bedeutet, hat den Wind (meist von Südwest) nicht einkalkuliert. So können auch kurze Touren bei einer kräftigen Brise von vorn zu einer echten Herausforderung werden.

An vielen Bahnhöfen kann man Fahrräder gegen Gebühr und Kaution ausleihen, sie aber auch kaufen. Bei Problemen helfen dort auch kleine Reparaturwerkstätten weiter. Bahnreisende dürfen ihr Rad gegen ein geringes Entgelt im Zug mitnehmen. In Städten empfiehlt sich ohnehin, das Auto an der Peripherie stehen zu lassen und weiter zu Fuß oder per Fahrrad auf Erkundung zu gehen.

In den VVV Büros liegen diverse Broschüren für Fahrradtouren in der näheren Umgebung aus. Auch der ANWB [s. S. 124], Schwesterverband des ADAC, tut einiges für Fahrradfahrer. 20 Regionalkarten (*Provinciekaart*) weisen jeweils Routen zwischen 30 und 50 km Länge für Radler aus. Zugleich werden die Sehenswürdigkeiten am Wegesrand erläutert. Außerdem hat der ANWB überall in den Niederlanden, in Gaststätten, auf Campingplätzen und bei Fahrradunterständen Pannen-

*Radeln ist Nationalsport und die typischen Holland-Räder sind überall zu sehen*

koffer mit Flickzeug und Schraubenschlüsseln abgestellt, mit denen man ein defektes Rad wieder auf Vordermann bringen kann.

Das *Niederländische Büro für Tourismus & Convention* [s.S. 123] bietet auf seiner Webseite praktische Tipps rund ums Radfahren und Hinweise auf Touren, die von den VVV Büros der Orte und Provinzen angeboten werden.
Über die Vereinigung *Stichting Vrienden op de Fiets* ist ein umfangreiches Verzeichnis von Übernachtungsadressen (häufig bei Privatvermietern) zu erhalten. Voraussetzung ist eine auf mindestens ein Jahr begrenzte Mitgliedschaft (8 €):

**Stichting Vrienden op de Fiets**, Zonneoordlaan 17, NL 6718 TK Ede, Tel. 0318/657708, www.vriendenopdefiets.nl

## Golf

Golf ist auch in den Niederlanden heutzutage ein populärer Sport. Auf mehr als 150 privaten und knapp drei Dutzend öffentlichen Plätzen schlagen Golfer auf den kleinen weißen Ball ein. Das örtliche VVV Büro gibt Auskunft darüber, wo Golfer als Gäste auch auf privaten Plätzen spielen können. Hilfreich ist auch der Online-Golfguide www.1golf.eu. Eine aktuelle Liste aller Golfplätze veröffentlicht:

**Nederlandse Golf Federatie**, Postbus 8585, 3503 RN Utrecht, Tel. 030/2426370, Besucheradresse: Burgemeester Verderlaan 17, 3544 AD Utrecht. www.ngf.nl

## Kanufahren

Unzählige Wasserwege durchziehen das Land: Flüsse, Bäche und vor allem Kanäle und Grachten – ein Dorado für Kanufahrer. Die Wasserkarten des ANWB eignen sich hervorragend für den Paddeltrip durch die Landschaft. Auch in den örtlichen VVV Büros liegen spezielle Broschüren und Karten der Region mit Routenvorschlägen für Kanuten aus. Außerdem veröffentlicht der **Deutsche Kanu-Verband** (www.kanu.de) auf seiner Webseite eine Übersicht über die befahrbaren Gewässer in den Niederlanden.

Wer kein eigenes Kanu besitzt oder dieses nicht in den Urlaub mitnehmen möchte, kann in vielen Orten die notwendige Ausrüstung leihen. Die deutschsprachige Webseite von **Canoe Dreams** (www.canoe-dreams.com) präsentiert zudem eine umfassende Zusammenstellung von Kanu-Verleihern in den Niederlanden. *Infos* auch bei:

*Traumhafte Reitstrecke – am Strand von Katwijk aan Zee kann man nicht nur baden*

**Nederlandse Kanobond**, Postbus 2656, 3430 GB Nieuwegein, Tel. 030/7513750, www.nkb.nl

## Reiten

Besonders gut eignen sich die Nordseeinseln sowie der Osten des Landes mit zahlreichen Reiterhöfen und weitläufiger, abwechslungsreicher Landschaft für einen Reiturlaub. In Holland kommen auch Freunde sportlicher Kutschfahrten auf ihre Kosten. Praktische Tipps, nützliche Adressen und ausführliche Routenbeschreibungen für Reiterferien veröffentlicht:

**Hippisch Toerisme**, Informatiecentrum PaardEnPad, Valtherweg 27a, 7875 TA Exloo, Tel. 0591/532327, www.hippisch-toerisme.nl

## Schwimmen

Breite Strände entlang der Nordsee, von den Westfriesischen Inseln im Norden bis zur Mündung der Schelde im Süden, mit vielen Wassersportmöglichkeiten, einem dahinter liegender Dünengürtel sowie die hervorragende Infrastruktur und reizende Städte im Hinterland haben die Küste der Niederlande zu einem beliebten Ausflugsziel der Niederländer, aber auch der grenznahen Bewohner von Nordrhein-Westfalen werden lassen. Mehr als 50 ausgewiesene Badestrände, die in den Sommermonaten meist von Rettungsschwimmern betreut werden, ziehen sich die *Noordzee* entlang. Kinder sollten nicht unbeaufsichtigt baden und schwimmen. Bei starker Brandung werden auch die Unterströmungen stärker, die ins Meer hinausziehen. Eine gehisste rote Fahne bedeutet Gefahr, eine gelbe Risiko. Baden ›oben ohne‹ wird generell toleriert, wer sich ganz ohne Hüllen am Strand und im Wasser tummeln möchte, findet ausgewiesene FKK-Strände. Hunde dürfen zwischen Sonnenauf- und Sonnenuntergang nicht frei am Strand laufen. Das Übernachten am Strand ist nicht gestattet.

Entlang der niederländischen Nordseeküste wird die *Badewasserqualität* überwiegend als sehr gut bewertet. Das Gütesiegel der *Blauen Flagge* wurde 2010 50 Stränden und 79 Yachthäfen verliehen – soviel wie nie zuvor in den Niederlanden. Die genauen Ergebnisse lassen sich im Internet einsehen: www.kmvk.nl und www.blueflag.org.

## Segeln

Drei Dinge braucht der Segler: Boote, Wasser und Wind. Am IJsselmeer und an der Nordseeküste findet er alles in ausreichender Menge. Wer ein Schiff chartern will, hat die Qual der Wahl, vom traditionellen Plattbodenschiff, den *Skûtjes* und *Botter*, bis zur schnittigen Jacht oder dem Katamaran ist alles vorhanden. Viele nutzen die Urlaubszeit, um nach einem Segelkurs die Prüfung für einen Segelschein abzulegen (ab einem Alter von 12 Jahren möglich). Die örtlichen VVV Büros halten Informationen über Bootsverleiher und Segelschulen bereit, einige vermieten sogar Segelschiffe. Segler finden bei etwa 300 Marinas stets einen Anleger in ihrer Nähe. In Yachthäfen und VVV Büros sind auch Routenvorschläge, Adressen wichtiger Organisationen, Veranstaltungshinweise und sonstige nützliche Tipps erhältlich.

*Windsurfen an der Nordseeküste, hier bei Zandvoort, erfordert schon etwas Können*

Umfassende Informationen, z.B. einen Marinaführer, und vielseitige Services für Mitglieder bietet auch die **ADAC Sportschifffahrt**, Tel. 089/767 60, www.adac.de/sportschiffahrt.

Die Vereinigung *Top of Holland Yachtcharter* (www.topofholland.com) umfasst über drei Dutzend der führenden Bootsverleiher und Segelschulen. Sie veröffentlicht verschiedene Broschüren rund um die Yachtcharter. Wer selbst nicht segelt, kann zumindest mitsegeln, auf einem der traditionellen Segelschiffe, Klipper, Schoner, Logger und Tjalke, die zuvor als Frachtschiffe oder Fischerboote dienten. Zu modern eingerichteten Passagierschiffen umgebaut bieten sie Platz für bis zu 40 Gäste.

## Wandern

Besonders schöne Wandergebiete werden in den Niederlanden als *Wandelterreinen* ausgewiesen. Die markierten Wanderwege führen nicht selten durch Landschaftsschutzgebiete, die ansonsten gar nicht betreten werden dürfen. Eine Art Eintrittskarte (*Wandelkaartje*) lässt sich bei den örtlichen VVV Büros, beim ANWB [s. S. 124] oder an Kiosken nahe des Zuganges erwerben. *Infos* auch bei:

**Nederlandse Wandelsport Bond**, Pieterskerkhof 22, 3512 JS Utrecht, Tel. 030/231 94 58, www.nwb-wandelen.nl

## Windsurfen

Was für das Segeln gilt, trifft – mit einer Einschränkung – auch auf das Windsurfen zu. Auf den Kanälen ist das Surfen nicht erlaubt. Dafür aber bietet das *IJsselmeer* geradezu ideale Bedingungen: nicht zu hohe Wellen, aber eine gute Brise. Könner zieht es auch an die Küste und auf die Westfriesischen Inseln, um mit den schnellen Brettern durch die hohe

Brandung zu pflügen und zu springen. Daneben treffen sich die Windsurfer im Sommer auch in anderen Revieren, an der Maas bei Roermond oder auf der Friesischen und Holländischen Seenplatte. Auch das Veerse Meer beim zeeländischen Beveland gehört zu den Top-Destinationen der Windsurfer-Gemeinde. Viele bringen Bretter und Segel mit, andere mieten sie an den zahlreichen Verleihstationen, die meist auch Surfkurse für Anfänger oder Fortgeschrittene anbieten.

## Statistik

**Lage:** Die Niederlande grenzen im Norden und Osten an Deutschland, im Süden an Belgien. Die Küstenlinie entlang der Nordsee misst 642 km bei einer Luftlinie von gut 300 km. Mit einer Landfläche von knapp 34 000 km² gehört das Königreich zu den kleineren Staaten Europas. Rechnet man die inländischen Wasserflächen hinzu, ergibt sich ein Landesterrain von 41 528 km², das knapp der Größe Dänemarks entspricht. Der Prinz-Alexander-Polder bei Rotterdam ist mit 6,70 m u. d. M. der tiefste, der Gipfel des Vaalserberges in Limburg mit 322 m ü. d. M. der höchste Punkt des flachen Landes. Große Gebiete sind durch Eindeichung dem Meer abgerungen, ein Fünftel der Landfläche liegt unter dem Meeresspiegel. Die frühere *Zuiderzee* ist längst durch den *Afsluitdijk* (Abschlussdeich) von der Nordsee getrennt und durch einen weiteren Deich in das *IJsselmeer* und das *Markermeer* geteilt. Die Provinz Flevoland war früher komplett vom Wasser der *Zuiderzee* bedeckt.

Die Küstenlinie entlang der Nordsee setzt sich von Noord-Holland mit der Friesland vorgelagerten Inselkette der *Waddeneilanden* nach Nordosten fort. Diese schließen unmittelbar an die niedersächsischen Ostfriesischen Inseln an. Der Süden des Landes ist durch die auch für Hochseeschiffe befahrbaren Wasserarme von Rhein, Maas und Schelde geprägt sowie durch das Mündungsdelta der drei großen Flüsse mit ihren Inseln. Das flache Hinterland wird durchzogen von schiffbaren Kanälen.

Zum Staatsgebiet der Niederlande gehören ferner die zusammen etwa 1000 km² großen Niederländischen Antillen (Bonaire, Curaçao, Sint Eustatius, Sint Maarten, Saba) und die Insel Aruba.

**Bevölkerung:** Rund 16,68 Mio. Menschen, davon 360 000 Friesen. 3 Mio. sind Ausländer, die Hälfte von ihnen stammt aus ehem. Kolonialgebieten wie Surinam und Indonesien oder sind Arbeitsimmigranten wie Türken und Marokkaner. Die andere Hälfte der Ausländer stammt aus EU-Staaten. Mit durchschnittlich 400 Einwohnern pro km² gehören die Niederlande zu den am dichtesten besiedelten Ländern der Erde. Knapp 90 % der Bevölkerung lebt in den Städten.

**Religion:** Rund 44 % der Landesbewohner gehören einer christlichen Kirche an. 17 % der Gesamtbevölkerung sind Protestanten der reformierten (*Gereformeerd*) und der niederländisch reformierten Kirche (*Nederlands Hervormd Kerk*). Zur katholischen Kirche, die ihre Hochburgen in den südlichen Provinzen hat, bekennen sich rund 27 % der Niederländer. Dem Islam gehören etwa 5,8 % an, dem jüdischen Glauben etwa 0,2 %.

**Verwaltung:** Das Königreich der Niederlande (*Koninkrijk der Nederlanden*) ist seit 1848 eine konstitutionelle Monarchie mit parlamentarischem Regierungssystem. Repräsentatives Staatsoberhaupt ist seit April 1980 Königin Beatrix. Der Premierminister und sein Kabinett gehen aus allgemeinen Wahlen zum 150-köpfigen Abgeordnetenhaus (*Tweede Kamer*) hervor und werden von der Königin auf die Verfassung vereidigt. Die 75 Mitglieder der Länderkammer (*Eerste Kamer*) werden von den Provinzvertretungen entsandt. Zusammen bilden die beiden Kammern das Parlament (*Staten Generaal*). Das Land gliedert sich in 12 Provinzen.

**Hauptstadt:** Amsterdam (780 000 Einw.)

**Regierungssitz:** Den Haag (495 000 Einw.)

**Wirtschaft:** Die flächenmäßig kleinen Niederlande gehören mit einem Bruttoinlandsprodukt von 570 Mio. € zu den 15 leistungsstärksten Ländern der Welt. Rotterdam besitzt den drittgrößten Hafen der Welt, der Amsterdamer Flughafen Schiphol ist der viertwichtigste Europas. Deutschland ist mit einem Anteil von ca. 25 % der wichtigste Handelspartner, zwei Drittel aller Im- und Exporte gehen in Länder der EU. Die Niederlande verfügen über eine leistungsfähige Industrie mit weltweit führenden Chemieunternehmen und ist mit Vorkommen vor allem in Friesland der größte Erdgasproduzent Europas. Eine bedeutende Rolle spielen Wissenschaft und Hochtechnologiefirmen sowie der Finanz- und sonstige Dienstleistungsbereiche wie z.B. der Tourismus. Auch die Landwirtschaft mit allein 1,6 Mio. Milchkühen, die Basis für den Export von Milchprodukten im Wert von mehr als 4 Mrd. €, gehört traditionell zu den bedeutenden Wirtschaftszweigen. Die Niederlande sind nach den USA und Frankreich der drittgrößte Exporteur von Lebensmitteln und Lebendtieren der Welt. Die Arbeitslosenquote beträgt 4,2%.

## Unterkunft

### Bed & Breakfast

Die international übliche Bezeichnung für Häuser, die Zimmer mit Frühstück bieten, kann im Holländischen auch *Logies en Ontbijt*, *Gastenkamer* oder *Pension* heißen. B&B.-Herbergen befinden sich vorwiegend in den Urlaubsgebieten entlang der Nordseeküste. Häufig halten die VVV Büros eine Liste örtlicher Privatvermieter bereit. Die Preise schwanken stark, je nach Lage, Ausstattung und Jahreszeit zwischen 35 und 100 € pro Zimmer und Nacht. Folgende Agenturen vermitteln B&B Zimmer im ganzen Land:

**Bed & Breakfast Nederland**, Tel. 04 97/33 03 00, Fax 04 97/30 08 11, www.bedandbreakfast.nl

**Bed & Breakfast Holland**, www.bb-holland.nl, Tel. 0 20/615 75 27

### Camping

Holländer sind als Campingfreunde bekannt. Etwa 1000 meist gut ausgestattete Campingplätze konzentrieren sich in den Urlaubsgebieten vor allem entlang der Nordseeküste, sind aber auch im seen- und wasserreichen Binnenland in ausreichender Zahl vorhanden. Die landschaftlich meist reizvoll gestalteten Plätze verfügen über gute sanitäre Einrichtungen. Kinderspielplätze und Unterhaltungsangebote kommen insbesondere auch Familien entgegen. Groß ist auch die Zahl der Stellplätze für Wohnmobile. Sie sind mit elektrischem Anschluss, mit Frischwasser- und Abwasserleitung ausgestattet und haben eine Entsorgungsstation für die chemische Bordtoilette auf dem Grundstück. Umweltbewusste Urlauber werden sich freuen: Mülltrennung und der Einsatz von regenerativer Energie gehören meist zu den Standards der Plätze.

Einige Empfehlungen zu Campingplätzen bieten die *Praktischen Hinweise* zu den jeweiligen Orten im Haupttext.

Eine große Auswahl geprüfter Plätze präsentiert der jährlich erscheinende *ADAC Camping Caravaning Führer* (www.adac.de/camping) mit CD, der im Buchhandel oder bei den ADAC Geschäftsstellen erhältlich ist.

### Ferienhäuser und Ferienwohnungen

Die in den Niederlanden sehr beliebten Bungalowparks findet man ebenfalls vorwiegend entlang der Küste, aber auch in anderen reizvollen Feriengebieten. Die Zahl der Ferienhäuser hat in den letzten Jahren dank der steigenden Nachfrage stark zugenommen. Preise variieren je nach Jahreszeit und Ausstattung zwischen 200 und 1500 €/Woche. Häuser sind bei den gängigen Ferienhausanbietern, über die Reiseveranstalter oder das *Niederländisches Büro für Tourismus & Convention* [s. S. 123] zu buchen.

### Hotels

Die Hotels in den Niederlanden werden behördlich nach einem in den Beneluxstaaten einheitlichen Maßstab von 1 bis 5 Sternen ausgezeichnet. Die Preise der Unterkünfte korrespondieren mit der Zahl ihrer Sterne und bewegen sich zwischen 40 und 300 € pro Zimmer und Nacht. Amsterdam bietet das umfangreichste Angebot in allen Kategorien, auch an Jugend- und Backpackerhotels. Es empfiehlt sich, in der Sommersaison sowie an Wochenenden und Feiertagen vorab zu reservieren. Informationen und Buchnungsmöglichkeiten bieten z.B.: www.niederlande.de, www.vvv.nl.

### Jugendherbergen

In einer der 30 übers Land verteilten und meist gut ausgestatteten Jugendherbergen können Urlauber aller Altersgruppen günstig übernachten. Je nach Ausstattung und Jahreszeit zahlt man zwischen 16 und 23 € für eine Übernachtung, Frühstück und Bettwäsche inklusive. Jugendherbergsmitglieder erhalten einen Rabatt von 2,50 €. Infos und Buchung:

**Stayokay Hostels**, Tel. 020/551 31 55, www.stayokay.com

### Wanderhütten

Die schlichten Hütten ohne Küchenutensilien und Bettwäsche, aber mit Wasch-

und Kochgelegenheit sowie Betten für max. 4 Personen findet man in allen drei Beneluxländern. Sie liegen stets in einer Entfernung von 25 km, sodass ein Wanderer die jeweils nächste mit einer Tageswanderung erreichen kann. Die Kosten betragen zwischen 37 und 57 € pro Übernachtung und Hütte. Auskunft bei:

**Stichting Trekkershutten Nederland**, Ruigeweg 49, 1752 HC Sint Maartensbrug, Tel. 02 24/56 33 45, www.trekkershutten.nl

### Wohnen auf dem Wasser

Wer will, kann auch auf dem Schiff übernachten. In vielen Binnenhäfen werden Motor- und Segelboote aller Größen und Preisklassen vermietet. Ein Bootsführerschein ist nur erforderlich, wenn der Kahn schneller als 20 km/h oder länger als 15 m ist. Die Mieter erhalten bei der Bootsübergabe eine gründliche Einweisung und haben Gelegenheit, in Ruhe das An- und Ablegen zu üben.

Wer mit dem eigenen Boot auf Kanälen und Flüssen unterwegs ist, sollte die Informationsbroschüre des *Niederländischen Büros für Tourismus & Convention* [s.S.123] über die Besonderheiten der holländischen Wasserwege käuflich erwerben. Für Freizeitkapitäne bietet die deutsche *Webseite* www.hollandinfo.com eine Zusammenstellung von 60 Anbietern für Motor- und Segelbootcharter.

## Verkehrsmittel im Land

### Bahn

Dank des flächendeckenden Netzes der niederländischen Bahn erreicht man zügig alle sehenswerten Ziele. Zahlreiche Sonderangebote, Wochenend- und andere Ermäßigungen lohnen eine Erkundung. Wer nach der Zugfahrt zu einer Adresse in der Stadt per Taxi gefahren werden möchte, kann mit dem Bahnfahrschein das Ticket für ein *Treintaxi* lösen, das Reisende von 114 Bahnhöfen des Landes zum Pauschalpreis befördert.

**Nederlandse Spoorwegen (NS)**, Tel. 030/300 11 11, Tel. 09 00/202 11 63 (Customer Service), www.ns.nl

### Bus

Ein gut ausgebautes Busnetz überzieht das Land und die Städte. Pläne halten die VVV Büros bereit. Bezahlt wird mit einer *Strippenkaart* (15 oder 45 Abschnitte), die man in allen Bussen, Straßenbahnen und U-Bahnen benutzen kann. Die Streifenkarte wird in Bahnhöfen, Postämtern und in vielen Buch- und Tabakläden verkauft. Die Zahl der Tarifzonen, die man bei einer Fahrt berührt, bedingen die Höhe des Fahrpreises und damit die Zahl der Abschnitte, die bei Fahrtantritt zu entwerten sind. Für Urlauber, die einige Tage in einer Stadt verbringen, lohnen sich je nach Besichtigungsaktivität auch Mehrtagespässe. Infos bieten die *Praktischen Hinweise* im Reiseföher zu den jeweiligen Orten sowie die Internetseiten der Städte und Verkehrsbetriebe.

### Flugzeug

Es gibt keine Linienflüge zwischen niederländischen Städten. Bei kleineren Charter-Gesellschaften kann man jedoch innerholländische Flüge buchen. Regionalflughäfen sind in Eindhoven, Enschede, Groningen, Lelystad und Maastricht zu finden.

### Mietwagen

Mitgliedern bietet die *ADAC Autovermietung GmbH* günstige Konditionen; Buchungen über ADAC Geschäftsstellen oder unter Tel. 018 05 31 81 81 (0,14 €/Min. aus dem dt. Festnetz).

Mietwagenstationen internationaler Unternehmen wie Avis, Hertz, Europcar oder Alamo, aber auch regionaler Anbieter befinden sich an den Flughäfen und in vielen niederländischen Städten.

### Schiff

Fähren verbinden die der Küste vorgelagerten Waddeneilanden untereinander und mit dem Festland. Außerdem gibt es Fähren nach Zeeland sowie über Flüsse und Kanäle. Viele von ihnen sind Autofähren, bei den Schiffen auf die autofreien Inseln Schiermonnikoog oder Vlieland ist jedoch nur das Mitführen von Fahrrädern erlaubt. Informationen bieten die *Praktischen Hinweise* zu den jeweiligen Orten im Haupttext.

### Taxi

Taxis arbeiten strikt nach Taxameter, der Betrag wird von den Kunden zumeist zu einer glatten Summe aufgerundet. Man findet Taxis an Taxiständen oder bestellt sie per Telefon. Es ist unüblich, ein Taxi an der Straße anzuhalten.

# Sprachführer

## Niederländisch für die Reise

### Das Wichtigste in Kürze

| | |
|---|---|
| Ja/Nein | *ja/nee* |
| Bitte/Danke | *alstublieft/dank u wel* |
| In Ordnung!/ Einverstanden! | *ok!/ akkoord!* |
| Entschuldigung! | *sorry!/pardon!* |
| Wie bitte? | *Wat zegt u?* |
| Ich verstehe Sie nicht. | *Ik versta u niet.* |
| Ich spreche nur wenig Niederländisch. | *Ik spreek alleen maar een beetje Nederlands.* |
| Können Sie mir bitte helfen? | *Kunt u mij alstublieft helpen?* |
| Das gefällt mir (nicht). | *Dat vind ik (niet) leuk.* |
| Ich möchte … | *Ik zou graag …* |
| Wie viel kostet …? | *Hoeveel kost(en) …?* |
| Kann ich mit Kreditkarte bezahlen? | *Kan ik met creditcard betalen?* |
| Wie viel Uhr ist es? | *Hoe laat is het?* |
| Guten Morgen! | *Goedemorgen!* |
| Guten Tag! | *Goedendag!* |
| Guten Abend! | *Goedenavond!* |
| Gute Nacht! | *Goedenacht!* |
| Hallo!/Grüß Dich! | *Hallo!* |
| Wie ist Ihr Name, bitte? | *Hoe is uw naam?* |
| Mein Name ist … | *Mijn naam is …* |
| Auf Wiedersehen! | *Tot ziens!* |
| Tschüs! | *Doei!* |

### Zahlen

| | | | |
|---|---|---|---|
| 0 | *nul* | 19 | *negentien* |
| 1 | *één* | 20 | *twintig* |
| 2 | *twee* | 21 | *éénentwintig* |
| 3 | *drie* | 22 | *tweeëntwintig* |
| 4 | *vier* | 30 | *dertig* |
| 5 | *vijf* | 40 | *veertig* |
| 6 | *zes* | 50 | *vijftig* |
| 7 | *zeven* | 60 | *zestig* |
| 8 | *acht* | 70 | *zeventig* |
| 9 | *negen* | 80 | *tachtig* |
| 10 | *tien* | 90 | *negentig* |
| 11 | *elf* | 100 | *honderd* |
| 12 | *twaalf* | 200 | *tweehonderd* |
| 13 | *dertien* | 1000 | *duizend* |
| 14 | *veertien* | 2000 | *tweeduizend* |
| 15 | *vijftien* | 10 000 | *tienduizend* |
| 16 | *zestien* | 100 000 | *honderdduizend* |
| 17 | *zeventien* | ½ | *een quart* |
| 18 | *achttien* | ¼ | *een halve* |

| | |
|---|---|
| gestern/heute/ morgen | *gisteren/vandaag/ morgen* |
| am Vormittag/ am Nachmittag | *'s morgens/ 's middags* |
| am Abend/ in der Nacht | *'s avonds/ 's nachts* |
| um 1 Uhr/ um 2 Uhr … | *om één uur/ om twee uur …* |
| um Viertel vor (nach) … | *om kwart voor (over) …* |
| um … Uhr 30 | *om … uur dertig* |
| Minute(n) | *minuut(en)* |
| Stunde(n) | *uur(en)* |
| Tag(e) | *dag(en)* |
| Woche(n) | *week(en)* |
| Monat(e) | *maand(en)* |
| Jahr(e) | *jaar(en)* |

### Wochentage

| | |
|---|---|
| Montag | *maandag* |
| Dienstag | *dinsdag* |
| Mittwoch | *woensdag* |
| Donnerstag | *donderdag* |
| Freitag | *vrijdag* |
| Samstag | *zaterdag* |
| Sonntag | *zondag* |

### Monate

| | |
|---|---|
| Januar | *januari* |
| Februar | *februari* |
| März | *maart* |
| April | *april* |
| Mai | *mei* |
| Juni | *juni* |
| Juli | *juli* |
| August | *augustus* |
| September | *september* |
| Oktober | *oktober* |
| November | *november* |
| Dezember | *december* |

### Maße

| | |
|---|---|
| Kilometer | *kilometer* |
| Meter | *meter* |
| Zentimeter | *centimeter* |
| Kilogramm | *kilo(gram)* |
| Pfund | *pond* |
| Gramm | *gram* |
| Liter | *liter* |

## Unterwegs

| | |
|---|---|
| Nord/Süd/ West/Ost | *noord/zuid/ west/oost* |
| geöffnet/geschlossen | *open/gesloten* |
| geradeaus/links/ rechts/zurück | *rechtuit/links/ rechts/terug* |
| nah/weit | *vlak bij/ver weg* |
| Wie weit ist …? | *Hoe ver is het …?* |
| Wo sind die Toiletten? | *Waar zijn de toiletten?* |
| Wo ist die (der) nächste … | *Waar is de (het) dichtstbijzijnde …* |
| Telefonzelle/ | *telefooncel (de)/* |
| Post/ | *postkantoor (het)/* |
| Bank/ | *bank (de)/* |
| Geldautomat/ | *geldautomaat (de)/* |
| Polizei? | *politiebureau (het)?* |
| Bitte, wo ist … | *Kunt u mij zeggen waar …* |
| der Hauptbahnhof/ | *het centraal station/* |
| die Bushaltestelle/ | *de bushalte/* |
| die Metrostation/ | *het metrostation/* |
| die Tramstation/ | *het tramstation/* |
| der Flughafen? | *het luchthaven is?* |
| Wo finde ich … | *Sorry, waar vind ik …* |
| eine Bäckerei/ | *een bakker/* |
| einen Supermarkt/ | *een supermarkt/* |
| ein Kaufhaus/ | *een warenhuis/* |
| den Markt/ | *de markt/* |
| ein Fotogeschäft? | *een winkel voor fotoartikelen?* |
| Ist das der Weg/ die Straße nach …? | *Is dit de weg/ de straat naar …?* |
| Wo finde ich … | *Waar vind ik …* |
| das Tourismusbüro/ | *de VVV/* |
| ein Reisebüro? | *een reisbureau?* |
| Ich möchte mit … | *Ik zou graag …* |
| dem Bus/ | *de bus/* |
| der Metro/ | *de metro/* |
| der Tram/ | *de tram/* |
| dem Zug/ | *de trein/* |
| dem Flugzeug | *het vliegtuig* |
| nach … fahren. | *naar … willen nemen.* |
| Ich fahre nach … und bleibe … Tage/Wochen. | *Ik ga naar … en blijf daar … dagen/weken.* |
| Gilt dieser Preis für Hin- und Rückfahrt? | *Is dit de prijs voor héén en terug?* |
| Wie lange gilt das Ticket? | *Hoe lang is dit ticket geldig?* |

## Freizeit

| | |
|---|---|
| Ich möchte ein … | *Ik zou graag een …* |
| Fahrrad/ | *fiets/* |
| Mountainbike/ | *mountainbike/* |
| Motorrad/ | *motorfiets/* |
| Surfbrett/ | *surfplank/* |
| Pferd mieten. | *paard willen huren.* |
| Gibt es ein(en) … | *Is er hier een …* |
| Freizeitpark/ | *recreatiepark/* |
| Freibad/ | *openluchtzwembad/* |
| Golfplatz | *golfplaats* |
| in der Nähe? | *in de buurt?* |
| Wo ist das nächste Schwimmbad? | *Waar is het dichtstbijzijnde zwembad?* |
| Wann hat … geöffnet? | *Wanneer is het/de … geopend?* |

## Bank, Post, Telefon

| | |
|---|---|
| Brauchen Sie meinen Ausweis? | *Wilt u mijn legitimatiebewijs zien?* |
| Wo gibt es … | *Waar kan je …* |
| Telefonkarten/ | *telefoonkaarten/* |
| Briefmarken? | *postzegels krijgen?* |
| Wie lautet die Vorwahl für …? | *Wat is het netnummer van …?* |

## Tankstelle

| | |
|---|---|
| Wo ist die nächste Tankstelle? | *Waar is de dichtstbijzijnde benzinepomp?* |
| Ich möchte … Liter … | *… liter …* |
| Normal/ | *normaal/* |
| Super/ | *super/* |
| Diesel/ | *diesel/* |
| bleifrei/ | *loodvrij/* |
| verbleit. | *met lood alstublieft.* |
| Volltanken, bitte! | *Voltanken alstublieft!* |
| Bitte prüfen Sie … | *Kunt u alstublieft …* |
| den Reifendruck/ | *de druck van de banden/* |
| den Ölstand/ | *de oliestand/* |
| den Wasserstand/ | *het koelwater/* |
| die Batterie. | *de akku controleren?* |
| Würden Sie bitte … | *Kunt u alstublieft …* |
| den Ölwechsel vornehmen/ | *de olie verversen/* |
| den Radwechsel | *de band* |

## Hinweise zur Aussprache

| | |
|---|---|
| ei | wie ›ei‹, Bsp.: **Leiden** |
| eu | wie ›ö‹, Bsp.: **deur** |
| oe | wie ›u‹, Bsp.: **boer** |
| ou | wie ›au‹, Bsp.: **hout** |
| u | wie ›ü‹, Bsp.: **nul** |
| ui | wie ›ö‹, Bsp.: **huis** |
| ij | wie ›ei‹, Bsp.: **Nijmegen** |
| c | wie ›s‹, Bsp.: **centraal** |
| g | wie ›ch‹, Bsp.: **tegel** |
| sch | wie ›s‹ und ›ch‹ getrennt sprechen, Bsp.: **schip** |
| z | wie ›s‹, Bsp.: **Zon** |

| | |
|---|---|
| vornehmen/ die Sicherung austauschen/ die Zündkerzen erneuern? | *wisselen/ de zekering uitwisselen/ de bougies vernieuwen?* |

## Panne

| | |
|---|---|
| Ich habe eine Panne. | *Ik heb autopech.* |
| Der Motor startet nicht. | *De motor springt niet meer aan.* |
| Ich habe kein Benzin/ Diesel. | *Ik heb geen benzine/ diesel meer.* |
| Gibt es hier in der Nähe eine Werkstatt? | *Is er een garage hier in de buurt?* |
| Können Sie mir einen Abschleppwagen schicken? | *Kunt u een takelwagen sturen?* |
| Können Sie den Wagen reparieren? | *Kunt u mijn auto repareren?* |
| Bis wann? | *Wanneer is hij klaar?* |

## Mietwagen

| | |
|---|---|
| Ich möchte ein Auto mieten. | *Ik zou graag een auto willen huren.* |
| Was kostet die Miete … pro Tag/ pro Woche/ mit unbegrenzter km-Zahl/ mit Kasko-versicherung/ mit Kaution? | *Wat kost het huren … per dag/ pro Woche/ met onbeperkte kilometers/ met cascover-zekering/ met cautie?* |
| Wo kann ich den Wagen zurückgeben? | *Waar kan ik de auto teruggeven?* |

## Unfall

| | |
|---|---|
| Hilfe! | *Help!* |
| Achtung! | *Opgepast!* |
| Vorsicht! | *Voorzichtig!* |
| Rufen Sie bitte schnell … einen Krankenwagen/ die Polizei/ die Feuerwehr. | *Kunt u alstublieft snel … een ziekenwagen/ de politie/ de brandweer opbellen.* |
| Hier ist mein(e) … Pass/ Personalausweis/ Kfz-Schein/ Versicherungskarte. | *Hier is mijn … geld/pas(poort)/ legitimatiebewijs/ kentekenbewijs/ verzekeringskaart.* |
| Es war (nicht) meine Schuld. | *Het was mijn schuld (niet).* |
| Geben Sie mir bitte Ihren Namen und Ihre Adresse. | *Mag ik even uw naam en adres opnemen?* |
| Ich brauche die Angaben zu Ihrer Autoversicherung. | *Kunt u mij een paar informaties over uw autoverzekering geven?* |

## Polizei

| | |
|---|---|
| Ich möchte eine Anzeige erstatten. | *Ik zou graag een aangifte willen doen.* |
| Man hat mir … Geld/die Tasche/ die Papiere/ die Schlüssel/ den Fotoapparat/ das Fahrrad gestohlen. | *Mijn … geld/tas/ papieren/ sleutel/ fototoestel/ fiets is gestolen.* |
| Könnten Sie bitte das Deutsche Kon-sulat verständigen? | *Kunt u alstublieft het Duitse con-sulaat informeren?* |

## Krankheit

| | |
|---|---|
| Können Sie mir einen guten Deutsch sprechenden Arzt/ Zahnarzt empfehlen? | *Kunt u mij een goed Duits sprekende arts/tandarts aanbevelen?* |
| Wann hat er Sprechstunde? | *Wanneer zijn de spreekuren?* |
| Wo ist die nächste Apotheke? | *Waar is de dichtst-bijzijnde apotheek?* |
| Ich brauche ein Mittel gegen … Durchfall/ Halsschmerzen/ Fieber/ Insektenstiche/ Verstopfung/ Zahnschmerzen. | *Ik heb een middel nodig tegen … diarree/ keelpijn/ koorts/ insektensteken/ verstopping/ kiespijn.* |

## Hotel

| | |
|---|---|
| Können Sie mir ein Hotel/eine Pension empfehlen? | *Welk hotel/pension kunt u aanbevelen?* |
| Ich habe bei Ihnen ein Zimmer reserviert. | *Ik heb bij u een kamer gereserveerd.* |
| Haben Sie … ein Einzelzimmer/ | *Heeft u … een éénpersoons-kamer/* |
| ein Doppelzimmer … | *een tweepersoons-kamer/* |
| mit Bad/Dusche/ für eine Nacht/ für eine Woche? | *met bad/douche/ voor één nacht/ voor één week?* |
| Was kostet das Zimmer mit Frühstück/ mit Halbpension/ mit Vollpension? | *Hoeveel kost de kamer met ontbijt/ met halfpension/ met volpension?* |

| | |
|---|---|
| Wie lange gibt es Frühstück? | *Tot wanneer kan ik ontbijten?* |
| Könnten Sie mich um … Uhr wecken? | *Kunt u mij om … uur wekken?* |
| Ich reise heute Abend/ morgen früh ab. | *Ik vertrek vanavond/ morgen vroeg.* |
| Haben Sie ein Faxgerät/ Internetanschluss / einen Hotelsafe? | *Heeft u een fax/ draadloos internet / een hotelsafe?* |

## Restaurant

| | |
|---|---|
| Wo finde ich ein gutes/günstiges Restaurant? | *Waar vind ik een goed/voordelig restaurant?* |
| Die Speisekarte/ die Getränkekarte, bitte. | *Kunt u mij de spijs-kaart/de kaart met de dranken alstub-lieft even geven?* |
| Welches Gericht können Sie beson-ders empfehlen? | *Welk gerecht kunt u mij speciaal aanbevelen?* |
| Ich möchte das Tagesgericht/ Menü (zu …) | *Het menu van de dag/ menu … alstublieft.* |
| Ich möchte nur eine Kleinigkeit essen. | *Ik wil alleen maar een klein hapje eten.* |
| Haben Sie … vegetarische Gerichte/ offenen Wein/ alkoholfreie Getränke/ Mineralwasser mit/ ohne Kohlensäure? | *Heeft u ook … vegetarische gerechten/ wijn per karaf/ alcoholvrije dranken/ mineraalwater met/ zonder koolzuur?* |
| Das Steak bitte … englisch/ medium/ durchgebraten. | *Biefstuk alstublieft … rood/ medium/ doorbakken.* |
| Kann ich bitte … ein Messer/ eine Gabel/ einen Löffel haben? | *Kan ik alstublieft … een mes/ een vork/ een lepel krijgen?* |
| Die Rechnung, bitte/ Bezahlen, bitte! | *De rekening alstub-lieft!/ Betalen alstublieft!* |

## Essen und Trinken

| | |
|---|---|
| Ananas | *ananas* |
| Apfel | *appel* |
| Apfelsine | *sinaasappel* |
| Aubergine | *aubergine* |
| Banane | *banaan* |
| Bier | *bier* |
| Braten | *gebraden vlees* |
| Brot/Brötchen | *brood/broodje* |
| Butter | *boter* |
| Ei | *ei* |
| Eiscreme | *ijs* |
| Erdbeere | *aardbei* |
| Erdnussbutter | *pindakaas* |
| Espresso | *espresso* |
| Essig | *azijn* |
| Fisch | *vis* |
| Fischsuppe | *nissoep* |
| Flasche | *fles* |
| Fleisch | *vlees* |
| Fleischkroketten | *bitterballen* |
| Frühstück | *ontbijt* |
| Geflügel | *gevogelte* |
| Gemüse | *groente* |
| Glas | *glas* |
| Gurke/ Essiggurke | *komkommer/ augurk* |
| Hering | *haring* |
| Huhn | *kip* |
| Kaffee, schwarz | *koffie, zwart* |
| Kaffee mit Milch | *koffie met melk* |
| Kalb | *kalf* |
| Kartoffeln | *aardappelen* |
| Käse | *kaas* |
| Kirschen | *kersen* |
| Kuchen | *gebak* |
| Krokette | *kroket* |
| Krug/Karaffe | *karaf* |
| Marmelade | *jam* |
| Meeresfrüchte | *zeevruchten* |
| Milch | *melk* |
| Milchkaffee | *café au lait* |
| Mineralwasser | *mineraalwater/spa* |
| Nachspeisen | *nagerechten* |
| Obst | *fruit* |
| Öl | *olie* |
| Oliven | *olijven* |
| Orangensaft | *sinaasappelsap* |
| Pfannkuchen | *pannenkoeken* |
| Pfeffer | *peper* |
| Pflaumen | *pruimen* |
| Pilze | *paddestoelen* |
| Pommes Frites | *patat/frites* |
| Reis | *rijst* |
| Rindfleisch | *rundvlees* |
| Rosinenbrötchen | *krentenbol* |
| Salat (roh)/ Salat (angerichtet) | *sla/ salade* |
| Salz | *zout* |
| Sauerkraut | *zuurkool* |
| Schinken | *ham* |
| Schokoladenstreusel | *hagelslag* |
| Scholle | *kibbeling* |
| Schweinefleisch | *varkensvlees* |
| Suppe | *soep* |
| Tee | *thee* |
| Vorspeisen | *voorgerechten* |
| Wassermelone | *watermeloen* |
| Wein | *wijn* |
| Weißwein | *witte wijn* |
| Rotwein | *rode wijn* |
| Rosé-Wein | *rosé* |
| Zucker | *suiker* |

| | | |
|---|---|---|
| Ägypten | ■ | ■ |
| Algarve | ■ | ■ |
| Allgäu | ■ | ■ |
| Alpen – Freizeitparadies | ■ | |
| Amsterdam | ■ | ■ |
| Andalusien | ■ | ■ |
| Australien | ■ | ■ |
| Bali & Lombok | ■ | ■ |
| Baltikum | ■ | ■ |
| Barcelona | ■ | ■ |
| Bayerischer Wald | ■ | ■ |
| Berlin | ■ | ■ |
| Bodensee | ■ | ■ |
| Brandenburg | ■ | ■ |
| Brasilien | ■ | |
| Bretagne | ■ | ■ |
| Budapest | ■ | ■ |
| Bulgarische Schwarzmeerküste | ■ | ■ |
| Burgund | ■ | |
| City Guide Germany | ■ | |
| Costa Brava und Costa Daurada | ■ | |
| Côte d'Azur | ■ | ■ |
| Dänemark | ■ | ■ |
| Deutschland – Die schönsten Autotouren | | ■ |
| Deutschland – Die schönsten Orte und Regionen | ■ | ■ |
| Deutschland – Die schönsten Städtetouren | ■ | |
| Dominikanische Republik | ■ | |
| Dresden | ■ | ■ |
| Dubai, Vereinigte Arab. Emirate, Oman | ■ | ■ |
| Elsass | ■ | ■ |
| Emilia Romagna | ■ | ■ |
| Florenz | ■ | ■ |
| Florida | ■ | ■ |
| Franz. Atlantikküste | ■ | ■ |
| Fuerteventura | ■ | ■ |
| Gardasee | ■ | ■ |
| Golf von Neapel | ■ | ■ |
| Gran Canaria | ■ | ■ |
| Hamburg | ■ | ■ |
| Harz | ■ | ■ |
| Hongkong & Macau | ■ | |
| Ibiza & Formentera | ■ | ■ |
| Irland | ■ | ■ |
| Israel | ■ | ■ |
| Istanbul | ■ | ■ |
| Italien – Die schönsten Orte und Regionen | ■ | ■ |
| Italienische Adria | ■ | ■ |
| Italienische Riviera | ■ | ■ |
| Jamaika | ■ | |
| Kalifornien | ■ | ■ |
| Kanada – Der Osten | ■ | ■ |
| Kanada – Der Westen | ■ | ■ |
| Karibik | ■ | ■ |
| Kenia | ■ | ■ |
| Korfu & Ionische Inseln | ■ | ■ |
| Kreta | ■ | ■ |
| Kroatische Küste – Dalmatien | ■ | ■ |
| Kroatische Küste – Istrien und Kvarner Golf | ■ | ■ |
| Kuba | ■ | ■ |
| Kykladen | ■ | |
| Lanzarote | ■ | ■ |
| Leipzig | ■ | ■ |
| Lissabon | ■ | ■ |
| London | ■ | ■ |
| Madeira | ■ | ■ |
| Mallorca | ■ | ■ |
| Malta | ■ | ■ |
| Marokko | ■ | ■ |
| Mauritius & Rodrigues | ■ | ■ |
| Mecklenburg-Vorpommern | ■ | ■ |
| Mexiko | ■ | |
| München | ■ | ■ |
| Neuengland | ■ | ■ |
| Neuseeland | ■ | ■ |
| New York | ■ | ■ |
| Niederlande | ■ | ■ |
| Norwegen | ■ | ■ |
| Oberbayern | ■ | ■ |
| Österreich | ■ | ■ |
| Paris | ■ | ■ |
| Peloponnes | ■ | |
| Piemont, Lombardei, Valle d'Aosta | ■ | ■ |
| Polen | ■ | ■ |
| Portugal | ■ | ■ |
| Prag | ■ | ■ |
| Provence | ■ | ■ |
| Rhodos | ■ | ■ |
| Rom | ■ | ■ |
| Rügen, Hiddensee, Stralsund | ■ | ■ |
| Salzburg | ■ | ■ |
| St. Petersburg | ■ | ■ |
| Sardinien | ■ | ■ |
| Schleswig-Holstein | ■ | ■ |
| Schottland | ■ | ■ |
| Schwarzwald | ■ | ■ |
| Schweden | ■ | ■ |
| Schweiz | ■ | ■ |
| Sizilien | ■ | ■ |
| Spanien | ■ | ■ |
| Südafrika | ■ | ■ |
| Südengland | ■ | ■ |
| Südtirol | ■ | ■ |
| Sylt | ■ | ■ |
| Teneriffa | ■ | ■ |
| Tessin | ■ | ■ |
| Thailand | ■ | ■ |
| Thüringen | ■ | ■ |
| Toskana | ■ | ■ |
| Trentino | ■ | ■ |
| Tunesien | ■ | ■ |
| Türkei – Südküste | ■ | ■ |
| Türkei – Westküste | ■ | ■ |
| Umbrien | ■ | |
| Ungarn | ■ | ■ |
| USA – Südstaaten | ■ | |
| USA – Südwest | ■ | ■ |
| Usedom | ■ | ■ |
| Venedig | ■ | ■ |
| Venetien & Friaul | | ■ |
| Wien | ■ | ■ |
| Zypern | ■ | ■ |

■ **ADAC Reiseführer**
144 bzw. 192 Seiten

■ **ADAC Reiseführer plus**
(mit Extraplan)
144 bzw. 192 Seiten

Foto: © photocreo – Fotolia.com

Stand: 11/2011

**Mehr erleben, besser reisen … mit ADAC Reiseführern!**

# Register

## Impressum

Chefredakteur: Dr. Hans-Joachim Völse
Textchefin: Dr. Dagmar Walden
Chef vom Dienst: Bernhard Scheller
Aktualisierung: Dr. Claudia Schwaighofer
Lektorat, Bildredaktion: Irene Unterriker
Klappenkarten: ADAC e.V. Kartografie/KAR
Karten Innenteil: Computerkartographie Carrle
Layout: Martina Baur
Herstellung: Ralph Melzer
Druck, Bindung: Rasch Druckerei und Verlag
Printed in Germany

Ansprechpartner für den Anzeigenverkauf:
Kommunalverlag GmbH & Co KG,
MediaCenterMünchen, Tel. 089/92 80 96 44

ISBN 978-3-89905-953-3

Neu bearbeitete Auflage 2012



## Bildnachweis

**Umschlag-Vorderseite:**
Eine der fotogenen Windmühlen bei Kinderdijk. Foto: Corbis (Gavin Hellier)

Action Press: 117 (N.N.) – Gunda Amberg Farbdia-Archiv: 50, 69 unten – AKG: 13, 14, 64 unten (Erich Lessing), 15 oben, 28 unten, 33, 37, 53 unten, 59, 70, 104 – Arco Images GmbH: 38 (C.M. Bahr) – FAN: 25, 61, 67 unten, 68 unten, 72 unten, 74, 75, 76, 77, 78, 122 unten links (Peter Mross), 7 oben, 126 unten (Jens Rufenach), 88 oben (Susanne Früh), 116 (Rainer Hackenberg) – Bild-agentur-online: 18/19 (N.N.) – dpa Picture Alliance: 8 oben/3, 30 unten (Thomas Burmeister), 35 (N.N.) – Ralf Freyer: 22 oben, 24 – Getty Images: 10/11 unten (Michele Falzone), 15 unten (Michel Porro), 32 (Gallo Images/N.N.) – Miquel Gonzalez: 16/17, 69 oben, 71 – Fotodesign Herzig: 26, 90, 102, 126 oben – Hollandse Hoogte/laif: 20 (Paul van Riel), 96/97 (Michiel Wijnbergh), 111 (N.N.) – Bildagentur Huber: 10 oben (Fantuz), 118 (F. Damm) – IMAGO: 28/29 (N.N.) – Gerold Jung: 63 unten, 86, 99 (2), 130 – Alexander Jürgens: 83 – Geldersch Landschap/Geldersche Kasteelen: 114 – Thomas Kliem: 8 unten, 45 oben, 63 oben, 72 oben, 85, 91, 101, 105 oben, 107, 113, 119, 122 Mitte – laif: 6/7 (Michael Amme, Wh. Umschlagrückseite links), 8 oben/1 und 2 (Christensen), 62, 79, 80, 81, 82, 122 oben rechts, 131 (Huber), 22 unten (Jurjen Drenthl), 11 oben, 27 (Gonzalez), 42/43, 45 unten, 46, 47 (Kristensen), 88 unten, 89, 92, 93, 94 (Gaasterland) – Javier Larrea/AGE/F1online: 30 oben – LOOK: 9 oben, 127 (Ingolf Pompe), 40, 52, 55, 56, 57, 65, 66/67, 132 (Heinz Wohner) – Mauritius Images: 53 oben, 64 oben (N.N.), 110 (Troisfontaines) – PhotoPress: 7 unten (Wh. Umschlagrückseite rechts), 122 oben links (Master) – Pressefoto: 105 unten (Nederlands Openluchtmuseum), 121 (Denise Keus, Deltapark Neeltje Jans) – Ullstein Bilderdienst: 84 – WaterLand Neeltje Jans: 122 unten rechts – Michael Zegers: 5 rechts/4, 9 unten, 21, 23, 48, 51, 58, 95, 103, 109, 129